变额年金

主　编：梁　涛

副主编：丁　昶　徐景峰　王玲玲

中国财政经济出版社

图书在版编目（CIP）数据

变额年金/梁涛主编．—北京：中国财政经济出版社，2011.5
ISBN 978－7－5095－2856－3

Ⅰ．①变…　Ⅱ．①梁…　Ⅲ．①人寿保险　Ⅳ．①F840.62

中国版本图书馆 CIP 数据核字(2011)第 068594 号

责任编辑：付克华　　　　责任校对：徐艳丽
封面设计：贾　林

中国财政经济出版社出版

URL：http：//www.cfeph.cn

E－mail：cfeph@cfeph.cn

社址：北京市海淀区阜成路甲 28 号　邮政编码：100142

营销中心电话：010－88190406　北京财经书店电话：010－64033436

北京富生印刷厂印刷　　各地新华书店经销

787×960 毫米　16 开　16.75 印张　250 000 字

2011 年 5 月第 1 版　2011 年 5 月北京第 1 次印刷

定价：58.00 元

ISBN 978－7－5095－2856－3/F·2419

（图书出现印装问题，本社负责调换）

本社质量投诉电话：010－88190744

序

一

改革开放以来，中国保险业的发展突飞猛进，回顾我国寿险业发展历程，一条清晰的脉络呈现在我们面前：四次推动创新了寿险业的波浪式发展，并取得了今天来之不易的成就。

第一次快速发展是从1993年到1996年，以个人营销体制和与之相伴的产品推动创新。自1980年恢复国内保险业以来，我国寿险业处于起步阶段，产品主要面向企业的团体寿险和简易寿险，以团险直销和保险代办站（所）为主要销售方式。虽历经12年的发展，1992年的保费收入才21亿元。1992年9月个人营销体制引入我国，带动了寿险业的井喷式发展，1993年的寿险保费收入达到了140亿元。在这期间，寿险业进入快速扩张阶段，终生寿险、定期寿险、两全保险等传统产品悉数出现，并占据主导地位。此后3年，寿险业年均增速超过32%，1996年达到325亿元。

第二次快速发展是1997年到1999年。这一期间以产寿险分业经营的制度创新将寿险业的发展推向新的台阶。产寿险分业经营解放了寿险业的创造性，激发了行业更大的热情和活力。1997年，寿险保费收入达到了611亿元，几乎比上年翻了一番。此后，寿险业在这一平台上保持将近20%的增长速度，1999年寿险保费收入达到了872亿元。

第三次快速发展是从1999年末至2002年，以投资连结保险产品为标志的新型寿险产品推动创新。1997年亚洲金融危机后中国经济放缓，持续多年的高利率水平随之下调，行业利差损风险日益凸显。这一时期，为摆脱利差损的困扰，我国寿险业进入了调整、创新阶段。1999 年 10 月，平安保险率先推出世纪理财投资连接保险，各寿险公司纷纷推出分红和投连等新型寿险产品，保费收入再次出现高速增长，从 2000 年的 990 亿元迅速上升到 2002 年的 2275 亿元。

第四次快速发展是从 2001 年第四季度开始至今。这一阶段银行保险的兴起为中国寿险业的发展增加了新的助推剂。事实上，2000 年 8 月平安保险已经率先通过银行渠道在北京、上海销售千禧红产品。但银行保险真正发力是在 2001 年的第四季度。2002 年银行保险的保费收入达到 468 亿元，占当年保费收入的 20.6%。2003 年寿险保费收入达到 3011 亿元，增速达 32%。其中，银行保险保费收入超过了当年全部新增保费。

上述四次创新阶段的划分尽管有交叉重叠，特别是后一阶段创新的起步可能正处于上一阶段的末期。但每个阶段创新的特征还是非常突出和清晰的，每次创新都推动寿险业跨上一个新的发展平台。这非常符合事物发展的辩证规律。尽管每次创新也同时给行业带来了一些风险，但总结回顾这段历史，创新在推动行业跨越发展中的重要贡献是不言而喻的。这是历史给我们的启示，也为下一阶段行业的发展指明了方向。

二

通过对我国寿险业的发展历史回顾，可以清晰地看到创新对行业健康发展的重要作用，而在当前，创新对行业的意义尤为特殊。

（一）国际金融危机的启示

此次金融危机，国际上总结的一个重要原因就是创新过度，但我个人认为，不是创新过度，而是创新偏离了正确的方向。如果创新是沿着正确的方向，则越是创新，行业的发展就越健康。审视中国保险业的实际情况，则不是创新过度，而是创新不足。中国保险业目前面临的形势是，进一步加大创新的力度，通过创新来应对金融危机。

（二）结构调整与创新

结构调整是中国寿险业当前的一项中心工作，结构调整对于寿险业的可持续发展、风险防范有着重要意义。但结构调整又是一项长期而又艰巨的任务，必须通过创新来实现。通过产品创新，能够有越来越多的满足消费者真实需求的产品出现；通过渠道创新，能够创造出越来越多的新渠道，以较低的成本将产品销售出去。而目前的情况是：不论产品形态，还是产品服务领域，或者销售渠道，创新都严重不足。一是从产品形态来看，目前存在分红保险一险独大的问题。2010 年分红险占人身险行业保费收入的 74.2%，万能险占 10.7%，投连险占 1.5%；传统保险仅占 13.6%。二是从服务领域来看，存在领域过窄的问题。2010 年寿险占人身险行业保费收入的 92.2%，健康险仅占 6%。根据卫生部 2009 年统计年鉴，仅 2007 年个人卫生费用支出就达到了 5098.7 亿元，并且每年增速至少都在 5% 以上。这表明行业供给远远落后于社会需求。三是从销售渠道来看，存在渠道较少问题。2010 年，个人代理人渠道占 41.1%，银行邮政代理渠道占 50%，公司（团险）直销渠道仅占 7.1%，其他中介渠道仅为 1.8%。这种对单一渠道的依赖，特别是对不可控渠道（比如，银行邮政）的依赖，加大了行业波动的风险。四是新公司的销售渠道过于单一。2005 年以来成立的 27 家新公司，银邮渠道保费占比相当高。2007 年到 2010 年，占比分别达到 64.1%、73.9%、73.42% 和 74.1%。从目前市场环境来看，银行保险利润薄，资本金耗用大，对资本金少和股东后续出资能力弱的公司并不是最佳选择，目前一些新小公司的状况已经充分证明了这一点。这些结构性问题必须通过创新来解决。

（三）风险防范与创新

当前，在后金融危机时期，强化行业的风险防范能力非常重要，对于保险业这样一个专门从事风险管理的行业尤为如此！但风险防范必须以创新的思维、用创新的手段来进行。近年来，一些公司进行了有益的尝试，取得了很好的效果。如平安公司、太平集团的大集中后援中心建设，对于其集团的风险防范起到了积极的作用。又如，2009 年保监会开始在全行业推动的寿险收付费管理的改革，对于收付费领域的风险是一个有效的控制。

三

监管对于创新有着巨大的影响，其态度、举措将影响到整个行业的创新力度和效果。

（一）监管者对行业创新的态度

基于我们对行业目前创新的现状认识，即当前保险业不是创新过度，而是创新严重不足，以及创新对行业发展和风险防范的重要作用。我们认为，应大力推动行业的创新工作，包括产品创新、销售渠道创新、管理模式创新、风险管控技术创新等等。监管部门将以最大的力度支持公司的创新活动，并以最大的宽容度对待创新所带来的问题。我们主张，态度要积极，行动要审慎。

（二）监管者对行业创新目标、方向的认识

此次金融危机一个最重要的教训就是，西方社会的金融创新，不是立足于服务实体经济，而是在金融行业内部自我循环、自我膨胀。基于此次金融危机的教训，使我们认识到，行业发展必须对自己有一个准确的定位、有一个正确的方向；而创新也必须为其服务。保险业的创新必须服务于实体经济，服务于国民经济和行业自身的风险管理需要，成为经济、社会发展的风险管理者，服务于满足消费者的真实保险需求。即创新应有坚实的实体基础，有明确的服务对象，切不可将其建立在一种自我循环的空中楼阁上。

（三）监管者对行业创新风险的把握

行业创新应高度关注由于创新所带来的风险问题。坚持“价值明确、成本清楚、风险可控”的原则。首先是创新的产品是否有价值，有多大价值，是否值得购买。行业中曾经出现过一些公司创新的产品，根本不能给客户带来价值，只有靠误导、忽悠、欺骗将其卖出去。这样的创新，这样的产品，这样的销售，最终必然会受到惩罚。其次是创新的产品应该对其成本有一个清晰的把握，以确保产品不亏本，只有这样，才能有效地规避

亏损的风险。行业中也有这样的公司，产品一设计出来就注定是要亏损的。这样的创新终究是不可持续的。再次，创新的产品、渠道应该是风险可控的，要充分认识创新可能带来的风险，以及对所产生的风险的承受能力。

（四）对行业创新产品的透明度要求

透明度监管是国际金融、保险监管的一个大趋势。应将创新产品的有关信息充分披露给消费者，让消费者对创新产品的用途、价值、风险等均有一个充分的了解，将选择权交给消费者本人，让其明明白白消费。只有这样，才能保证创新满足消费者的真实需求，也才能切实保证消费者的权益，避免纠纷带来的风险。保监会将进一步加大对“新型产品信息披露办法”贯彻检查的力度，切实保证消费者的知情权。

这里需要特别强调一点，创新并不是越复杂越好。一个产品、一项服务，也许简单、实用最好。而一旦过于复杂，则往往是消费者不了解、公司自己也算不清成本、把握不住风险。这样出现风险就在所难免。

四

中国保监会人身保险监管部在支持和鼓励行业创新方面作了大量工作。变额年金是欧美保险市场的主流产品，占有年金保险市场近一半的份额，国内不少保险公司具有很高的开发热情，但变额年金又是一款充满争议、风险较大的产品，在金融危机中受到了较大冲击，不少国际知名保险公司曾因其陷入严重财务亏损中，因此，在控制其风险的基础上，鼓励其创新是监管的一个战略选择。

他山之石，可以攻玉。为鼓励创新、控制风险，人身保险监管部组织业内、院校的专家成立了课题组，对国外变额年金十多年的发展历程进行了较为深入的研究，特别是国际金融危机中的经验教训。经过课题组全体成员几个月来的辛勤工作，在研究成果的基础上编纂了本书，从变额年金的产品形态、精算原理、定价模型、风险管理、国际监管经验等多个方面，对变额年金作了系统性、全方面的阐述，在国内尚是首创。该书也阐述了我国变额年金试点的初步构想，贴近实践，相信广大读者能够从书中得到一些启示，也希望行业能够通过本书的学习汲取国外变额年金发展方面的有益经验，提高创新意识和控制风险的能力，推动产品创新，促进行业健康、持续发展。

陈文辉

2011年3月1日

前言

变额年金是一种具备最低保险利益保证的寿险产品，同时具备传统寿险产品的优点和投资型保险产品的优点。尽管这种优点对消费者具有很大的吸引力，但是保险公司对变额年金进行谨慎的风险管理却不容易，因为最低保险利益保证意味着发行人需要在一根细细的高空钢丝上找平衡。

变额年金产品是19世纪50年代后期首先在美国保险市场上出现的。在随后的几年时间里，变额年金产品的销售量大幅上升，特别是19世纪90年代早期满期收益嵌入变额年金产品后，其销售呈现出指数型增长。美国变额年金市场的发展为欧洲和亚洲保险市场的产品创新注入了活力，许多跨国保险公司开始逐步在各自的本地市场推出变额年金产品，经过几十年的发展，变额年金产品已经成为全球寿险市场的主要产品之一。

从全球视角来看，变额年金的市场日趋成熟，监管者、保险机构、评级机构和相关专家都对这个市场给予了高度关注，各种会议和相关文章也都对变额年金进行了较为深入的探讨，但是国内尚无一本全面介绍变额年金产品的书籍。

2010年初，中国保险监督管理委员会启动了变额年金产品的研究项目，拟选择适当时机审慎开展变额年金产品的试点工作。项目组的一项重要任务就是认真研究国际变额年金的发展历程，汲取经验教训。项目组在多方的大力协助下，对英国、美国、日本、韩国等国家或地区的变额年金产品进行了搜集、整理和研究，在此基础上形成了本书。

本书共分为九章。第一章介绍变额年金的发展历史及其与其他新型寿险产品的比较，同时对变额年金在我国的推出进行了可行性分析。第二章介绍变额年金产品的发展状况，对北美、日本、欧洲等三个主要市场的发展状况进行了详细介绍。第三章和第四章介绍变额年金产品中涉及的各种最小利益保证（GMMB，GMDB，GMAB），并从精算定价法和期权定价法两个角度讨论了变额年金产品的定价。第五章在对变额年金产品的风险进行分析的基础上，重点介绍了五种变额年金产品的风险管理策略。第七章和第八章介绍了变额年金的监管，主要介绍美国、日本和韩国的相关经验，并讨论了美国和我国变额年金产品准备金评估。第九章介绍了蒙特卡罗模拟在变额年金产品管理中的实际运用。附录列举了我国香港、台湾地区变额年金产品的实例，包括产品条款、产品说明书、计算说明书等。

本书是中国保监会变额年金研究项目组全体成员共同辛劳和智慧的结晶。项目组由中国保监会人身险部梁涛同志任组长，成员包括中国保监会人身险部丁昶、沈海波、张遥、田鸿榛、王俊杰、邵辉；泰康人寿王玲玲、刘渠；中央财经大学徐景峰；平安人寿沈成方、谢骏峰；华泰人寿蔡廉和、骆琦、何飒飒、张虹；中美大都会林端鸿、吴晓咏；光大永明张远瀚；幸福人寿詹肇岚；中宏人寿严智康；金盛人寿汪懿、单凌。中央财经大学徐景峰教授受项目组委托，承担了本书的具体编纂工作。项目组成员共同审定定稿。

在项目组研究过程中，得到了华泰人寿 Ari Linder，泰康人寿李亚昆和任建畅，平安人寿张奇，金盛人寿孟昕和李志力，中美大都会林献辉，光大永明曾哲，中央财经大学王旻之、李蔚真、张志伟、崔刚、陈键、张少锹、兰宏阳、张妍、刘文忠、张伟、卓静远、郭永姗、王晶晶和刘健的大力协助，在此一并表示感谢。

鉴于本书编写时间仓促，项目组人手有限，本书的缺点错误在所难免，不当之处，恳请广大读者批评指正。

目 录

第一章

变额年金简介

第一节　变额年金基本概念

一、变额年金的概念

变额年金保险是将投资连结保险（国外又称“变额寿险”）与传统年金相结合而产生的保险产品。通俗来讲，变额年金是指保险利益与连结的投资账户投资单位价格相关联，同时按照保险合同约定具有最低保险利益保证的年金产品。它兼具了投资连结保险和传统年金产品的特性。一方面，证券市场上涨时，投资账户投资单位价格上涨，保单持有人可以分享证券市场上涨带来的投资收益；另一方面，产品提供的最低保险利益保证，使保单持有人可以免受资本市场波动造成的较大损失，具有一定的安全性，保证未来年金给付水平或其他保险利益达到约定的最低标准。对变额年金的保单持有人来讲，其主要特点有：

- 投资收益归属保单持有人，可以分享资本市场上涨的投资收益。
- 投资账户运作过程透明度高，投资账户定期公布价格，查询方便。
- 投资账户资产与保险公司其他资产相互独立，核算清晰，投保人利益得到较好保护。
- 可提供最低保险利益保证，投保人免受较大的投资损失。

- 提供年金给付方式或年金转换权。
- 在一些国家和地区可享受税收优惠。
- 个人财务出现困境时，人身保险可免于强制清偿债务。

由于上述特点，在已经销售变额年金的保险市场，变额年金对于寻求养老保障的人群非常具有吸引力，受到市场的青睐。但是，与该类产品优势相对应，保险公司及保单持有人也要承担较一般人身保险产品而言相对较高的风险，主要风险包括：保证利益的定价风险、市场波动风险、利率风险、死亡率风险、对冲风险以及逆选择风险等。

变额年金的合同形态一般有以下几种：个人变额年金（Individual Variable Annuity）、团体变额年金（Group Variable Annuity）、趸缴即期变额年金（Single Premium Immediate Variable Annuity）、趸缴延期变额年金（Single Premium Deferred Variable Annuity）和分期支付变额年金（Periodic Payment Variable Annuity）。

二、变额年金的运作方式及其费用收取

（一）运作原理

变额年金运作分为年金积累期和年金给付期两个阶段。在积累期，投保人趸缴或定期缴纳保费，保费在扣除初始费用等项目后，进入变额年金的投资账户，由保险公司专业投资人员投资运作，以使投资账户资产保值增值。投资账户被分割为价值相等的若干单位，投保人缴纳保费后即获得保险公司相应投资账户的投资单位数量。保单持有人的保单价值等于投资单位数与当时投资单位价格的乘积。经过一定时间的积累期后，开始进入年金给付期。在年金给付期，受益人可以按照约定的标准和期限领取年金，或者按照约定行使年金选择权，将满期保险金转换为年金。运作模式如图 1－1所示。

与一般的变额保险不同的是，变额年金可以提供最低保险利益保证——在投资账户资产价格下跌导致变额年金保单持有人保单价值减少时，为保单持有人提供最低的保证利益，如最低身故利益保证、最低满期利益保证、最低积累利益保证和最低年金给付保证。与此相对应，为提供最低保证利益，保险公司必须采取一定的管理模式对变额年金进行管理，并向投保人收取保证的费用。

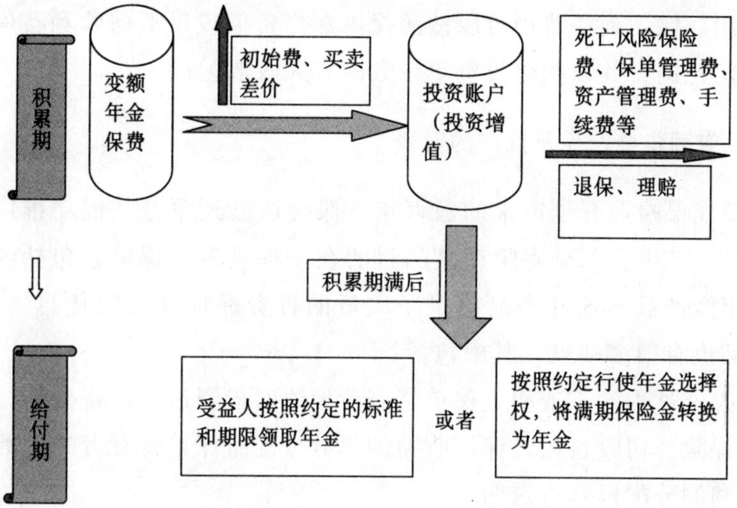

图 1－1　变额年金运作原理示意图

（二）变额年金收费

典型的变额年金的收费一般包括：

- 初始费用，即保险费进入投资账户之前扣除的费用，表现为保费收入的一定百分比。
- 买入卖出差价，即保单持有人买入和卖出投资单位的价格之间的差价，表现为投资单位价格的一定百分比。
- 风险保费，即风险保额的保障成本。通过扣除投资单位数的方式收取。
- 保单管理费，即为维护保险合同向保单持有人收取的管理费用，表现为一个与保单账户价值无关的固定金额。
- 资产管理费，按照账户资产净值的一定比例收取。
- 手续费，保险公司在提供账户转换、部分领取等服务时收取，用以支付相关的管理费用。
- 退保费用，即保单退保或部分领取时保险公司收取的费用，用以弥补尚未摊销的保单获取成本，表现为退保时账户价值的一定百分比。这种收费随着时间的推移而有所下降，其幅度和期间由购买年金的形式而决定。
- 保证利益费用，即保险公司为提供最低保险利益保证而收取的费用。保证利益费用可以按照保单账户价值或最低保险利益保证的一定比例，并以扣除投资单位数的方式收取。

三、变额年金产生及推广的背景

自现代保险业开创以来的数百年，保险业已经孕育并成功推广了多种寿险产品。其中，部分寿险产品的目的在于提供养老保障，包括养老金产品以及年金产品。这些产品提供了大量的投资保证和税收优惠。但同时，这些产品也有很多缺点，其中包括：

- 投资过程的不透明，保单持有者无法对投资过程进行控制。
- 保险公司收益超过保证收益的部分分配给保单持有者的比例不足。
- 利润分配机制不透明。

由于上述原因，传统年金产品对消费者吸引力逐渐下降，年金业务发展受到限制。在此背景下，变额年金诞生了，其最早是由美国教师保险和年金协会于 1952 年设计，并由该协会建立的基金组织——大学退休证券基金专门提供给大学教员，以作为退休金计划的一部分。在该组织的带动下，美国的保险公司也逐渐开始设计和销售变额年金。变额年金保险产品加入了投资报酬因素，将资产运用的成果直接返还给保单持有人，希望长时期的股票投资和证券投资能够维持年金的实际购买能力，抵御通货膨胀，最大限度地使年金购买者在年老退休后能够维持退休前的生活水准。同时，变额年金的保单持有人可以享受一定的税收优惠。事实表明，当年 CREF 年金在 1952 年投资于股票基金的 1 美元，在 1993 年已升至 61.41 美元，达到了预期的效果。

由此可见，变额年金通过提供一种遏制通货膨胀的方式来维持年金的实际购买力，使人们在年老退休后获得充分的经济保障，其理论基础是生活费用和普通股票价格之间长期的内在联系。然而，股票价格在短期内不会像通货膨胀率那样上升。例如，美国股市在 1970—1974 年期间猛跌，但通货膨胀率仍继续上升。此外，这种保障能否实现，还取决于多种因素，因为变额年金收入每年的变动幅度不一定与人们的生活费变化同步。在经济正常的情况下，变额年金受领人有较高年金收入的机会，而在经济衰退时，变额年金受领人则可能会取得较少的年金收入。若股票市场骤跌，年金收入将明显下降。也正因为如此，有人反对采用变额年金产品，其理由是这些人认为寿险一贯是以保证定额给付经营为传统目标，为被保险人提供定额的保障，如果实施这种没有保证定额给付的保险产品，势必会降低大众对寿险的信赖。同时，他们还认为这种变额年金产品过分复杂，容易遭致误会与不满。所以，在变额年金产品产生的20世纪50年代，它并没有受到足够的关注，也没能迅速发展。

20世纪70年代，整个西方世界发生了严重的通货膨胀，促使利息率明显升高，这对传统的均衡保费的终身寿险的竞争能力和盈利能力提出了挑战。通货膨胀增加了保险公司的营业费用，并降低了利润。不幸的是，人寿保险公司的大部分投资是固定收益率的长期投资。在20世纪60年代，人寿保险公司投资于利率为6%～8%、为期20年的长期债券和抵押贷款，但在20世纪70年代和80年代，由于通货膨胀的加剧，利率上升到12%、15%，甚至20%，而人寿保险公司仍持有为期20年的长期债券和抵押贷款，因此，就无盈利可言。由于保单持有人发现在其他金融机构存款能够获取10%～15%的利率，而保险公司向保单持有人保证的利率只有3%～5%，所以他们纷纷以保险单规定的5%～6%的放款利率来借取保险单的现金价值，再把这些钱存入到其他金融机构。此外，保单持有人还纷纷退保。由保险单质押贷款和退保引起的“资金游离”成为美国人寿保险业面临的重大问题。虽然人寿保险公司拥有大量资产，但资产中只有一小部分是现金，只能忍受亏损来出售其长期资产，有些人寿保险公司还向其他金融机构借款，来应付由保单质押贷款和退保引起的现金需求，历来作为放款人的人寿保险公司竟然成为了借款人。面临财务困境的美国人寿保险公司开始重新探究其出售的保险单，采取了一些创新方法，推广新的寿险品种，这其中就包括在20世纪50年代已产生的变额年金产品。变额年金为保险业提供了一种与其他金融服务业（比如，银行业、证券业）竞争的机会。

四、变额年金产品的新发展

首先，在销售额与市场份额方面，变额年金发展迅速。在变额年金发展最为深入的美国，过去十多年间，其销售额大幅提升，变额寿险产品所占份额也日益增加（见图1－2、图1－3、图1－4）。在大幅提升的销售额中，变额延期年金所占比例最大。即期年金的销售额在2008年时达到8亿美元，但是仅占个人年金总销售额的5%，同时，变额延期年金的销售额达到100亿美元。变额年金在美国的迅速发展，也得益于金融混业趋势下保险机构向基金公司的不断渗入。美国保险公司可以同时经营保险产品和基金产品，也可以单独开展基金管理业务，因此，可以给变额年金客户提供种类繁多的基金产品选择权。正是因为保险产品与基金产品能够如此亲密地合作，才便于保险公司为变额年金保户提供专业而个性化的基金投资服务，客户既可以直接单独购买基金产品，也可以通过投资于变额年金、变额寿险等保险产品来间接地投资于基金，并获取人身保障；保险公司则坐收旱涝保收的管理费用，自然也愿意大力推广该险种。

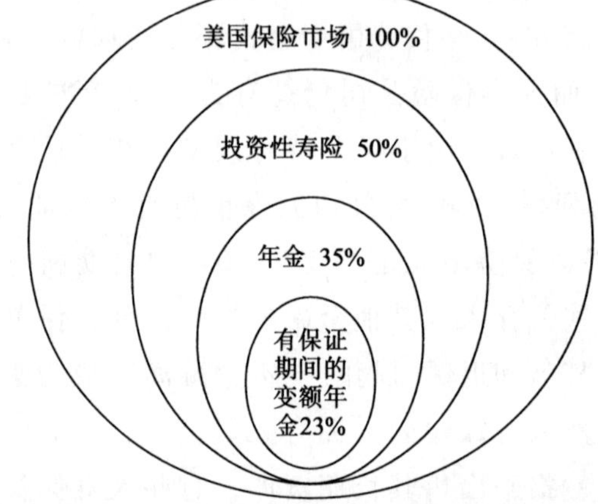

资料来源：宏利人寿。

图1－2 美国变额年金市场份额

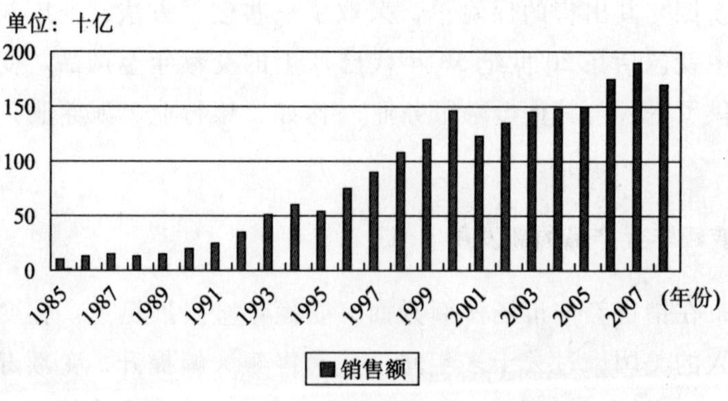

资料来源：LIMRA international 2008。

图1－3 个人变额年金销售额年份图

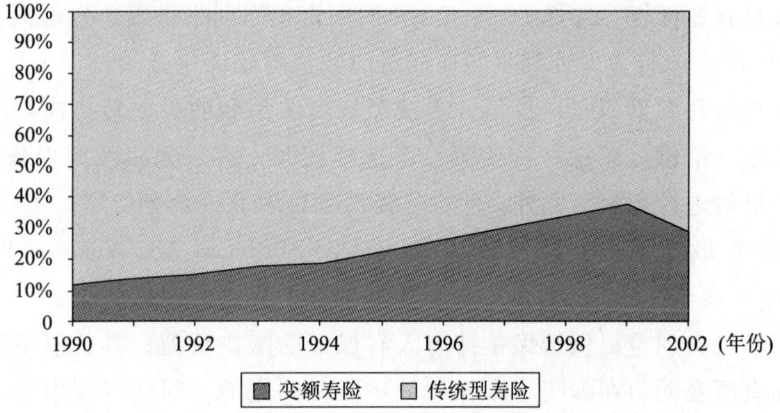

资料来源：ACLI，招商证券研发中心。

图 1－4 美国寿险产品结构变化

不仅在美国，从整个西方国家近20年来的经验来看，随着消费结构的升级和证券市场的发展，变额寿险和年金产品得到了迅速扩张，例如，西欧国家变额寿险占人寿保费的比例从1997年的21%上升到2001年的36%。美国年金对价净保费占人寿和健康险净保费的比重，从1998年的9.7%增加到2002年的34.2%。

另外，在保险产品的设计方面，也出现了新的发展。从20世纪90年代开始，保险人就开始提供附加的最低身故利益保证（GMDBs)，以便于保单持有人进行遗产规划。早期的最低身故利益保证（GMDBs）支付的是所缴保费和被保险人死亡时账户价值的较大值。随着时间的推移，逐渐演变成“保证金额”和被保险人死亡时账户现金价值之间的较大者。其中，“保证金额”每隔几年修正一次，取过去几年保证金额和保单现金价值的较大者。例如，合同可以规定，每五个保单年度，“保证金额”可能重新确定，这种设定被称为“五年棘轮保证”。所以，若保单项下的所选基金表现优异，最低身故利益保证的支付额就会出现大幅提升。

下一代的变额年金产品发展了“保证支付”的概念，将其扩展为“生存给付保证”，其中包括以下几类：

（一）最低年金给付保证（Guaranteed Minimum Income Benefit，GMIB)

最低年金给付保证确保以一个保证利率累计投保人每年缴纳的保费，以用于年金支付。GMIB的具体运作依据以下方式进行。GMIB设定一个固定的积累利率（假设为6%）和一个相对保守的年金转换保证利率。保单持有人具有选择权：选择1——按6%的固定积累利率积累账户价值，然后按照3%的年金转换保证利率转换成对应数量的保证年金给付。选择2——按实际积累利率累积账户价值，再按照较高的年金购买率转换成对应数额的保证年金给付。注意在行使第二个选择权时，客户无权按照保证的6%对账户价值进行积累。此外，年金转换后到领取有一个等待期。

（二）最低累积利益保证（Guaranteed Minimum Accumulation Benefit, GMAB）

这种可选利益提供给保单持有人有保证的账户价值，其价值不随基金表现而有所变动。在购买了本保险的一段时间之后，即使现实中的投资收益较差，其账户价值也不会小于初始时缴纳的保费。而且，保险公司还会承诺保证金额的逐步增加，如每五年一次的保证金额逐级增加选项，允许保单持有人锁定每五年确定的保证金额，如前面的“五年棘轮保证”（在年金累积期届满时，保险公司保证客户可以领取当时的账户价值和签单时与保险公司约定的金额两者中的较大值，或可以将该金额再转投入另一个新的年金账户）。

（三）最低退保利益保证（Guaranteed Minimum Withdrawal Benefit , GMWB）

在保单持有人选择退保时，无论账户的实际价值为多少，这一可选利益均提供给保单持有人一个保证的最小退保支付。这种最低退保利益等于“保证金额”的一定百分比。与最初的保证利益相类似，这个“保证金额”是由实际账户价值和由合同规定的年递增利率决定的账户价值的较大者决定的。无论最低退保利益保证是应用于单个被保险人还是联合被保人，这种保证的费用均因首次提出退保的年龄不同而有所差异（在账户累积期间，保险公司保证自一定保单年度起，客户可以定期提领部分年金账户价值，至约定年龄或约定年数为止，或约定总提领金额保证不低于某一数额）。

20世纪90年代以来，法规的变化促进了变额年金的繁荣发展，在20世纪90年代初，随着死亡支付嵌入变额年金，变额年金的市场潜力被大大激发了。变额年金在美国蓬勃发展的同时，很多保险业跨国公司在欧洲和亚洲的分公司也开始在当地保险市场引进变额年金。在欧洲和亚洲，初期的变额年金演化成了传统的寿险产品和投资产品进行结合的所谓的投资连结寿险产品。投资连结产品将部分保费投资于投资工具（可能是国内或者国际的基金），运行透明，并且让保单持有者全部得到投资于基金的投资收益。但这种产品没有任何投资保证。变额年金就是在投资连结保险的基础上，加入了最低保障。现在在欧洲和亚洲市场上，变额年金的推出正是在复制其在美国市场上的成功。因为在销售时承诺对投资的保障，所以保险公司必须面临更多的风险，这就是该品种面临的最大挑战。

第二节 变额年金与其他金融产品的比较

一、传统年金和变额年金的差异

相对于传统年金，变额年金主要有以下不同（见表1－1）。

表1－1 传统型年金产品和变额年金产品的对比

性质	商品形态	
	传统型年金产品	变额年金产品
保险费、缴费期、缴费期限	固定	弹性
年金给付	给付金额于合同签订时已约定	随年金基金价格而变动
投资资金	保险公司运用	投保人有账户风格的选择
投资风险	完全由保险公司承担	保险公司最低保证风险，投保人承担最低保证风险以上的投资风险
死亡给付	给付金额于合同签订时已约定	随分离账户资产绩效而变动，但不低于最低死亡保证给付

1. 变额年金设立独立投资账户，投资账户资产与保险公司其他资产分离。传统年金资产与保险公司大账资产未进行区分。

2. 变额年金保单价值即未来年金给付可能随投资账户的表现进行浮动，保单持有人既有分享资本市场投资收益的可能，也要承担遭受投资损失的风险，即“可变性”，而传统年金保单在售出时，未来年金给付利益即已确定。

3. 变额年金的运作透明，投资单位价格及投资账户信息定期公布，查询方便。

4. 变额年金保单持有人对投资账户风格具有选择权，因此，对投资有一定的控制。而传统年金的保单持有人是完全不参与年金资产的投资过程。

5. 变额年金缴费灵活，富有弹性。而传统年金缴费方式非常固定。

二、其他新型人寿保险和变额年金保险的区别

（一）分设的账户不同

分红险不设单独的投资账户，每年的分红具有不确定性。

万能险设有单独的投资账户，该账户上有三个收入项目：新缴保险费、对现金价值保证支付的利息、对现金价值支付的超额利息。支出项目有两个：按死亡率收取的提供死亡给付保障的费用、管理和销售费用。收支余额可以用来增加保险单的现金价值。当保险公司收到一笔保险费时，首先从保费中扣除管理和销售费用，然后把其余的保险费贷记到保单的现金价值账户，每个月还要从现金价值中扣除提供死亡保障给付的费用和贷记其余现金价值的利息。保险公司还可以随时从现金价值中扣除其他费用。

变额年金将保费分为一般账户和分离账户。一般账户由保险公司操作，受保险法监管；分离账户由投保人自己选择投资账户风格，不受保险公司一般债权人的追索，受证券信托法监管。保险公司安排专业投资人员和投资顾问辅助投保人进行投资，并建立数据信息系统，将投资结果反映在分离账户的价值上。按照各期基金价值的不同，分离账户的各期保费投入时即被换算成数个“累积单位”，等进入到给付期后，将全部积累单位按照转换价格变为“年金单位”，根据每月基金的给付单位的价格波动，来确定每月的年金给付数额。在国外，投资基金的财务报表定期由独立会计师事务所进行审计并公布收益情况。投资连结保险与变额年金保险在账户投资方面相似。

（二）收益分配方式不同

分红险将上一年度公司的可分配利润的70%进行分配，通过增加保额、直接领取现金等方式给客户，分红险的收益率是不确定的；万能险则除了为保单持有人提供固定收益率之外，还会视保险公司经营情况给予不定额的分红；投资连结保险产品至少连结到一个投资账户上，同时保单现金价值与单独投资账户（或称“基金”）资产相匹配，现金价值直接与独立账户投资业绩相连，一般没有最低保证；变额年金保险的保险利益与连

结的投资账户投资单位价格相关联，同时按照保单约定支付保证最低保险利益，可以把变额年金简单地理解为：

变额年金 = 投资连结保险 + 最低保证 + 年金化支付

（三）利润来源不同

分红险的红利，实质上是保险公司盈余的分配。盈余就是保单资产份额高于未来负债现值的那部分价值。每年由公司的精算等相关部门计算盈余中可以作为红利分配的数额，并由公司董事基于商业判断予以决定，主要来源于三差，分别为死差：实际死亡的人数和预计死亡的人数的差异所导致的费用的差异；利差：保险公司实际投资收益率与预定投资收益利率之间产生的差异；费差：保险公司的实际营业费用与预计营业费用之间产生的差异。

投资连结保险、万能保险和变额年金产品的年金支付均来源于投资账户中的投资收益，其三者主要区别在于投资连结保险一般没有最低保证，而万能保险和变额年金产品一般设有最低保证。

（四）缴费灵活度不同

分红险缴费时间及金额固定，灵活度较差。

目前，投资连结保险大多引入了一定的灵活缴费机制。但在设计方式上，有所不同。一种方式是在固定缴费基础上增加了暂停缴费期（Premium Holiday），允许投保人不必按期缴费，而保单照样有效，避免了因为超过60 天宽限期而导致失效。另外还允许投保人在缴纳约定的保险费外，可以随时再支付额外的保险费，增加了产品的灵活性。另一种方式是取消了缴费期间、缴费频率、缴费数额的概念，投保人可以随时支付任意数额（有最低数额的限制）的保险费，并按约定的计算方法进入投资账户。这种方式对客户的灵活性最高，但保险公司对保费支付的可控性及可预测性降低，同时也提高了对内部操作系统的要求。

万能保险的保单持有人在缴纳一定量的首期保费后，也可以按照自己的意愿选择任何时间缴纳任何数量的保费，只要保单的现金价值足以支付保单的相关费用，有时甚至可以不再缴费。而且，保单持有人可以在具备可保性的前提下，提高保额，也可以根据自己的需要降低保额。

变额年金保险产品与传统寿险产品在保费缴纳上类似，一般都是固定的。变额年金可以是非分红的，也可以是分红的，分红的金额取决于该险种的费差异和死差异，而利差异扣除投资管理费用后，用于增加保单的现金价值。保费若没有按时缴纳，保单就会失效；但也可以选择红利抵充保费或利用红利变更保单为减额缴清保险等红利领取方式使保单继续有效。由于未能及时缴纳保费导致保单失效，同样可以按复效条款进行复效。

（五）透明度不同

分红险资金运作不向客户说明，保险公司只是在每个保单年度以书面形式告知保单持有人该保单的红利金额，透明度较低；万能险则会每月或者每季度公布投资收益率，具有高透明度的特点，其重要原因是保单的现金价值与净风险保额是分别计算的，即具有非约束性；变额年金保险投资账户运作透明，各项费用收取比例分项列明，保费的结构、用途意义清晰列出，每月最少一次向客户公布投资单位价值，客户每年还会收到年度报告，透明度较高。

三、变额年金与基金的比较

变额年金通常会提供多达几十种基金产品供投保人选择，后期收益的大小取决于所选择组合的投资收益，这些投资方向一般包括境内外市场的股票、债券、货币工具、ETFs 等。看起来好像与直接投资开放式基金没什么区别，但是变额年金有基金所没有的以下特点：

第一，它可以消除长寿的财务风险。在给付期，变额年金可以提供覆盖一个特定时间的持续现金流，这个时间段可以是从投保人的退休至终身，或者其遗属或其他受益人的生活期间。一些变额年金还提供了第二年度起每年可领取的年金不低于首个年度年金金额的保证条款。这些保障属性可以消除投保人长寿以致于过早花光所有资产的风险。

第二，它可以抵御身故的财务风险。如果投保人在给付期开始后不久便身故，许多产品会提供一段“保证期间”，保证受益人能在该时间范围内领取年金。如果被保险人在给付期到来之前身故，则可以获得一次性的死亡给付，该数额不小于已经交付的保费和投资账户价值两者中的高者，现在国内一些分红年金也给指定受益人提供高额的保险金。

第三，它有递延赋税的功能。在美国，基金投资人须对基金派发的收入缴税，而变额年金在给付期开始前的投资收益不需缴税，因此，递延赋税也是国外变额年金发展的一大优势。目前正在上海推进的个税递延型养老保险试点在将来也很有可能将变额年金纳入实施范围，此举也将使得变额年金的吸引力增强。

第四，其保险属性还体现在可选的各种附加服务上。最普遍的就是上面提到的高额死亡保险金。另外还有“锁高式死亡给付”（在某一高收益时刻锁定投资账户价值作为死亡给付）、“保证最低收益率条款”、“长期护理险”等诸多选择，当然这些都需要缴纳更多的费用。

第五，基金账户内的价值随着投保人退休后的死亡而消失，而不会像基金投资一样，即使投资人身故依然有价值。特定个体的死亡年龄无法预知，但是由许多投保人汇聚起来的共保体却可以用精算技术测算死亡风险，较早死亡的年金受益人创造出的“死亡利润”为寿命超出平均值的受益人的年金提供了补充；这种保险机制解决了投保人不知为自己预留多长时间养老基金的困惑。

第三节　变额年金在我国推广的可行性分析

当前，我国的保险市场并没有一款成熟的标准变额年金，却有众多的分红型年金。今年以来，各寿险公司已经推出几十款分红险新产品。虽然通过分红，也可以达到年金的“变额”效果，但这并不能成为严格意义上的变额年金，因为其红利来源在于保险公司经营中实际发生的投资收益、死亡赔付、费用支付与预先假设的不一致而产生盈余的部分，而非纯粹的投资所得。

2010 年 3 月 12 日，保监会根据我国保险业发展的现状和人口老龄化的国情进行研究，印发了《2010 年人身保险监管工作要点》，提出：启动变额年金产品研究，选择适当时机审慎开展变额年金业务试点。其政策依据可从以下几个方面进行分析：

一、我国职工养老保障三大支柱尚不完善

我国城镇职工养老金制度体系由三大支柱组成：第一支柱是国家基本养老保险计划，保障劳动者晚年的基本生活需要。第二支柱是企业年金计划。第三支柱是个人自愿性养老储蓄，主要是个人储蓄和商业保险公司提供的养老保险产品。

2010 年 7 月 13 日，全国社会保障基金理事会副理事长王忠民指出，当

前社会保障基金的发展面临四大压力：其一为未富先老现实国情下导致的快速老龄化格局，随着退休人口的持续增多，未来十几年，社保需要负担的养老人口空前增加。其二是随着一代独生子女的父辈相继步入老年，他们所面临的赡养压力加大。其三刘易斯所说的二元经济拐点预计将在10年后出现，而彼时农村劳动力将基本转移完毕，城市社保需要覆盖的人群空前增多。其四是未来20年可能面临的通货膨胀压力。“这四重压力加在一起共振，就是社保基金未来10年面临的严峻现实。因此，中国养老问题十分严重，需要及时寻找出路。”

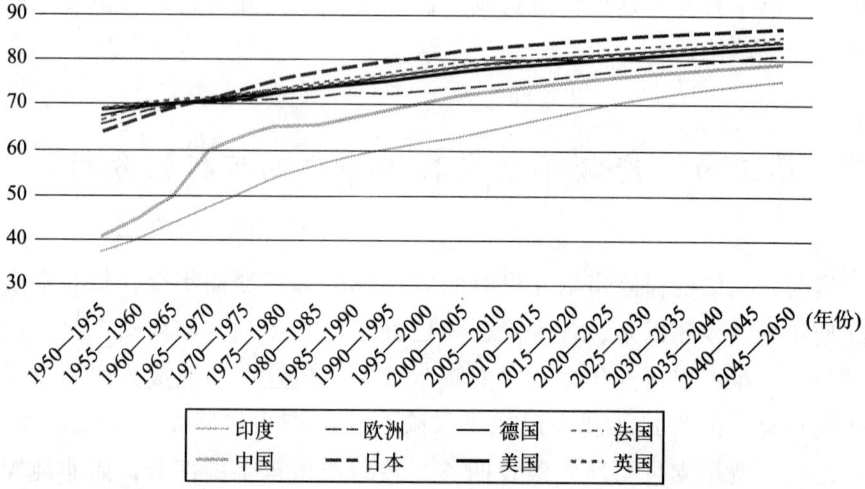

数据来源：SIGMA。

图1－5 各国婴儿预期寿命随时间变化

在图1－5展示的全球老龄化进程中，我国的预期寿命增幅比发达国家更大，出生婴儿的预期寿命从建国初期的45岁增至现在的73岁。计划生育使养儿防老难以实现，寿命的延长和通货膨胀的压力对储蓄和养老金收入提出了更高的要求。

太平养老的数据显示，我国城镇基本养老保险的覆盖率为76%，2009年底全国企业参保退休人员月人均基本养老金达到1225元，对应替代率一般在40%～50%。根据经济合作与发展组织的测算，养老金替代率保持在70%～80%的水平是比较合适的。所以基本养老保险仅仅满足最基本的生活保障，远不能达到更高层次的养老需求。目前，我国的企业年金覆盖率不到10%，受益人数只有六七百万人，主要分布于电力、石化、民航等经济效益好的垄断行业和大型跨国公司。从资金量上来看，中国养老金“空账”规模大约为13000亿元，截至2009年底，基本养老保险基金累计结存12526亿元，全国参加城镇基本养老保险人数为23550万人；年末企业年金基金累计结存2533亿元，参与人数1179万人，占企业职工7840万人的比例只有15%。两相对比，一方面显示了社保基金还有较大的空账缺口，另一方面也反映了参加企业年金的少部分人获得高额保障，但更多没有机会参加计划的城镇居民养老问题亟待解决。

安联全球投资公司国际养老金业务部发布的《亚太养老金研究报告》指出，中国的养老金资产将在未来8年中扩张至少6.5倍。世界银行预计，2030年中国养老金资产总规模将达1.8万亿美元，成为世界第三大养老金市场。

综上所述，我国养老金体系还留有广阔的目标市场、10%以上的替代率空间以及长远的发展空间有待变额年金等商业保险方式来填补。

二、变额年金是补充基本养老的理想选择

目前市场分红险和万能险的收益比较对象是银行存款，而投资型保险的比较对象就是基金产品。2009年，市场上开放式股票型基金的平均收益约为69%，上证综指上涨73%，主要投资基金和A股市场的投连险账户平均收益率约为54%，从数字上看，虽然跑输基金和大盘，但比较同期全国社会保障基金投资收益率只有16.1%（固定收益产品投资占40.67%，境内外股票投资占32.45%，对实业投资占20.54%，对现金等投资占6.34%），不难看出在市场向好的阶段，保险公司的投资管理成果扣除保险保障费用之后仍比较有竞争力。2010年上半年，股票型投连险账户净值平均缩水5%左右，但仍优于同期大盘指数及股票型基金。所以无论该产品最终在我国是以保险公司自主投资，还是交由基金公司投资，变额年金都可以基本达到分享资本市场收益的效果。

变额年金是投资较为积极的投保人，用来规划舒适退休生活和避免长寿风险的长期资产配置工具，此属性与我国的基本养老计划和企业年金制度形成了很好的互补效果。美国首次购买变额年金的投资人，年龄在50岁以上的占48%（美国退休年龄为65～67岁），可见具备一定经济实力并将在十年内退休的人群是变额年金的重要目标客户。

考虑到未来通货膨胀的压力，传统定额年金的实际保障程度很低，并且变现能力不强，难以和银行、证券公司开发的多样化金融产品相竞争。保险公司可以发挥自己在死亡率研究和长期证券投资上的优势，大力发展投资型年金产品。现在盛行的分红型年金的收益来源于死差、费差、利差这三者互补余缺的共同作用，在当前以利差益补死差损、费差损的市场价格竞争格局下，纯粹的投资收益回报在长期将会超过分红的回报。

三、变额年金试点的展开

我国保险公司资金投资渠道正在不断拓宽，其自身投资范围和能力的扩展有助于提高其为客户择时择股的能力。

表1－2　　我国保险公司资金投资运用逐步放开

时　间	出　处	内　容
1995年	旧《保险法》	保险公司的资金运用限于在银行存款、买卖政府债券、金融债券和国务院规定的其他资金运用形式。保险企业的资金不得用于设立证券经营机构和向企业投资。
1999年	证监会、保监会	保险资金可以通过购买证券投资基金间接进入证券市场。
2002年	旧《保险法》修改案	保险公司的资金不得用于设立证券经营机构，不得用于设立保险公司以外的企业。
2004年	《保险机构投资者股票投资管理暂行办法》	保险机构投资者在严格监管的前提下，直接投资股票市场，参与一级市场和二级市场交易，买卖人民币普通股票、可转换公司债券及保监会规定的其他投资品种。
2006年	《关于保险业改革发展的若干意见》	允许保险资金投资证券市场、参股商业银行。
2007年	保监会	允许保险机构运用自有外汇或购汇进行境外投资。中国境内保险机构首次获得QDII（合格境内机构投资者）资格。
2008年	国务院	国务院原则性批准保险资金可以投资未上市股权。
2009年	新《保险法》	允许保险资金投资不动产。
2010年	《关于保险机构开展利率互换业务的通知》	允许保险公司开展利率互换业务。
2010年	《保险资金运用管理暂行办法》	允许投资非金融类企业股权，取消投资创业板禁令，拓宽并落实前述投资渠道，调整了投资比例。

资料来源：CIRC。

截至2010年6月底，保险公司资金运用余额41700亿元。其中，投资基金、股票、股权等权益类投资占比15.1%。2010年8月发布的《保险资金运用管理暂行办法》打通了股票和股票型基金在投资上的通道，给予保险公司更多的自主权，可以根据自身特点来进行资产配置。如果充分投资，就基本达到了美国20世纪90年代变额年金大发展阶段的平均水平（参见图1-6）。

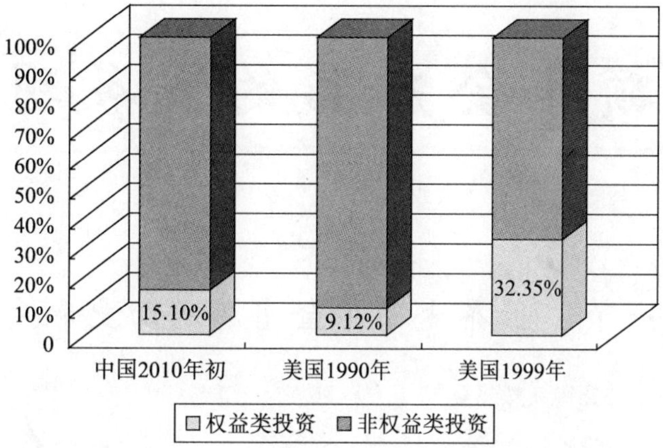

资料来源：ACLI（American Council of Life Insurance，美国人寿保险协会）。

图1-6　中国与美国变额年金发展前后的险企投资结构

从国外经验来看，高度发达的证券市场、多样化的个人金融资产以及不断增加的居民生存保障需要会催生对于变额年金的市场需求。从我国国情来看，人口政策的影响、社会结构的变迁、基本保障账户的不足将提前激发这种需求。2011年以来变额年金研究开展、保险投资渠道放开、递延个税式养老保险试点等一系列的政策导向也为变额年金的推出做好了铺垫。

第二章

变额年金产品的发展现状

第一节 世界变额年金市场的历史和发展

一、变额年金在全球保险市场的概况

变额年金最早是由美国教师保险和年金协会（TIAA）于1952年设计，并由该协会建立的基金组织——大学退休证券基金（CREF）专门提供给大学教员，以作为退休金计划的一部分。在该组织的带动下，美国的保险公司也逐渐开始设计和销售变额年金。

在发展初期，变额年金产品设计简单，只是作为享有税赋优惠且具有多样化基金选择的退休金计划，客户可自行选择投资账户并承担全部投资风险，不提供任何最低保证，与我国现行的投资连结保险非常类似。

20世纪80年代，保险公司开始在变额年金中提供最低身故利益保证（GMDB），用于在股市表现较差的时候保护客户。

20世纪90年代初期，为满足合格退休金计划的法规要求，变额年金产品开始提供最低年金给付保证（GMIB），用于在股市表现较差的时候，保护客户的退休年金水平不受重大损失。此类保证成为变额年金发展的重要推动因素。随后，最低累积利益保证（GMAB）和最低退保利益保证（GMWB）相继出现，迎合了客户养老、投资、保底三重需求，恰逢资本市

场繁荣向上，变额年金获得了极大发展。具体内容见表2－1。

至金融危机前，2007年年底美国变额年金保费收入为1700亿美元，约占年金保险市场的68.5%，占人身险市场的20%，总资产余额大约1.5万亿美元。具体内容见图2－1。

表2－1　　1996—2009年度美国年金市场的发展趋势　　单位：亿美元

年度	定额年金	变额年金	年金总额	变额年金占比
1996	374	735	1124	65.39%
1997	353.7	860	1242	69.24%
1998	291.2	990	1319	75.06%
1999	375.9	1220	1641	74.34%
2000	480	1377	1905	72.28%
2001	656	1140	1855	61.46%
2002	896.4	1160	2146	54.05%
2003	697.4	1285	2101	61.16%
2004	664.6	1340	2184	61.36%
2005	532.8	1375	2105	65.32%
2006	525.9	1600	2310	69.26%
2007	781	1700	2481	68.5%
2008	1009	1557	2650	58.7%
2009	1367	1231	2598	47.4%

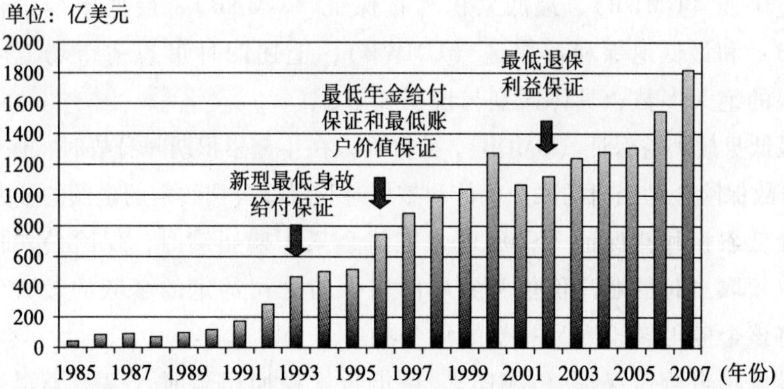

资料来源：VARDS/Morningstar。

图2－1　1985—2007年度美国变额年金保费收入

在日本，变额年金由哈特福德（Hartford）等美资保险公司于 1999 年引入。由于严重老龄化和低利率两方面因素，变额年金在短短的 10 年间快速发展，至 2007 年，日本变额年金资产余额已达到 16.5 万亿日元（即超过 1.5 万亿美元），占个人养老保险产品的 70% 左右。具体内容见图 2-2。

变额年金在欧洲、东南亚等保险市场也非常流行，是当地年金的主要形态。

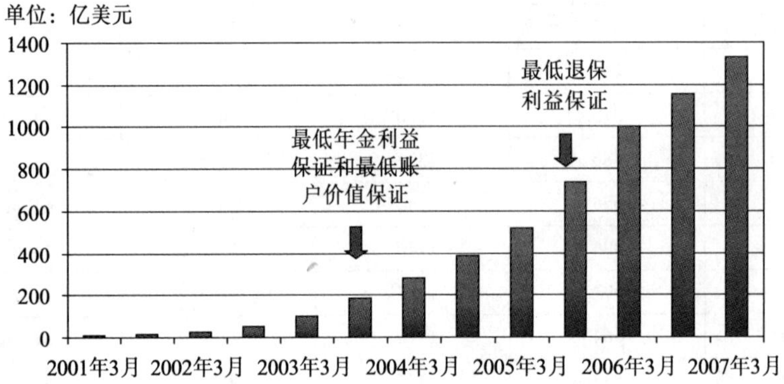

图 2-2 2001—2007 年度日本变额年金总资产

二、常见的产品形态

目前国外市场上的变额年金产品主要提供四类保证，分别为：最低身故利益保证（GMDB）、最低累积利益保证（GMAB）、最低年金给付保证（GMIB）和最低退保利益保证（GMWB），上述四种形态占市场上变额年金销售的绝大多数，具体区别与说明如下：

最低身故利益保证（GMDB），被保险人在年金累积期间身故时，保险公司保证身故保险金为当时的账户价值和签单时与保险公司约定的金额的较大值。

最低累积利益保证（GMAB），在年金累积期届满时，保险公司保证客户可以领取当时的账户价值和签单时与保险公司约定的金额的较大值，或可以将该金额再转投入另一新的年金账户。

最低年金给付保证（GMIB），在年金累积期届满时，保险公司保证转化为一个即期年金，即期年金的每次给付金额不低于事前约定的保证数额。

最低退保利益保证（GMWB），在账户累积期间，保险公司保证从一定保单年度起，客户可以定期提领部分年金账户价值，至约定年龄或约定年数为止，或约定总提领金额保证不低于某一数额。

以上保证利益是随着变额年金和金融技术的创新逐步出现的，实现程度从易到难，风险程度也逐级上升，如图 2－3 所示。

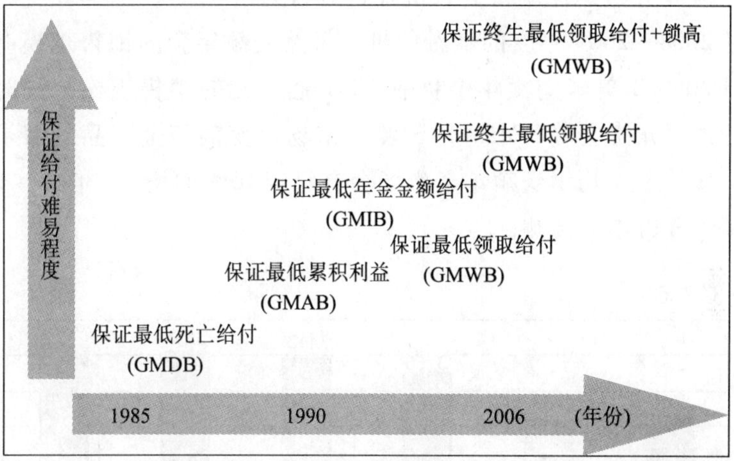

图 2－3　不同级别风险程度下保险利益的大小关系

三、金融危机的教训与最近的发展

在 2000—2002 年间，美国互联网泡沫破灭，证券市场大幅回落，变额年金的销售经历了第一次低潮。

当时主要的教训是保险公司在变额年金产品上提供了过高的保证利益，但并未积极采取措施对冲风险，造成了亏损。因此，美国的保险公司开始利用现代金融风险管理工具，来对冲风险以继续提供保证利益。

2003—2007 年间，变额年金继续快速增长。至 2007 年，美国前三个季度变额年金的销售就已经达到了 1340 亿美元。

2008 年全球金融危机发生以后，变额年金的销售受到较大冲击，2008 年北美地区变额年金的销售下降 15%，管理的资产下降 24%。同时，部分保险公司因对冲成本的急剧上升，造成了巨额亏损。

主要教训有以下几点：

（1）在产品设计上不能有过分激进的保证利益；

（2）对保证利益需要合理、充分定价，避免过度竞争导致的定价不足；

（3）需要一套切实且相对透明、可监控的风险对冲机制；

（4）不能过于依赖第三方（如银行或再保险公司）提供的金融衍生产品作为风险管理工具；

（5）对对冲模型和资本市场的极端情况需要重新审视；

（6）应充分考虑保单持有人的逆选择行为。

经过2008—2009年度的金融危机，虽然变额年金的销售规模有一定的下降，但2009年美国变额年金仍有1231亿美元的销售规模，同时，据国际寿险行销研究协会（LIMRA）预测，市场对变额年金产品的需求在强劲恢复中，预计未来几年变额年金市场会有每年10%的增长。图2－4为其对美国变额年金市场的预测。

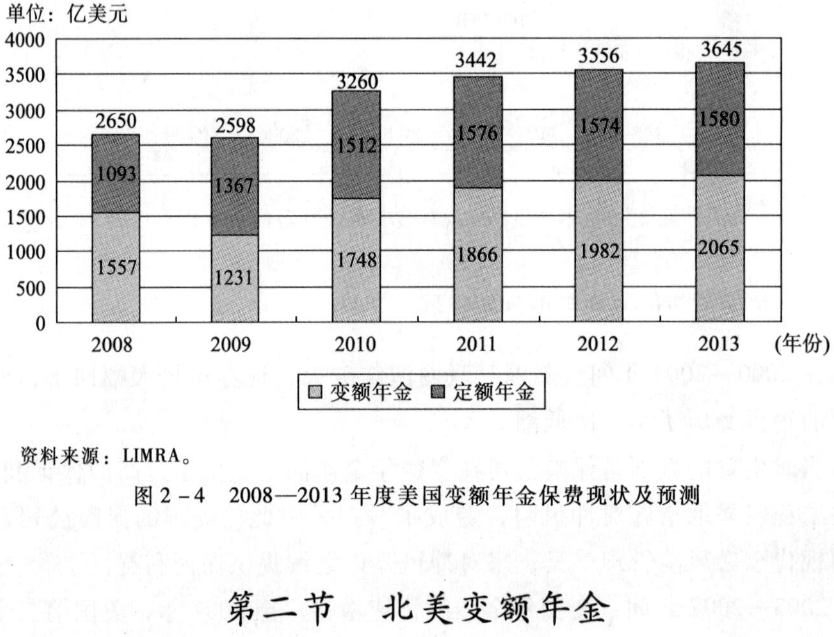

资料来源：LIMRA。

图2－4　2008—2013年度美国变额年金保费现状及预测

第二节　北美变额年金

一、北美市场

这一节针对变额年金的历史及发展历程，讨论一下关于北美的变额年金市场。并且，特别针对以下几点进行讨论：市场规模、销售渠道、产品趋势、变额年金的重要提供者、需求驱动力、风险管理、监管的发展以及这些产品的前景。

（一）市场规模

自 1952 年变额年金首次被美国教师保险和年金协会、大学退休证券基金（TIAA – CREF）推出以来，此产品就一直在北美进行销售。股票市场的繁荣大大推动了变额年金的发展，从而使得定额年金（FAs）的销售额一直停滞不前，此状况一直维持到 20 世纪 90 年代中期。截止到 2000 年，变额年金的年销售额达到了顶峰 1380 亿美元，比定额年金年销售额的两倍还要多（见图 2 – 5）。

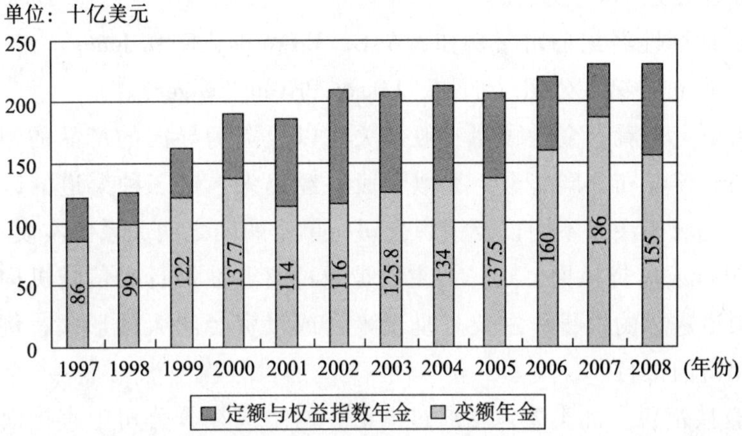

资料来源：Towers Perrin—VALUE Survey，LIMRA。

图 2 – 5　1997—2008 年度美国年金销售额

2000—2002 年股票市场的下滑使得变额年金年销售额下降了 20%，直到 2002 年末，最低退保利益保证（GMWBs）的引入情况才有所好转；2003—2007 年股票市场的恢复又使得变额年金的年销售量快速增长，在 2007 年达到了顶峰 1860 亿美元。而近年来，2008 年的金融危机又使变额年金的销售额下降了 17%，至 1550 亿美元，倒退到了 2006 年的销售水平。2009 年，变额年金的销售额预计将会进一步下跌至接近 1300 亿美元，而定额年金的销售额预计将会弥补这一下跌的数量，增至大约 1300 亿美元。在 2008 年第四季度，北美定额年金的销售额自 20 世纪 90 年代以来首次达到了变额年金的销售水平。

（二）销售渠道

变额年金在北美的销售渠道包括以下几种：

1. 代理机构。从历史上来看，这一类机构包括主要或者单独为一家公司的产品进行销售的机构，并且主要关注人寿保险的销售，美国教师保险和年金协会销售人员包含在此类。

2. 金融顾问。包含在这一类的渠道有：

（1）电报房。电报房特指高盛（Goldman Sachs），摩根士丹利（Morgan Stanley），美林（Merrill Lynch），贝尔斯登（Bear Stearns）等综合性大型证券公司，原先没有网络交易系统的时候，它们通过电报来为客户进行交易和经纪，所以叫做电报房。电报房的资本规模一般超过 100 亿美元，年营业额也接近 100 亿美元。

（2）地区性经纪公司（例如，A. G.. Edwards，E. D. Jones）。

（3）独立经纪人公司（例如，Linsco Private Ledger）。

从历史上来看，金融顾问一般是关注以投资为导向的产品的销售，例如，股票、债券和共同基金，类似于股票经纪人。这三种渠道的区别主要是公司的地域关注点不同以及销售公司与单个顾问之间关系的本质不同。

3. 银行或信贷机构。这一类主要是通过商业性银行和信贷机构中的一种销售渠道进行的销售，主要是呈现平台或投资经纪人的形式，例如，摩根大通和富国银行。

4. 直接销售。此类型包括通过电话、网络或在分公司中直接面向顾客进行销售的公司。

在这四种销售渠道中，独立的经纪人公司和职业机构控制了变额年金的销售，两者在 2008 年的前 9 个月中分别占据了 34% 的市场。而在同一时期，银行、电报房以及地区性的经纪公司各自仅仅占据了 10% 的份额。

（三）市场监管

美国原则性监管（PBR）的引入使得变额年金基于风险资本法（RBC）在 2005 年产生了一种新的模型，被称做 C－3 Phase II。在这种政策之下，RBC 是以基本业务尾部风险为基础的，是利用现实生活中一种更高级的随机性模型和确定性情景。如果满足一定的条件，部分对冲信贷是可以获得的。评级机构已经采取了这种方法，并将会用一种类似的方法来确定公司对变额年金需投入的资本，这样的话，也将增加对 BBB 等级以上公司的信心。

同样，在 2009 年底，一种新的准备金模型（保险监督官年金准备金评估方法（CARVM））被引进，代替之前为多种保证所提供的基础准备金加额外准备金（AG34，AG39）的组合。对大多数公司来说，新型的 VA-CARVM 准备金将会等于或高于目前的准备金水平。

PBR 的引入使得许多公司开始实施具有吸引力的再保险方案，从而降低法定资本和准备金的波动。2008 年底，SEC 为到 2014 年在美国所发布的国际财务报告准则出版了一项提议的路线图。这使得经济和会计风险更好地结合在了一起。

二、产品介绍

变额年金主要有税赋适格优惠（Tax Qualified）及税赋非适格优惠（Tax Nonqualified）两种形式。2008 年，总变额年金溢价中 68% 为符合税务资格形式，与 2007 年的 63% 相比，处于上升趋势。下面列举的是对近来美国市场上出现的产品定义以及类型的总结。

- A 类：带有首次认购费的年金。
- B 类：带有赎回费用的年金（退保费用期限通常是 7—8 年或更长）。
- C 类：没有赎回费用的年金（没有退保费用）。
- L 类：带有短期退保期限 3—4 年的年金。
- 红利：是以合同价值把红利贷记到投保人账户的年金。红利的出现可能同时伴随着一种加长的退保费用期限、高产品费用、低经销商优惠、利润的减少以及一些综合性现象。
- VIAs：变额即期年金。

保证条款对北美地区变额年金的成功起到了关键作用，它为退休证券提供了一个重要的工具。给人们提供了意外死亡福利和生活保障福利。与欧洲相比，北美的保证金主要是由承保人直接提供的，而不是由主要的投资基金提供的。20 世纪 80 年代，保险公司开始在变额年金中提供最低身故利益保证（GMDB），用于在股市表现较差的时候保护客户。20 世纪 90 年代初期，为满足合格退休金计划的法规要求，变额年金产品开始提供最低年金给付保证（GMIB），用于在股市表现较差的时候保护客户的退休年金水平不受重大损失。此类保证成为变额年金发展的重要推动因素。随后，最低累积利益保证（GMAB）和最低退保利益保证（GMWB）相继出现，迎合了客户养老、投资、保底三重需求，恰逢资本市场繁荣向上，变额年金获得了极大发展。

上述四种形态占市场上变额年金销售的绝大多数，具体区别和说明如表 2 – 2 所示。

表 2 – 2　最低身故利益保证、最低累积利益保证、最低年金给付保证和最低退保利益保证的具体区别

产品分类	保证利益描述
最低身故利益保证（GMDB）	被保险人在年金累积期间身故时，保险公司保证身故保险金为当时的账户价值和签单时与保险公司约定的金额的较大值。
最低累积利益保证（GMAB）	在年金累积期届满时，保险公司保证客户可以领取当时的账户价值和签单时与保险公司约定的金额的较大值，或可以将该金额再转投入另一新的年金账户。
最低年金给付保证（GMIB）	在年金累积期届满时，保险公司保证转化为一个即期年金，即期年金的每次给付金额不低于事前约定的保证数额。
最低退保利益保证（GMWB）	在账户累积期间，保险公司保证自一定保单年度起，客户可以定期提领部分年金账户价值，至约定年龄或约定年数为止，或约定总提领金额保证不低于某一数额。

以上保证利益是随着变额年金和金融技术的创新逐步出现的，实现程度从易到难，风险程度也逐级上升，如图 2 – 3 所示。

三、风险管理

对变额年金的风险管理一般包括三个核心内容：

- 产品设计或定价；
- 再保险；
- 对冲。

为应对 2008 年金融危机，销售变额年金的保险公司积极主动地采取措施，降低变额年金产品的风险，从而导致产品费用的增加以及更加严格的保证条款设计。

除了产品的变动，公司目前都在采取以下措施：

- 在评估其对冲项目的有效性时，增加所要分析的风险因素的数量；
- 试着利用外部的再保险（现在与 2008 年初期相比更难获得）；
- 利用国外的资本进行再保险；
- 改善风险管理监管措施，包括利用有效的模型方式；

- 停止部分过高保证利益产品的销售（临时的或永久的）；
- 出售变额年金的业务。

四、前景展望

尽管金融危机影响未完全消除，变额年金在全球范围内以及在美国的销售前景仍然还是很乐观的，这主要归功于一系列因素：

- 在美国，越来越多的人达到了退休年龄；
- 退休资产以及累积资产越来越多；
- 只有人寿保险可以提供一生的保障；银行和共同基金无法提供此种保障；
- 退休储蓄责任从雇佣者身上转移到了雇员身上。

因此，人们认为变额年金将会继续是提供退休收入的一个重要产品。而且，美国的人寿保险可以平衡国内产品的专业知识。美国的变额年金产品已经通过跨国公司在亚洲、欧洲的大多数主要的保险市场上上市。

从长远来看，尽管金融市场不稳定，北美变额年金的销售状况还是很乐观的。变额年金产品将仍然是提供退休收入的一种关键性产品。尽管短期增长率还比较低，然而从中长期来看，美国退休人口数量的增长将会推动对此类产品需求的增长。因此，变额年金仍将会在市场上畅销。

第三节　日本变额年金市场简介

日本是国际上第二保险大国，其非传统保险发展却经历了大起大落，曾一度成为“社会问题”，因此，停售三年多。现在非传统险又成为日本保险业发展最快的业务类型，这一戏剧性的变化在国际保险市场实属罕见，颇具研究价值和借鉴意义。变额年金产品是随着金融工具多样化、金融市场一体化出现的一种创新型保险，日本近年来的变额年金产品发展迅速。

一、日本非传统保险的发展历程

（一）变额保险的引进

日本保险界对变额保险的研究最早始于1970年5月，通过对欧美7个国家变额保险发展情况的实地调查，1971年7月日本保险界就已有初步共识——有必要引进变额保险。1984年日本生命保险文化中心的调查显示，一般公众调查中有21%的人认为变额保险比传统保险好，专家学者的调查中有63%的人认为有必要引进变额保险。1986年10月1日，日本保险业统一引进了变额保险，当年有12家保险公司开始销售变额保险，日本保险界认为这一保险创新具有划时代的意义。

（二）变额年金开发背景

日本在引进变额保险时，正值日本金融界处于向金融自由化和一体化迈进的起步阶段，社会大背景也有利于其开发和销售。各种金融机构为了吸引更多客户竞相开发金融创新产品；日本大众的保险意识也出现了变化，其需求也呈多样化状态，不仅需要传统保险的保障，也需要带有投资性的保险产品。与此同时，美国最早开发销售变额保险的公正保险公司提出要在日本销售变额保险，这也加速了日本引进开发变额保险。

（三）变额保险热销

在销售方面，具有销售变额年金资格的保险公司除通过自身营销系统宣传促销外，还在电视等媒体上大加宣传，使变额年金成为社会所熟知的保险险种。

二、日本变额年金产品迅速发展的原因

（一）长寿问题的应对

理财观念保守的日本人，风险承受能力低，近几年在低利率环境下，开始转向报酬较高的变额年金险。另外，老龄化问题受到重视，据日本保险文化中心统计，一对老年夫妇退休后生活费每月需37.3万日元，国家年金等（相当于我国的社保等）每月支付22.8万日元，不足额为14.5万日元，必须自我筹措。加之日本又面临着生育率降低，以往商业保险承保的高利率的传统保险又面临下调预定利率，中老年人的养老金市场需求庞大，长寿所带来的风险是使含有投资性质的非传统保险得以畅销的客观原因之一。这也使得变额年金险成为日本保险商品的新宠儿。

1950年日本战后婴儿潮出生的人，陆续年满60岁，并在2025年满75岁。这批战后婴儿潮，不久将成为退休潮。这意味着两件事：第一，日本将加速成为高龄化国家。第二，社会保障面临极大的挑战。平均寿命增加，

使得高龄生存期间延长，让老年问题成为日本媒体关注的焦点。变额年金险的目的，就是让客户准备过未来长久的老年生活。而自从日本媒体大量报道“高龄化忧虑”后，相关产品销售更是快速成长。

从数据来看，2006 年日本个人保险保费规模较 2002 年减少了 21%，但年金保险却增长了 21%。此外，2002 年变额年金险占总年金保险的比重达 22%，到 2006 年则占 44%。受媒体影响，变额年金险在日本已成为退休人士的最爱。在中国台湾地区，这项商品也从 2006 年开始萌芽，不过我国内地，目前为止还没有出现这类商品，只有保额每年均衡递增型的年金险产品以及变额寿险（投资连结保险）。但是相信在不久的将来，变额年金险也将在我国的市场上出现。

（二）传统保险和非传统保险搭配不合理

在日本保险业中的传统保险和非传统险的匹配不合理，同发达保险市场的传统险与非传统险 60∶40 的比例大相径庭，非传统保险占其总保费比例不高。这就意味着非传统保险发展空间大，各家保险公司都积极开拓这一巨大市场，以解决传统保险和非传统险的不平衡问题，加之日本宏观经济近几年出现了复苏迹象，日本保险行业的很多专家、学者也把变额年金视为解决日本保险业衰退及解决产品匹配问题的“救世主”之一。同时，日本 2003 年 6 月出台了法律来降低已承保的过高的预定利率保险，各家保险公司尽管到目前为止还没有执行这一特殊法律，但以往承保过高固定预定利率的保险能否兑现却是一个现实问题，没有固定利率的非传统保险在投资上有一定优势。如日本在 2004 年度非传统保险新契约增长了 3.1%，与此相对，传统保险却连续九年出现负增长，平均下降幅度达 8.3%。

（三）非传统保险的优势迎合了大众的需求

日本 1999 年度存于银行的个人金融资产高达 1300 多兆日元，且日本当时处于超低利率时期，庞大的个人金融资产需要寻求更高的回报。在这一潜在的商机面前，包括保险公司在内的其他金融机构都在开发同资本市场联动的商品，以此开拓新销售渠道来吸纳这部分资产。变额年金自身具有传统保险与开放式基金双重功能和特点，迎合了大众的需求，有较大的市场空间，同时，由于日本保险业发展已有 100 多年的不间断发展历史，保险公司作为一个值得信赖的投资机构在社会上有一定的信誉度，这些都有助于变额年金的发展。此外，保险公司在与银行、证券公司的竞争中有

"递延税"、"合理避税" 等有力武器，处于有利的竞争位置。

（四）《金融商品销售法》的实施，为变额年金产品的推广提供良好的销售环境

日本从1986年开始销售的变额保险到1996年停止销售。主要缘于变额保险的投资收益下降、营销员的误导、某些公司营销定位有误和管理制度不完善等。鉴于此，日本于2001年4月颁布实施了《金融商品销售法》，对公司责任、销售规则和消费者权利的保护等作了明确规定，有效地规范了销售行为，同时，还增加了客户购买非传统保险需填写确认书一项内容，以确保适宜的客户进入保险公司。营销员在销售方面，因过去营销员误导诉讼案的赔偿金额过高，其中有的败诉案也需其赔偿一部分金额，这些规定不仅对当事人是一个教训，也对其营销员起到了一定的警示作用。

（五）规范管理，强化销售品质

在管理上，一些日本保险公司在产品设计、投资运作、内部控制和销售渠道方面加大了管理和投入，并进行"全员营销"管理，将市场营销看做一个管理过程，并不单单是某一部门或几个部门的事情，注重变额年金产品的设计、培训、销售、资金运用、信息透明、售后服务等的每一环节。如在建议书中投资收益率测算举例上有一定变化，以防止营销员在投资方面误导客户，即1999年后的投资收益率举例有负值、零和正值三种，1986年投资收益率举例则没有负值。又如在保证销售品质方面：严控营销员的销售资格，进行严格的财务核保，保证100%的电话回访，使用统一的电脑建议书和客户确认书等，基本上规避了"承保风险"。

三、日本变额年金市场的现状及特点

（一）在销售业绩方面

日本保险市场自1999年重新恢复销售非传统保险后到目前为止，先后有22家保险公司开发销售了变额年金保险，在销售变额年金产品的最初过程中，日本公司和在日本的外资公司新契约占比处于拉锯状态。在2002年前，日本的三井生命保险公司处于领先地位，承保新契约922亿日元，2003年美国的HARTFORD保险公司则独占鳌头，承保新契约2740亿日元。2004年后日本生命保险公司、日本第一生命保险公司加大了变额年金产品的营销投入，目前这两家保险公司的销售业绩一直保持领先地位（参

见表2-3)。

表2-3　　日本变额年金销售前20名保险公司

排名	保险公司名称	销售总额（100亿日元）	市场份额（%）	2007后半年度
1	Hartford Life（哈特福德人寿）	34770	17.1	1981
2	Alico Japan	34615	17.0	2038
3	Mitsui - Sumitomo Metlife（三井住友大都会）	23625	11.6	2252
4	Tokio Marine Nichido Financial（东京海上日动）	19552	9.6	2153
5	Sitomo Life（住友生命）	17752	8.7	992
6	ING Life（安泰人寿）	14617	7.2	1877
7	Manulife（宏利人寿）	10433	5.1	1480
8	Daiichi Life（第一生命）	6421	3.2	787
9	Mitsui Life（三井生命）	5730	2.8	326
10	T&D Financial	5312	2.6	278
11	Nippon Life（日本生命）	4632	2.3	318
12	Fukoku Life（富国生命）	4355	2.1	115
13	Mass - Mutual Life（麻省人寿）	4075	2.0	718
14	AXA Life（金盛人寿）	3565	1.8	276
15	AIG Edison Life	3333	1.6	201
16	AIG Star Life	3082	1.5	214
17	Meiji - Yasuda Life（明治生命）	3032	1.5	96
18	Tokio Marine Nichido Anshin	2651	1.3	36
19	AXA Financial Life	1073	0.5	76
20	Gibraltar Life（直布罗陀人寿）	972	0.5	199

（二）在产品设计和形态方面

产品的销售是以投资、保障、灵活、年金为切入点，且保险期间长，最高可达90岁，目前最为流行的是附加增额保险，即在主险投资收益增加的时点上，增加保障额度，以后即使投资收益下降增加的保障额度也不变；在投资账户保底方面，日本本土公司大多没有保底，而在日本的外资公司则有保底，这与日本本土公司曾出现过的变额保险误导有关。此外，现在日本销售保险有一种新的现象，即主险和附加险可以任意自由组合，目前其任意组合的产品占其新契约的25%左右。具体内容见表2－4。

表2－4　日本部分变额年金特点比较　单位：日元

公司名称	销售时间	商品名称	投资账户数	缴费方式	合同期间解约扣除率（%）
荷兰ING	2000年6月	SP－VA	9	趸缴	5.0～0.5
斯堪地那	1999年7月	斯堪地那投资型年金	8	趸缴	7.0～1.0
AIJCO	1999年8月	北斗七星	7	趸缴	8.0～0.8
索尼生命	1999年11月	变额个人年金	6	趸缴	不定
三井生命	1999年7月	M－VA	1	趸缴	没有

公司名称	保费	加保
荷兰ING	100万～3亿元，有最低死亡保额	任意追加保费，可增额以10万为一单位
斯堪地那	50万～3亿元，有基本保险金额	任意追加保费
AIJCO	100万～2亿元	任意追加保费
索尼生命	最低保费3000万元，有基本保险金额	只限于一年的保费
三井生命	50万～3000万元	不可

公司名称	减保	合同年龄	保证金给付年龄
荷兰ING	10万以上，1万为单位，减保后有最低保障	0～70岁	55岁、60岁、65岁、70岁、75岁（签约后需经过10年以上）
斯堪地那	增额以10万为单位，单位10万以上，减保后基本保额在50万以上	0～75岁	45～85岁（合同年龄不同而已，签约后需经过10年以上）
AIJCO	10万为单位，10万以上，以10万为单位	0～67岁	40岁以上
索尼生命	一年只能两次减保，有规定限额	20～60岁	55岁、60岁、65岁、70岁、75岁
三井生命	20万以上，以1万为单位	18～75岁	18～85岁，从签约后

公司名称	死亡给付保险金	意外死亡给付保险金
荷兰ING	现金价值、最低死亡保障	上述再加上死亡日期最低保障的10%
斯堪地那	现金价值、保证缴费期间的保费金额	上述再加上基本保险金额10%
AIJCO	现金价值、有最低保障	现金价值相对额度的110%，趸缴有最低保障
索尼生命	现金价值再加上基本年金额的5%（年金给付日起）	
三井生命	死亡日期的现金价值、有最低保障	

续表

公司名称	选择方法	年金给付后的投资	保单贷款
荷兰 ING	通知书	按原账户投资，也可按传统险投资运作	不可
斯堪地那	通知书	按传统险投资运作	现金价值 50% 内
AIJCO	通知书	按传统险投资运作	不可
索尼生命	通知书	按原账户运作，可按传统险和护理年金投资运作	可
三井生命	通知书	按传统险投资运作	可

（三）在养老变额年金方面

变额年金险是集合了保险“强迫理财”的特性及基金高额报酬的优势，衍生而来的退休商品。日本是一个老龄化程度很高的社会，保险公司自然不会放过近在眼前的银发商机。早在十余年前，日本的保险公司就推出了“变额年金险”，最近几年这类产品颇有成为日本社会退休理财主流商品的势头。日本变额养老金资产余额至 2007 年 9 月末达到顶点。在银行柜台出售的个人养老保险产品中，变额年金的销售额占到总销售额的 70% 以上。具体内容见图 2－6 和图 2－7。

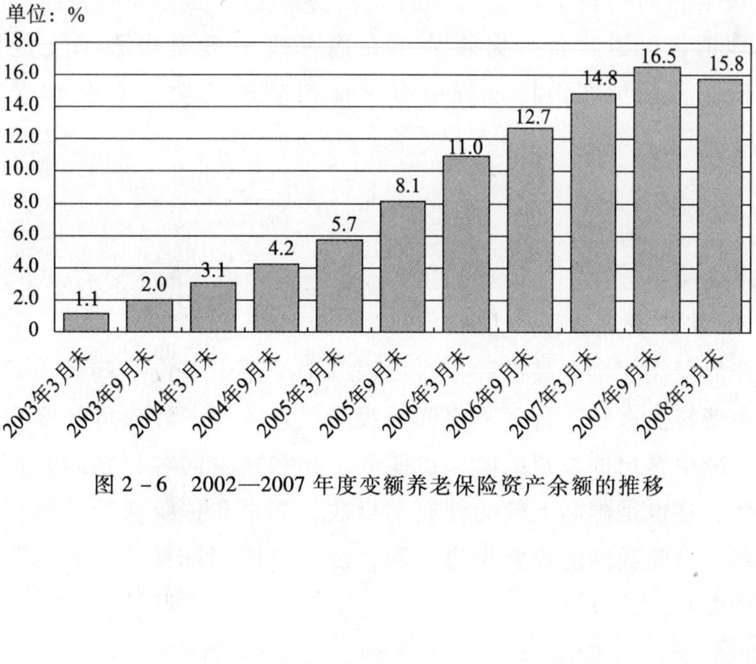

图 2－6　2002—2007 年度变额养老保险资产余额的推移

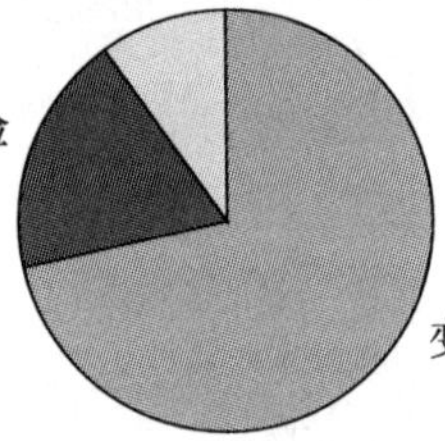

图 2-7 2002 年 10 月至 2008 年 3 月累计银行柜台出售的养老保险商品的市场份额

（四）在营销定位和渠道选择方面

其销售目标市场主要定位在 50 岁以上的中老年人身上，原因是在日本 1300 多兆日元的个人金融资产中，7 成是由 50 岁以上的人持有的。在销售渠道的选择上，主要有银行、证券公司和营销员。在营销员销售渠道中，只用少部分高素质营销员来销售变额年金保险，销售此类保险的营销员不足 2 万人，这只是 1986 年日本销售的变额保险营销员的一个零头，大部分营销员只销售传统保险；而在日本的外资保险公司只有两家公司用少量营销员，其余公司已不用营销员这一销售渠道，完全是开放式基金的销售方法，把银行、证券公司、独立 FA 和经纪公司作为其代理销售渠道，有些保险公司在内部组成理财中心来支援前线销售，以防止营销员在销售过程中有可能出现的说明不充分和误导现象的出现。

四、启示

日本变额年金在产品设计和实务操作上值得借鉴的主要有以下几点：

（一）账户设计和管理方面

在今后变额年金产品设计上，可在一个产品中多设一些账户并增加账户之间免费转换次数，各账户之间的投资收益不同，转换可使客户的利益最大化，减少客户的投资风险，也能够防止和减少同客户之间易产生的矛盾和误解，这也是国际上较为流行的做法，亦是非传统保险的操作技术所在。当然，目前我国的投资渠道有限，没完全同国际接轨，不可能设置更多种类的账户。

（二）费用提取方面

日本的日资和外资保险公司在变额年金的费用提取上，大多数都采取均衡收费制，即在保险期间年内均衡扣除相关费用，而这些公司平均收取的相关费用并不比我国保险公司少。而以我国某些投资连结保险在设计上采用的前端收取费用制为例，先收取5%初始费用，加之第一年保费不进入投资账户，使客户对条款存有疑义，由于先扣除费用和第一年不进入投资账户，使投资账户中前几年资金量少、投资收益也小，也会间接地影响客户缴续期保费及其他问题的出现。

（三）销售渠道方面

在日本销售变额年金保险的日资和外资保险公司的销售渠道主要有四种。按销售额度大小的顺序为：银行、证券公司、营销员和经纪公司（或保险代理店）、E行销，其中，E行销微乎其微。我国在销售变额年金产品时，除保险代理人这一销售渠道外，还可以用证券公司、银行等销售渠道，这在一定程度上可以防止误导和承保风险。如果全靠代理人来销售的话，从保险公司管理角度上看，庞大的代理人队伍都掌握非传统险的销售方法和复杂的投资知识并非易事，相关费用支出也多。从代理人的角度来看，代理人间的销售技能差异大、难以统一协调。可在代理人中选择一部分人来销售变额年金产品，一部分人销售传统保险，不是所有的人都可以销售非传统保险的。

（四）培训和教育方面

严格把握好销售培训和教育这一关，这对防范销售风险具有积极作用。以日本经验来看，变额年金险是最容易引发客户抱怨的部分，通常是“我母亲年纪大了，以至于无法了解商品内容，为何业务员还对她推销？”或是业务员根本没将变额年金的内容和优缺点解释清楚，导致最后结果不符合预期，而引发纠纷。

在保险代理人培训时，须确保保险代理人理解：变额年金产品是一种具有高风险和高回报、投资收益不确定性和不能夸大投资收益率等特点的保险。过去日本保险市场出现的问题就是将变额保险所具有的投资功能夸大，高估投资收益率，甚至由于利益驱动而误导和欺骗客户。由于变额年金险产品复杂，不能完全保本，当做退休理财工具，仍得“居安思危”。在日本，业务员在被要求卖这项产品之前，必需先了解客户的总资产有多少，可再投入部分资金。“生死书”上的契约内容，也跟一般保险商品不同，会多问像是“知不知道有哪些风险”或“保障足不足够”等问题。同时，也要对客户要进行投资风险教育，充分理解变额年金的特点，确保适合的客户购买此类保险。

（五）目标市场定位方面

日本变额年金产品之所以能够迅速发展，原因之一是目标市场定位清晰、准确。如鉴于日本庞大的个人金融资产约有一半多存在银行，并且70%的资产是50岁以上的人持有等特点，在2003年日本变额年金保险销售第一的HARTFORD保险公司将客户群主要划分为四种类型：中老年高收入型和大众收入型、中青年高收入型和大众收入型。根据不同类型人的风险偏好度、风险承受力、财务收入状况来划分进而策划培训方案，并在销售过程中配备内勤的理财中心人员跟进服务，成功地切入中高端客户群。根据对以往我国投资连结保险承保的客户统计数字来看，购买投资连结保险的客户几乎都是中低收入的客户群，未切入到高端客户群。

（六）信息对称方面

非传统保险的一个显著特征就是比传统保险的信息透明，并且要求将相关的信息准确地传达给客户，它包括相关费用的提取、投资收益率和费用扣除等方面。这些都是变额年金产品销售过程中的一些关键环节，也是易同客户产生误解和纠纷的地方。即各项相关费用提取、扣减都要在产品说明书上明示，特别要将投资收益率的不确定性和客户承担的投资风险同客户说明，以防止销售过程中出现避重就轻和误导，杜绝给以后的业务管理带来隐患。

（七）监管与制度方面

在对非传统保险监管上，出台相关变额年金产品的精算监管细则，严格限制保险公司首年度提取费用额度，统一变额年金产品说明书标准；在变额年金销售资格准入上提高门槛。以往日本出现的变额保险成为“社会问题”和我国出现的“投连风波”都与非传统保险销售资格准入标准不高有关。

第四节　欧洲变额年金

一、市场介绍

欧洲把美国形式的变额年金作为一项战略性创新记入历史是始于2006年，即法国安盛集团（AXA）和全球人寿（AEGON）将其第一种"Twain-Star"产品在德国发行，同时在英国Royal London和Lincoln也分别引入了变额年金（之后，便很快被哈特福德人寿和大都会人寿所效仿，纷纷在英国推出此类产品）。

其实在此之前，一种投资连接保险把人身保险和投资保险的利益相结合，特别是把最低身故利益保证和最低累积利益保证相结合起来的产品已经在市场上推行过，然而，这种产品具有有限的吸引力，不能左右市场。

欧洲初始的战略创新动力主要受国际保险集团的控制，因为这些集团可以从北美大量的业务中输入用来设计和管理变额年金的能力、基础设施以及经验。另外，英国的公司与众所周知的、已经在变额年金市场上确立地位的产品的设计很相近，而法国安盛集团却与其大相径庭，因为他们试图通过提供规范的保险金和超过20年的递延期限，来大大仿效德国传统的国内盈利产品。

2007年，主要是法国安盛集团在欧洲地区大力推广变额年金业务，此产品分别在西班牙、意大利、法国、比利时和葡萄牙上市。而近年来，安联（Allianz）（曾在一个独立的新型分公司"安联全球人寿"负责欧洲的变额年金业务）、全球保险集团和荷兰商业银行都开始大肆进入额外的市场，并极具潜力地以超快的速度赶超法国安盛集团，占据欧洲市场。

而在另一个范围内，一些新型的当地保险公司也推出了其独特的变额年金产品。例如，瑞士人寿（Swiss Life）已经开始采取措施推行变额年金产品，而其他保险公司则在2008年的下半年当安联占据了市场领导地位后，才开始推行。除此之外，其现有产品在柏林已经占有一席之地的加拿大人寿（Canada Life）已经把变额年金产品加入到现有产品中并在德国上市。同样，在大多数欧洲市场，许多泛欧洲集团和当地保险公司都开始提供一系列的变额年金产品。过去几年中，变额年金产品在欧洲已经成为一个广泛推广以及在战略上占据竞争优势的产品线。

欧洲的变额年金产品不像在北美或日本的产品一样缺乏，因为在大多数的欧洲市场上，仍有很多传统的参与盈余分配公司为保险单持有人提供长期保险金以及通过利润分享而参与到高投资回报率业务中去的机会。并且，许多欧洲市场都是受财富累积和负储蓄合同所控制，而不是由短期的保险金合同所支配，后者最典型的应用是在北美，这种合同主要是向退休转移的时期提供财富管理支持。除此之外，变额年金的销售主要通过传统的渠道（例如，金融顾问和与之相联的代理商）。

另一方面，保险公司对与传统业务相联系的经济开始持怀疑态度，而顾客对这些产品的透明度以及选择性也越来越不满意。因此，变额年金产品看似是一种满足一些重要顾客群的产品，也是一种可以带来利润的产品。这些因素看似是某些特殊活动背后的重要驱动力，例如，在德国。

变额年金在欧洲得到快速发展的其中一个原因就是公司能够以一个单一的法律实体来承保产品，并在欧洲经济区域（EEA）内的规则下，在不同的欧洲市场上销售，这一规则仅仅把瑞士排除在欧洲主要保险市场之外。通过引用这一规则，保险公司可以选择一处管辖区域要求为变额年金提供适当的规章制度。这点非常重要，因为在欧洲的一些管辖区域中，保险公司没有权利承保变额年金。例如，在德国对准备金的会计处理和禁止用于附投资保证的变额年金的资产范围都有严格的要求，并且近来本来能够改变这一状况的提议也没有在议会上通过。大多数变额年金的工作者主要是在爱尔兰的管辖区域内做泛欧业务，自 1987 年以来，国际金融服务中心（IFSC）就为跨境业务提供了非常诱人的环境，并且目前许多大型公司已经拥有了自己的变额年金业务。卢森堡被认为拥有特别诱人的规章制度，而到目前为止却仅仅吸引了少数公司，包括瑞士人寿公司。最后，列支敦士登作为一个管辖区域拥有了特有的向 EEA 和瑞士出售产品的能力，因此这也吸引了瑞士的保险公司巴塞尔保险（Baloise）在此创建了他们的变额年金业务。除了规章制度，在选择销售地域时，还有一个重要的考量就是智力资源、专业技能以及经验的可得性，还包括一些服务的可得性，例如，特定的精算服务以及法律咨询等等。柏林被认定为是所有区域中的最佳区域。

大多数处于领导地位的国际集团都建立了内部的风险管理系统，目的是建立一个适用于管理由销售含内嵌选择权和保证的保险产品引致的所有市场风险的对冲交易业务。而相反，比较小的、地区性的公司则趋向于把风险管理“外包”出去，这主要是通过获取一家再保险公司或投资银行的帮助，然后与其达成交易，使其把市场风险降低到有限的程度。然而，这种“外包”形式在初始建立阶段保险公司通常都会试图利用这一能力，然后慢慢发展成为自己内部的能力。

二、动态变额年金介绍

早在 2001 年，与传统的变额年金一致，一些类似的产品就在欧洲出现了。正如变额年金一样，这些产品主要涉及对个人账户提供保证的投连险，但是有告诫说，此类产品是动态保本基金和盈利基金的一种动态的汇合体。

此类开始于德国的产品，主要受两种因素的驱使：

- 从财政角度来看，对于那些提供定期保费产品的人来说，是一种激励制度，但是这种产品必须帮助退休者积累退休储蓄；
- 从监管角度来看，一种用成本会计创建的、技术上的规定禁止保险公司承担和管理需要逐日盯市的选择权的风险。

第一代动态变额年金出现在 2002 年，这些合同主要是建立在一系列的动态保本基金之上的，这种项目之后就被广泛地效仿，但是其灵活性却非常有限。

2005 年，第戈林威克林有限公司（HDI Gerling）又开创了第二代动态变额年金。这种概念是一种基于个人账户水平的动态分配。对于每一个合同，保险费都会根据一种与动态保本投资基金和投保人的盈利基金相联系的方案进行分配。并且这种分配仅仅每个月更改一次，与美国的变额年金或固定乘数平衡管理相比，这种分配降低了运营的负担。

对于传统的美国变额年金，保险公司提供的保证金是独立于基金之外的。与其相比，动态变额年金所提供的保证有“四条腿”：

- 相关的共同基金为降低短期市场风险提供了保障；
- 盈利基金提供了长期的久期，并把所有的精算风险（死亡率、长寿以及长期性）都集中了起来；

- 按照账户水平所进行的每月的动态分配降低了嵌在其中的期权以及其成本；
- 保险公司仍然面临着尾部精算风险、运营风险以及普遍的商业风险。

动态变额年金的即时魅力主要是因为不管市场的状况如何，其保证金都比较便宜，并将会继续利用传统的利润参与机制来分担风险。

从保险公司的角度来看，动态变额年金避免了美国变额年金中最“厉害”的风险、基本风险以及长期面临波动的状况。

在这种结构中，提供动态变额年金所需要的运营成本比美国变额年金少得多，因为与美国相比，此产品仅需要对每月以账户水平进行的重新分配进行管理。对于较小的保险公司来说，这特别有意义，因为他们经常仅仅在一个国家中经营业务。

然而，另一方面，美国的变额年金几乎可以提供任何范围内的潜在投资，并且不仅仅限于非常奇特的动态保本基金。除此之外，他们的信息是完全透明的，并保有金融期权的升值潜力。此外，保单持有人在其政策实施的整个时期内都会进行全面的投资，因此，即使在不利的市场环境下，他们仍能从保证金中获利。最后，他们并不依赖于盈利基金。

三、市场隐患

尽管变额年金在商业上取得了一系列成功，然而在成功背后还存在一系列问题。因为欧洲变额年金市场还未成熟，因此与北美以及亚洲的市场相比，其影响力还是有限的。

在 2007 年和 2008 年，许多变额年金的开发商在财务报告中大肆抱怨市场环境的不稳定性，要求增加额外的资本、延长规定的期限来推动避险项目的发展。结果，2009 年年初，许多保险公司被迫重新评估其战略（包括退出现有的市场）。

这一危机主要有以下几个方面。

- 对保险公司：对基差风险、波动风险以及与动态复制相联系的操作或控制成本进行适当的量化。
- 对经销商和保险单持有人：低利率以及市场环境高波动性的背景导致投资回报率的降低及保证成本的上涨。

- 对监管者：尽管大多数保险业务主要集中在三个国家（爱尔兰、卢森堡和列支敦斯登），然而，损失却都转回了母公司，这些母公司主要由欧洲的其他一些地区监管。例如，近来爱尔兰金融监管机构发布了一份讨论文件，显示了对目前监管体制进行严格控制的要求，这种监管制度主要建立在那些进行适当评估和风险管理的指定精算师的义务和责任之上的（爱尔兰金融监管机构，2009 年）。

变额年金的未来如何？近来的保险都是远期的变额年金，特别是终身退保利益保证（GLWB）。因此，从短期来看，实际损失还未出现。

四、前景展望

自从变额年金在欧洲上市以来，事实就非常明显，成功的关键就是把正确的产品引入到正确的市场中去。尽管初始阶段，许多国际集团都是通过从美国和日本引进产品的专门技术和设计把变额年金引进欧洲市场的，但是欧洲市场现在已经达到了这样一个阶段，即拥有特定顾客群的保险公司可以为其设计有吸引力且适合他们的变额年金产品，并且从运营上来说，欧洲的变额年金承保人几乎与北美的生产基地是毫无关联的。

许多变额年金承保人在 2008—2009 年金融危机后几个月的经历告诉我们，产品设计和风险管理需要并肩作战，这是因为随着市场变得越来越不稳定，许多产品的特征（例如，定期保费、较长的久期产品）都无法用来降低风险。在中欧和东欧市场（两者不属于欧元区国家），用于对冲的金融工具的缺乏是变额年金发展的一大限制性因素。所以把产品设计和避险策略同步进行还是非常有必要的，那些具有高避险能力的保险公司将能为欧洲的客户提供所需要的产品类型，这些产品将把现有产品的特征与创新特征（例如，可以从一系列投资基金中进行选择的机会）结合起来。

把变额年金看做是泛欧平台中理想的产品是有原因的：一方面，保险公司必须得有能力发展重要的投资项目，这些项目的目的是为了创建避险所需能力以及基础设施，从而使得公司有能力设计可持续发展产品以及专业化对冲项目。并且，保险公司、提供服务者以及监管机构都要有在多个地区内不容易被复制的专业化技术。另一方面，作为一种产品类型，变额年金是以“自由服务”为基础从某一地点运输到欧洲的多个市场的，在交付方面是最理想的类型，这是因为每个市场潜在的产品逻辑是一样的。

为变额年金创建这种泛欧产品平台有好几种方法：欧洲的第一集团变额年金制造商将会成为大型的全球保险公司，例如，安联、安盛。他们将在欧洲的大部分市场上用自已的产品引领变额年金市场。第二集团竞争者将不会依赖于现有的泛欧销售渠道，他们将成为其所销售的或者通过合伙伙伴（其他保险公司、银行以及咨询体系）销售的变额年金的专家。尽管到目前为止，此种专家的领导者尚未出现，然而候选人却大有人在，例如，卢森堡大公国的瑞士人寿。

最后，再保险公司将会在产品开发和风险对冲方面帮助和支持保险公司，因为他们对这个市场有着很大的兴趣。同样，投资银行将会以承担再保险公司的风险或者提供可持续的对冲资产的方式强占变额年金的一些市场。

对于欧洲的许多保险公司来说，仅有一部分公司致力于变额年金战略的发展。即使在这些公司中，一些公司也有可能因为缺乏金融资源、产品和风险管理能力、市场规模或风险承受力而再一次退出市场。另一方面，我们非常确定变额年金具有欧洲重要顾客群所需要的产品特征。我们将期待欧洲变额年金的第一次变革，目睹行业新的前景。

第三章

变额年金的最小保险利益保证

第一节　变额年金的产品利益保证概述

变额年金保险是年金与变额保险特性相结合的保险商品，保单的现金价值以及年金给付额度都随着投资绩效好坏而变动。正如第一章所讲，变额年金通过投资账户管理模式，将变额年金保险连结到一个或多个投资账户，同时保险公司承担部分投资风险来为保险消费者提供最低保证，这正是变额年金产品相较于其他保险年金产品的最大的不同和优势。

一、变额年金最小保险利益保证基本概念

目前国际变额年金市场上的变额年金产品提供几类保证主要为最低身故利益保证（GMDB）、最低累积利益保证（GMAB）、最低年金给付保证（GMIB）、最低满期收益保证（GMMB）和最低退保利益保证（GMWB）等多种最低利益保证。

根据《变额年金保险管理暂行办法》的相关规定，变额年金产品的试点先期只允许提供以下四类最低保险利益保证：最低身故利益保证、最低满期利益保证、最低年金给付保证、最低累积利益保证。对风险控制技术上有更高要求的类型（如最低退保价值保证等）暂不纳入试点范围。

最低身故利益保证（Guaranteed minimum death benefits，GMDB），是指

被保险人身故时，若保单账户价值低于保单约定的最低身故金，受益人可以获得最低身故金；若保单账户价值高于最低身故金，受益人可以获得保单账户价值。

中国台湾国泰人寿“飞翔人生变额年金保险”关于最低身故利益保证规定如下：被保险人于年金累积期间内身故者，若当时保证最低身故金额大于保单账户内所有投资标的价值与投资标的转出价值总和者，本公司则依保证最低身故金额加上未投资之净保险费本息返还予投保人。第十七条具体规定如下：

- 保证递延期间内，自各投资配置日起，将各笔保险费依汇率相关条款规定转换为等值美元后，依保证利率以月复利方式计算，再将各本利和予以加总后的金额为保证最低身故金额。缴费方式采用定期缴费的方式，第二期以后定期保险费到期未交付，保险公司以书面通知要保人且自通知到达日起三十日仍未交付者，保险公司得不再受理本契约保险费之交付。保险公司不再受理本契约保险费之交付的，则前述复利改计算至该项通知书上所载之最后缴费期限止。
- 保证递延期间届满日，则为保证最低身故金额与保单账户的投资标的价值总和二者，取其大者。
- 保证提领期间内，保证最低身故金额按照上述规定计算。但保险公司按照规定给付保证最低年金给付金额时，其保证最低身故金额将等值减少。
- 投保人按照规定办理部分提领时或保险公司以保单账户价值扣抵保险单借款本息时，其保证最低身故金额，应按部分提领或扣抵保险单借款本息的金额，占提领或扣抵当时所有投资标的价值总和的比例调降。部分提领或扣抵保险单借款本息之金额若有包含未投资净保险费本息，则应先予以扣除后计算调降的比例。

最低满期利益保证（Guaranteed minimum maturity benefits，GMMB），是指保险期间届满时，若保单账户价值低于保单约定的最低满期金，受益人可以获得最低满期金；若保单账户价值高于最低满期金，受益人可以获得保单账户价值。

中国台湾人寿“优利年年变额年金保险”关于投资结构型债券最低满期收益保证金额的规定及计算公式如下：

若结构型债券期间届满时投资表现不佳，在投资报酬最差的状况下，投资人至少可赎回该结构型债券满期金额，最低满期保证价值。

投保人于该结构型债券期间届满前任何时间赎回保单价值，保险公司不保证其金额至少大于购买结构型债券之本金，且不保证其最低保证投资报酬率。购买结构型债券之投资本金为所缴保险费扣除该保费费用的余额加上经过日数的单利利息后，在结构型债券投资起始日转换为该结构型债券计价币别的金额。

$$\begin{array}{l}\text{满期保证}\\\text{金额(到期}\\\text{保证价值)}\end{array} = \begin{array}{l}\text{结构型债券投}\\\text{资日购买结构}\\\text{型债券的本金}\end{array} \times \left[1+\max\left(\begin{array}{c}\text{投资组合}\\\text{绩效表现}\end{array}\times\begin{array}{c}\text{参与率,最低}\\\text{保证收益率}\end{array}\right)\right]$$

其中最低保证投资报酬率以及参与率随结构型债券发行时点及市场状况的不同而不同，在每次销售结构型债券时决定，并将在商品说明书中揭露出来。

中国台湾国泰人寿“飞翔人生变额年金保险”关于最低满期收益保证的规定如下：

被保险人在年金累积期满时仍生存的，若当时保证最低满期金额大于保单账户内所有投资标的价值总和，保险合同中有关保证金额的定义与计算，改为按照保证最低满期金额为准。

最低年金给付保证（Guaranteed minimum income benefits，GMIB），是指在年金累积期届满时，保险公司保证转化为一个即期年金，即期年金的每次给付金额不低于事前约定的保证数额。

最低累积利益保证（Guaranteed minimum accumulation benefits，GMAB），是指在变额年金保险累积期内的当前资产评估日，若投资单位价格低于历史最高单位价格的约定比例，保单账户价值以历史最高投资单位价格的该比例计算；若投资单位价格高于历史最高投资单位价格的约定比例，保单账户价值以投资单位价格计算。

二、变额年金最低保险利益保证的发展

变额年金最早是由美国教师保险和年金协会（TIAA）于1952年设计，并由该协会建立的基金组织——大学退休证券基金（CREF）专门提供给大学教员，以作为退休金计划的一部分。在该组织的带动下，美国的保险

公司也逐渐开始设计和销售变额年金。

在发展初期，变额年金产品设计简单，是作为享有税赋优惠且具有多样化基金选择的退休金计划，客户可自行选择投资账户并承担全部投资风险，不提供任何最低保证，与我国现行的投资连结保险非常类似。

20 世纪 80 年代，保险公司开始在变额年金中提供最低身故利益保证（GMDB），用于在股市表现较差的时候保护客户。

90 年代初期，为满足合格退休金计划的法规要求，变额年金产品开始提供最低年金给付保证（GMIB），用于在股市表现较差的时候保护客户的退休年金水平不受重大损失。此类保证成为变额年金发展的重要推动因素。随后，最低累积利益保证（GMAB）和最低退保利益保证（GMWB）相继出现，迎合了客户养老、投资、保底三重需求，恰逢资本市场繁荣向上，变额年金获得了极大的发展。

保证利益的实现的难易程度，风险的高低可以用图 3－1 表示。

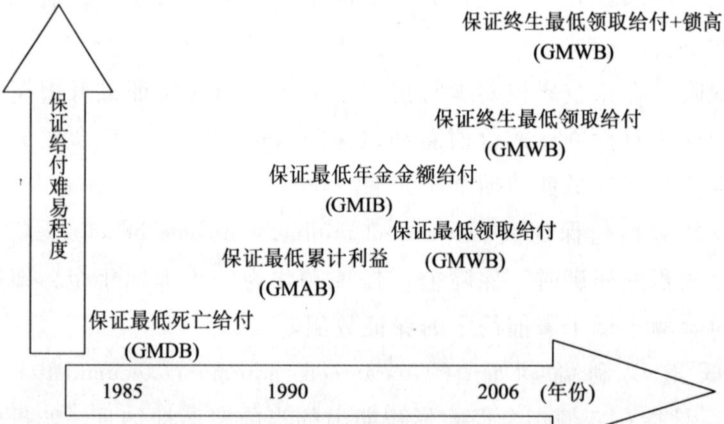

图 3－1　保证给付难易程度

第二节　变额年金保证的精算定价方法概述

变额年金的风险管理需要对责任有一个全面的了解，在本章中，我们使用随机模拟的方法确定存在最低保险利益保证的保险合同中责任的分布函数。

对变额年金保险合同的保险责任的确定主要有四种方法：精算方法、动态对冲的方法、再保险方法、专案研究方法。本章我们主要讨论如何使用精算方法对变额年金保证利益责任的确定。在后面的章节中将讨论如何运用动态对冲的方法对变额年金进行保证利益责任的确定。

20世纪70年代，布莱克、斯科尔斯、墨顿的理论突破并没有立即运用到精算领域中来。在英国，对于与股票相连接的保险合同的到期保证为100%的保费。

20世纪80年代，the Maturity Guarantees Working Party（MGWP）建议使用随机模拟的方法确定保证责任的估计分布函数，然后使用准备金随机变量的分位数将分布函数转化为可用的资本需求。为了计算准备金随机变量的分位数，保险人进入使用估计的损失分布函数的分位数，如99%。这99%的分位数以无风险债券的形式持有，这样99%的责任将被满足。这个原理与金融中的风险度量的概念是一样的。计算资本需求的原理是假设资本以无风险债券的形式投资。

这里所讲的精算方法是指利用随机模拟构建保险责任，然后使用长期的固定利率进行折现的方法。精算方法与动态对冲的方法的区别在于动态对冲方法投资于复制组合中，而不是无风险债券。然而不能简单地认为两种方法是独立使用的，没有联系。精算方法与动态对冲方法的配合使用可以更好的进行风险管理。

使用精算方法来进行保险责任的风险管理，充足的资产投资于无风险金融工具中，以满足保险责任的需求。我们需要在假设资产是锁定的情况下决定责任的分布函数，而不需要考虑资产的持有。这就是这一节的主要内容。

一、随机模拟

蒙特卡罗（Monte Carlo）模拟是金融经济学的一个重要组成部分。它允许建立投资组合的分布，这些组合经常过于复杂而无法进行分析建模。蒙特卡罗随机模拟方法很灵活，随着计算机技术的进步变得更易于实现，但它的缺点同样突出，模拟结果的精确性对模型假设（包括分布的形状、参数、价格函数等）的依赖性非常严重。

使用随机模拟的基本过程可以概括如下：

1. 选择一个随机过程（包括分布 S 和参数），它依赖于随机变量 X、Y。

2. 对于 j = 0，1，2，⋯，n，生成一个伪随机变量序列 x_i，y_i，⋯，利用上一步选择的模型计算 s_j。

3. 分布函数 S 的分布可以用 F(s) 近似，其中 F(s) 是根据伪随机数 s_1，s_2，⋯，s_n 确定的经验分布函数。

4. 根据 F(s) 计算 S 的均值、方差、概率和分位数等。

如何生成分布函数 F(x) 的伪随机数呢？假设随机变量 U 是区间 (0，1) 上的均匀分布，u_1，u_2，⋯，u_n 是伪随机数，那么 $x_i = F_X^{-1}(u_j)$ 就是分布函数 F(x) 的伪随机数。

应用随机模拟的另一个问题是确定模拟的次数。假设需要用随机模拟估计 X 的均值，如果能够以很高的概率（95%）保证估计值在其真值 ±1% 的区间内，即可停止模拟。假设模拟次数为 n，根据中心极限定理有：

$$\begin{aligned}0.95 &= \Pr(0.99\mu \leqslant \overline{X} \leqslant 1.01\mu)\\ &= \Pr\left(-\frac{0.01\mu}{\sigma/\sqrt{n}} \leqslant \frac{\overline{X}-\mu}{\sigma/\sqrt{n}} \leqslant \frac{0.01\mu}{\sigma/\sqrt{n}}\right)\\ &= \Pr\left(-\frac{0.01\mu}{\sigma/\sqrt{n}} \leqslant Z \leqslant \frac{0.01\mu}{\sigma/\sqrt{n}}\right)\end{aligned}$$

如果要求置信度为 95%，则应有 $\frac{0.01\mu}{\sigma/\sqrt{n}} = 1.96$，即模拟的次数应该为 $n \geqslant 38416(\sigma/\mu)^2$，其中 σ 和 μ 可以通过模拟数据进行估计。

下面来看一个随机模拟的例子。

假设保单规定，对每一次损失有一个免赔额 d = 250，但在每一年内，保单持有人的自付额不会超过 u = 1000。如果损失次数服从负二项式分布，参数为（r = 3，β = 2），每次损失的金额服从韦伯分布，参数为（τ = 2，θ = 600）。请确定保险人累积赔款的 95% 分位数。

进行一次模拟的过程如下：

1. 模拟损失次数。假设根据负二项式分布（3，2）的模拟结果为 5 次。

2. 根据上述 5 次损失的金额。假设根据 Weibull（2，600）的模拟结果为：544.04、453.67、217.87、681.98、449.83，故累积损失为2347.39。

3. 确定保单持有人承担的免赔额。由于对每次损失的免赔额为250，故对上述5次损失的免赔额为：250，250、217.87、250、250、累积免赔额为1217.87。由于累积免赔额不应超过1000，故保单持有人实际承担的免赔额为1000。

4. 确定保险人的累积赔款。

累积赔款 = 累积损失 - 保单持有人承担的免赔额 = 1347.39

当然，仅仅一次模拟是远远不够的。为了得到累积赔款的近似分布，必须进行很多次的模拟。为了便于编写模拟程序，首先定义下列符号：

X_j 表示第 j 次损失的金额。

W_j 表示保单持有人对每次损失的自负金额。

$R = W_1 + W_2 + \cdots + W_N$ 表示在没有设置年度最大自负额的情况下，保单持有人自负的总金额。

$R_u = R \hat{} u$ 表示在设置年度最大自负额的情况下，保单持有人自负的金额，其中，u 表示最大自负额。

$S = X_1 + \cdots + X_N$ 表示损失的总额。

$T = S - R_u$ 表示保险人支付的累积赔款。

应用上述符号，用 MATLAB 进行模拟50000次的有关程序如表3－1所示。该例的输出结果为 p＝3251，即保险公司的累积赔款超过3251元的概率大约为5%。

表3－1　　　　随机模拟的 MATLAB 程序

```
for i = 1:50000; % 模拟 50000 次
n(i) = nbinrnd(3,1/2);% 损失次数
x = weibrnd(600^( -2),2,1,n(i));% 损失金额
R(i) = sum(x);
if R(i) > =1000;
Ru (i) =1000;
else Ru(i) = R(i);
End;
S(i) = sum(x);
T(i) = S(i) - Ru(i);
end;
p = prctile(T,95);
```

二、最小保证收益里的随机过程

与股票相连的保险合同的保险责任很大程度上依赖两个随机过程。第一个随机过程是保证责任的股票过程。可以假设能够得到一个合适的股票模型，参数可以通过这个模型估计得到。给定模型和参数，利用这个账户模拟费用收取之前的单独账户的收益。换句话说，可以模拟时间区间（t-1，t）积累因子 $\{R_t\}$，因此，若在 t-1 时刻投资股票 1$，那么在 t 时刻将积累到 R_t。

第二个随机过程是由于投保人死亡、退保等原因引起的保单数量的变换。可以构建一个随机过程，对投保人的行为进行建模，模拟保单转变的过程。如果保单组合的数量足够大，死亡率的确定通常适用确定性方法。这是因为，虽然死亡率是分散的，大量保单组合的死亡率的确定非常接近期望的死亡率。

相对于死亡，退保更加难以处理。进一步讲，退保与投资相联系，退保风险并不是完全分散的。因此，得到的数据并不能很合理的说明他们之间的关系。我们期望保证利益可以影响到退保的行为。

对于不确定的退保行为，通常使用的方法很简单，但是牢记，分析的结果可能并不准确。处理退保的最简单的方法是将退保行为看做是确定性的。

三、相关符号与含义

本节主要讨论如何通过随机模拟决定最低利益保证责任模型的构建，这里将用到一些精算符号并定义一些变量。以下介绍一些本章中需要用到的相关符号以及代表的相关含义。

定义 ${}_tp_x^{\tau}$，${}_tq_x^{w}$ 与 ${}_tq_x^{d}$，${}_{u|t}q_x^{d}$ 分别代表二元风险模型中 x 岁的人生存与退保的概率，其中 w 代表退保，d 代表死亡，随机变量 u 和 t 是以月为单位的表示时间的变量。

其他随机变量表示如下：

G 表示每一个投资单位的保证水平，若 G 是时间的函数，则用 G_t 表示。

F_t 表示 t 时刻有效保单中单独账户的市场价值。假设管理费用（Management Expense Ratio MER）每个月月初从资本账户中扣除；保证累积收益在月末累积。F_{t^-} 表示交易之前月末账户市场价值；F_{t^+} 表示交易之后月末账户市场价值。缺省的“-”与“+”代表“+”，即 F_t 与 F_{t^+} 相同。

S_t 表示 t 时刻相关股票投资的价值。为了方便起见，这里假设 S_0 等于 1.0；S_t 是时刻 0 到时刻 t 的积累因子，并从合适的分布函数中随机产生。Y_t 表示对数回报过程。因此 $S_t\exp\{Y_t + Y_{t+1} + \cdots + Y_{t+r-1}\} = S_{t+r}$。

m 表示从单独账户中扣除的管理费用，以月为单位。最低保证所需费用记为 m_c，称作边际补偿。它可以按照保证利益的种类进行区分，例如，对于一个最低满期利益保证与最低死亡利益保证的组合的变额年金每个月的风险费用可以表示为 $m_c = m_m + m_d$，其中 m_m 表示 GMMB 的风险费用，m_d 表示 GMDB 的风险费用。

M_t 表示 t 时刻收取保证风险费用带来的收入。

C_t 表示 t 时刻合同中责任的现金流，是 M_t 中的净收入。

L_0 表示以无风险利率 r（年利率）进行折现的未来责任的现值。

假设边际补偿按月提前收取，以上变量之间的关系可以表示如下：

$$F_{t^-} = \frac{S_t}{S_{t-1}} F_{t-1^+}$$

$$F_{t^+} = F_{t^-}(1-m) = F_{(t-1)}(1-m)\frac{S_t}{S_{t-1}}$$

对于整数 t 和 u，假设在时间区间 $[t, t+u]$ 内没有现金流入基金账户，那么：

$$F_{(t+u)^+} = F_t \frac{S_{t+u}(1-m)^u}{S_t}$$

F_{0^-} 表示基金在评估日（或在保单发行日即是保单的趸缴纯保费）的单独账户的市场价值。那么：

$$F_t = F_{0^-}\frac{S_t(1-m)^t}{S_0}$$

边际补偿是分配到保证基金中的收入。

$$M_t = (F_{t^-})m_c = m_c F_{0^-}\frac{S_t(1-m)^t}{S_0}$$

第三节　最低满期利益保证

在本节，将要讲述一个 x 岁的人持有的 n 年期的简单最低满期利益保证（GMMB）保单，如何产生保证责任现值的分布。假设权益和费用服从一个按月计算的离散时间模型，取现和死亡假设在每月末发生。正如上面所说，假设失效率是固定的，那么权益的价格过程就是唯一的随机过程。

当然，也可以采用其他的假设和途径，我们的目的就是为了说明基本原则。S_t 是股票的价格过程，假设 $S_0=1$，于是 S_t 就是从时刻 0 到时刻 t 的累积因子，

由于，$(G-F_n)^+=\max(0,G-F_n)$

于是，$C_t=-{}_tp_x^{\tau}M_t$，$t=0,1,\cdots,n-1$

且，$C_n=-{}_tp_x^{\tau}\ (G-F_n)^+$

于是，$L_0=\sum\limits_{t=0}^{n}C_te^{-rt}$

因此对每个股票指数方案都可以求出对应的 C_t 和 L_0，因而不同年份的现金流分布和现值随机变量也就可以被模拟出来。

第四节　最低身故利益保证

假设收益不进行调整和滚转，死亡给付是初始投资和死亡时的基金价值中的较大者。对死亡给付使用确定法等价于假设在（0，t）内，每张保单有${}_tq_x$ 人死亡。因此，在时刻 t 的收益责任现金流为：

$C_t=-{}_tp_x^{\tau}M_t+{}_{t-1}|{}_1q_x^d(G-F_t)^+\quad t=0,1,\cdots,n$

$C_t=-{}_tp_x^{\tau}F_0-S_t(1-m)^{t-1}m_d+{}_{t-1}|{}_1q_x^d(G-F_0-S_t(1-m)^t)^+$

M_t^d 是与死亡收益对应的风险计费收入。

举一个最低满期利益保证和最低身故利益保证（GMDB）组合的简单例子。假设有一个有固定保证水平的 GMMB 和 GMDB 合同，它具有以下特征：

1. $x=50$，$F_0=100$，$G=100$，$m=0.02/12$ 每月，$m_c=0.005/12$ 每

月；

2. 距合同到期日还有 12 个月；

3. 死亡率和失效率相互独立，且服从附表的分布；

4. 所给权益指数是由 RSLN 模型产生的一个单因素随机变量。

单因素变量的结果如表 3－2。因为边际收益提前获得，所以在月末没有收入。死亡保证收益只有在死亡发生在首月和最后月才会大于零；其他的情况下，期末基金都将大于保证收益。在合同期满时，基金价值略小于保证收益，应得一个对应的 GMMB。

表 3－2

月份 t	权益指数 S_t	F_{t-}	${}_tp_x^\tau$	${}_{t\|1}q_x^d$	边际收入	DB 或 MB 超支	C_t
0	1.0000	100.00	1.0000	0.0003	0.042		－0.042
1	0.9935	99.19	0.9931	0.0003	0.041	0.0002	－0.041
2	1.0227	101.93	0.9862	0.0003	0.042	0	－0.042
3	1.0399	103.48	0.9793	0.0003	0.042	0	－0.042
4	1.0761	106.90	0.9725	0.0003	0.043	0	－0.043
5	101095	110.03	0.9658	0.0003	0.044	0	－0.044
6	1.0800	106.93	0.9591	0.0003	0.043	0	－0.043
7	1.1195	110.65	0.9524	0.0003	0.044	0	－0.044
8	1.2239	120.77	0.9458	0.0003	0.048	0	－0.048
9	1.0894	107.32	0.9392	0.0003	0.042	0	－0.042
10	1.0865	106.86	0.9327	0.0003	0.042	0	－0.042
11	1.0573	103.81	0.9262	0.0003	0.040	0	－0.040
12	1.0150	99.49	0.9198	0.0003	0.000	0.471	0.471

在年无风险利率为 6% 的条件下，这个方案的未来责任的净现值为－0.145，负号表示是净收入。

第五节　最低累积利益保证

最低累积利益保证（GMAB）保单可能会有多个到期日。合同一般有提供保证续保的设计。续保时，使用最小期间（一般是十年），还可能会有续保次数的限制。

续保的直接影响是，如果保证是实值状态，即 $G > F_T$，则保险公司必须补足其差异。于是，在续保时，基金值为 G。因此合同又在一个相同的保证水平下开始。如果保证是虚值状态，即 $G < F_T$，保证水平自动在续保时调整为基金水平。所以 F_T 和 G 中的较小值总是变为 F_T 和 G 中的较大值，并且当 $G > F_T$ 时伴随着现金支付。这有时被称为滚转期权。尽管费用一般没有保证，但是很少增加并且需谨慎对待无变化假设。有些保单持有人会选择不续保，可假设退保率为 q^w。

假设下一次续保是在 n_1 月，以及后续的续保时间是在 n_2，…，n_k，且合同在这些时间都是有效的。因为基金值在续保时是可能增加的，我们得区分在现金注入前后的基金，用 $F_{n_r^-}$ 表示在续保前最后一刻的基金，用 $F_{n_r^+}$ 表示刚续保完那一刻的基金。

在规划期初的有效保证是 $G_0 = F_{n_0^+}$，接着

$$G_1 = \max(G_0, F_{n_1^-}) = G_0 \max\left(1.0, 1.0 + \frac{F_{n_1^-}}{F_{n_0^+}}\right)$$

$$G_2 = \max(G_1, F_{n_2^-}) = G_0 \prod_{r=1}^{2} \max\left(1.0, 1.0 + \frac{F_{n_r^-}}{F_{n_{r-1}^+}}\right)$$

…

$$G_k = \max(G_{k-1}, F_{n_k^-}) = G_0 \prod_{r=1}^{k} \max\left(1.0, 1.0 + \frac{F_{n_r^-}}{F_{n_{r-1}^+}}\right)$$

在两个续保期间的基金值在扣除管理费用后随着基础指数 $S_{n_r}/S_{n_{r-1}}$ 增长，即：

$$\frac{F_{n_r^-}}{F_{n_{r-1}^+}} = (1-m)^{n_r - n_{r-1}} \frac{S_{n_r}}{S_{n_{r-1}}}$$

所以有效保证在各个规划期内可被完整追踪出来。

在各个到期日之间，如第 t 月（$n_r < t < n_{r+1}$），收入来自于风险成本，支出来自于保证水平为 G_r 的死亡给付。责任现金流为：

$$C_t = {}_{t-1|1}q_x^d\ (G_r - F_t)^+ - {}_t p_x^\tau M_t \quad n_r < t < n_{r+1}$$

在各个到期日 n_1，…，n_k，现金流为：

$$C_{n_r} = {}_{n_r|1}q_x^d\ (G_r - F_{n_r^-})^+ + {}_{n_r}p_x^\tau\ (G_r - F_{n_r^-})^+ - {}_{n_r}p_x^\tau M_{n_r}$$

其中第一项对应最后一个月的 GMDB，第二项是到期收益，第三项是在续保时的风险成本收入。

下面举个例子。这个例子将以表格的形式给出。在实践中，一般情况下，对于大量数据的模拟，表格并不是最好的工具。究其原因，首先以表格的形式与其他方法做对比并不直观。电子表格的方法与其他方法相比，限制了最大可以模拟的数据的数量。其次，随机产生的表格对于较大数量的模拟或较复杂的问题经常并不适用。假设 GMAB 的合同具有以下特征：

（1）单独账户在合同初始阶段的价值为 100＄。

（2）保证水平在初始时刻为 80＄。

（3）存在多个日期根据基金重新确定保证水平，距离初始时刻 2 年内，12 年内，22 年内。

（4）管理费用以每年 3% 的水平在每个月的月初收取。

（5）边际补偿为每年 0.5%，从管理费用中按月收取，作为保证责任的基金。

在表 3－3 中，随机模拟运用表 3－4 所示最大似然估计参数利用 RSLN－2 模型产生股票指数的路径。假设死亡概率采用加拿大精算协会的精算数据，失效率为每月 2/3。

表 3－3　　例子 RSLN 参数

1	$\mu_1 = 0.012$	$\sigma_1 = 0.035$	$p_{12} = 0.037$
2	$\mu_2 = -0.016$	$\sigma_2 = 0.078$	$p_{21} = 0.210$

表 3－4　　假设合同有效，基金的现金流

(t－1)→t	F_{t-1}	M_{t-1}	I_t	F_t	G	$(G-F_t)^+$
0－1	100.00	0.0417	－0.427%	99.32	80	0
1－2	99.32	0.0414	4.70%	103.73	80	0
2－3	103.73	0.0432	－0.770%	102.67	80	0
3－4	102.67	0.0428	－1.685%	100.69	80	0
4－5	100.69	0.0420	－1.428%	99.00	80	0
5－6	99.00	0.0413	1.530%	100.27	80	0
6－7	100.27	0.0418	8.098%	108.12	80	0
7－8	108.12	0.0450	－6.316%	101.03	80	0

续表

(t−1)→t	F_{t-1}	M_{t-1}	I_t	F_t	G	$(G-F_t)^+$
8−9	101.03	0.0421	−0.879%	99.89	80	0
9−10	99.89	0.0416	10.708%	110.31	80	0
10−11	110.31	0.0460	−6.302%	103.40	80	0
…						
23−24	148.47	0.0619	7.356%	158.99	80	0
24−25	158.99	0.0662	1.917%	161.63	158.99	0
25−26	161.63	0.0673	−7.004%	149.94	158.99	9.05
26−27	149.94	0.0625	4.738%	156.65	158.99	2.34
27−28	156.65	0.0653	0.546%	157.11		1.88
…						
141−142	107.1	0.0446	12.339%	119.91	158.99	39.08
142−143	119.91	0.0500	1.251%	121.11	158.99	37.88
143−144	121.11	0.0505	1.206%	122.26	158.99	36.73
144−145	158.99	0.0662	−1.649%	155.98	158.99	3.01
145−146	155.98	0.0650	4.362%	162.38	158.99	0
…						
263−264	471.99	0.1967	6.755%	512.61	158.99	0

表3−4中，我们给出了每个月初，在扣除管理费用之前的基金值 F_{t-1^-}，来自风险保费的收入 M_{t-1}，第t期的利息率 I_t 以及扣除管理费用加上当年利息后的年末基金 F_t。基金最初 t =0 从100元开始，第一年初始管理费用是0.25，其中0.0417（$=M_0$）从风险保费收入中获得来抵免保证费用。再扣除费用后的净基金值为99.75，这个基金值获得 $I_1=-0.427$ 的百分比的回报，于是在年末的基金 $F_1=99.32$。这个值仍然大于现有保证80元，所以在首月没有保证死亡给付责任。

在前两年，每个月末基金值始终大于保证值。第24月是第一个续保日期，在此情景下 $F_{24^-}=158.99$，与保证的80元相比，我们得出，续保的10年期合同保证值将增加为月末基金值，即158.99。

在这个情景下，第一次续保后的接下来10年里，股票回报指数增加得非常慢。在保证被重置后，基金值低于新的保证水平，产生了一个潜在的死亡给付责任。事实上，这10年里，积累水平只有3.8个百分点。由于每个月要扣除0.25个百分点的费用，在第144个月月末，基金值降为36.73，低于在第24月末设定的保证水平。

在第二次续保时，假如保单仍然有效的话，保险人就必须补足基金，使之达到保证水平。

于是，在第145个月月初，基金增加为158.99，即保证值。

由于基金值在续保日低于保证值，保证值在第10个保单年末仍然为158.99。在145月后，基金值再没有低于保证水平，因此也就没有相应的责任。但是，管理费用中的风险保费部分仍在月初收集。

每个月，一个负的现金流来自于风险保费管理费用的收入。表3－4中第三列的数据乘上${}_{t-1}P_x^{\tau}$可得到期望的现金流。

当（$G-F_t$）在月末大于零时，相应就有一个死亡给付责任。比如，当保单持有人在第26个月死亡，这个责任值将为$(G-F_{26})=9.05$，我们把这个值乘上第26个月的死亡率，就可得到它的精算现值0.00273。有效保单持有人生存至第二个续保日的概率为${}_{144}P_x^{\tau}=0.35212$，期末生存给付为36.73，于是生存给付下期望的现金流为$12.93=36.73\times 0.35212$。

在最后一列第t月现金流以6%的年利率贴现至最初，费用从月初贴现，死亡或生存给付从月末开始贴现。

对于这个例子，保证责任的净现值为2.845，其中死亡保证给付的贡献是1.338，生存给付的期望值是6.295。管理费用收入把这费用抵消了4.788。实际上，这个例子不太合理；在大多数情景下，并不存在生存给付，并且管理费用收入一般大于死亡给付，这导致保证责任的净现值为负。

第四章

变额年金的期权模型定价法

第一节　变额年金产品价值分析

从前几章节对变额年金的分析，我们可以看出，变额年金产品可以分拆成两部分：一是普通的年金保险合同，暂时称之为基础合同；二是内嵌期权合同，反应最低保证收益。正如我们将要看到的，内嵌期权合同由金融市场要素和保险风险要素共同影响。

第一节首先重点关注普通年金合同的价值以及保险风险对内嵌期权合同价值的影响。

众所周知，保险公司销售变额年金产品将承受每一单保险合同现金流的风险，包括所有费用、成本、佣金以及最低保证支付等。为了确定产生该现金流的变额年金产品的价值，必须计算复制组合的成本。所谓复制组合，即产生与该变额年金产品完全相同现金流的金融工具组合。因此，该金融工具组合的当前价格，即该变额年金产品的价格。

在一定精算假设下，也许能通过恒等公式推导出变额年金某些线性变量的精确公式解。基于同样的原因，对远期合同的定价，也可以在不进行任何模拟的条件下做到；而股票定价则仅仅需要按照无风险率贴现因子将红利进行时间贴现。具体来说，假设这样一种场景，如果使用的理论上的精算假设不由市场因素决定。

风险中性市场假设认为，在所有资产按照无风险利率积累的情况下，期望现金流等于复制组合的价格。变额年金定价的主要困难在于，变额年金不仅受金融市场变量而且还同时受许多具有不可对冲性质的精算假设变量影响（如失效率，死亡率）。

然而由于交易成本的存在（如资本要求和对冲成本），变额年金定价不可能仅仅是在风险中性假设下按最优精算假设估计运算的结果。变额年金定价过程中，以下步骤是需要额外考虑的：

1. 现金流内部收益率分析或对发行的变额年金产品现金流（包括资本和准备金）折现。

2. 敏感性分析：给定精算假设的不确定性，变额年金的对冲的可靠性将如何随精算假设不确定性而变化？这有助于决定应当采用何种类型的风险边际目标。

3. 其他宏观方面的考虑，比如，未来账户规则变化的风险（如未来准备金提取额或资本要求变化将会产生的影响）、保险公司风险组合的多样化（如长寿与死亡率风险的考虑）、再保险的可能性、对冲能力等。

市场价值分析

（一）基础合同分析

基础合同市场价值，由定义可知，即在只考虑基础合同产生的现金流，而不考虑由最低保证或额外附加产生的支付情况下的价值。由于基础合同的价值关于所有风险暴露因素呈典型的线性特征，可以考虑运用确定公式法，并假设所有资产获得无风险收益率。因此，可以运用确定性方法计算基础合同的市场价值。应当注意的是，采用这种方法要求各期的精算假设是确定的，如说各期失效率为确定值，而非动态变化值。

为了对基础合同进行估值，需要计算以下两方面的值：

1. 首先，形成总账户价值，即预期剩余期间在每个时间点 t 上的名义账户价值。这需要将年龄、性别、死亡率、失效率以及利用保单贷款和年金特征等变量加以考虑，以预测每个时间点 t 的账户价值。这种类型的附加通常会对退保行为产生影响；例如，对于固定期限的可退保产品和年金化产品将产生不同的放弃收费期，由此，将产生不同的预期退保现金流。

2. 其次，费用（由投保人向保险公司支付）和成本（由保险公司向外部机构支付）的发生。这些费用和成本部分由投保人对账户分布的选择决定，因为，很明显不同的账户会产生完全不同的费用支付。基本的保险合同一般会包括以下费用项目：失效费、死亡给付费用、行政管理费用、转分保费用以及保单避免失效费（投保人被要求支付这种费用，以避免由于账户价值低于特定水平而导致保单失效）。成本包括向经纪人支付的佣金（佣金支付包括预付和延期支付两种形式）以及保单运行过程中的内部行政费用支出。

在以上分析的基础上，可以知道，在给定的一系列精算假设（死亡率、失效率、退保行为、年金化行为等）条件下，能够得到名义账户价值随时间变化而形成的轨迹，从这条轨迹中我们就能够计算出所有费用、成本、佣金和赔付的现值。

（二）最低保证下的内嵌期权分析

提供给保单持有人的内嵌期权，其价值是在风险中性市场假设框架下基于无套利理论而确定的。无套利理论，即资产的价值由产生相同现金流的复制资产组合的价格决定。内嵌期权价值确定的细节将在后面讨论，现在首先分析在这种定价框架下我们需要考虑的关键问题和变量。这些关键问题和变量包括：

1. 市场数据。包括各期利率及其波动率、各期汇率及其相关系数、各种股指收益率、波动率以及不同股指之间的相关系数。我们同样需要考虑再投资成本和交换产品的可获得性，以保证获得在风险中性定价方法下需要的适当远期合约。

2. 精算假设。即关于死亡率、失效率和退保行为等假设。其中死亡率和失效率在每一个时间区间可在大数法则原理下由模型进行确定性度量或者直接将其设定为随机变量。在确定性方法下，我们计算出每一保单持有人的死亡率 m（利用到达年龄、性别、保单年龄等）和失效率 l（利用保单年龄、账户价值状况等信息）。然后，我们假设保单持有人群体死亡的比例与平均死亡率相一致，在此基础上我们计算死亡部分保单持有人的死亡给付额。失效支付的确定程序与其相同。退保行为通过拆分每份保单进行建模，即将保单的一部分分配到一定的退保期间子集中进行考虑。出于积极的考虑，在退保集合中的保单数量会比由假设条件得出的保单数量多。接下来，我们需要考虑如何把保单持有人分配到邻近退保区间，以满足经验观察的结果（比如，假设认为第 1 年有 30% 的保单退保，两年后有 30%

退保，5 年后有 30% 退保，10% 的保单不会发生退保；而如果真实的数据显示为，第 1 年退保比例为 50%，则我们需要将假设中 20% 从第 2 年后转移至第 1 年退保期间）；而如果数据更加戏剧化，第 1 年退保比例为 70%，则我们不仅把第 2 年后的退保保单全部改为第 1 年期间，还需要从 5 年后退保保单中分配 10% 至第 1 年期间）。一种可选择的拆分方法是：在保持总体退保分布状况一定的前提下，将保单持有人随机地分配不同的退保子集。例如，考虑一个拥有 10 万份保单的集合，简单的假设：50% 的保单立即退保，50% 的保单在 5 年后退保。我们可以运用两种方法进行拆分：第一种拆分方法是将每一份保单按名义变量平均拆分为两份保单，其中一份保单服从立即退保的假设，另一份 5 年后退保；第二种方法是随机地选择 5 万份保单服从立即退保假设，5 万份保单 5 年后退保。可以看出，两种方法达到的效果是相同的，但是，在样本数量较小时，后一种分拆方法可能失败。

3. 保单数据。当考虑到未来业务时，其定价则需要综合运用人口统计学的知识来反应新业务的保单持有人状况。为了评估持续业务的价值，必须运用实际的连续数据，即在当前存在保单基础上产生的数据。通常这些数据由成千上万的保单组成，而这些保单根据保单持有人的行为（如退保假设、保证权益的重置和递增）进行了进一步的分组，这样能够形成每组由数百万保单组成的数组数据。由于数据量与日俱增，应用传统技术进行定价已经变得比较费时费力，尤其是考虑到对这些数组进行风险管理，需要计算出包含一些价格点的网格图。实用技术中用于加快计算的方法包括：并行处理法和使用专门的变量控制法。不同的方法在估计典型的变额年金产品价格时，其相对效率如下：

（1）应用 Excel 进行电子数据建模（耗时几星期）。

（2）单独应用 C++ 程序处理（耗时几天）。

（3）单独应用 C++ 程序处理，并在处理过程中运用专门的方差缩减技术（耗时几小时）。

（4）并行应用 C++ 程序和专门的方差缩减技术（耗时几分钟）。

考虑到公司在日常运行中需要计算许许多多的价格点，这种计算速度的提升将带来巨大好处。

（三）IRR 现金流分析

如果我们已经进行了完全对冲，并且精算假设为真实值，那么净预期现金流将随时间变化如何产生？从现金流中计算出的 IRR 是如何与保险公司资本成本相联系在一起的？表 4－1 对此进行了概括性分析，分析过程中同时考虑了推出保险产品对资本及准备金的要求。

表 4－1　　　　IRR 计算样本

	1 天（美元）	1 年（美元）	2 年（美元）	3 年（美元）	4 年（美元）
费用					
M&E	0	79405151	75595358	70739017	64124254
投资管理	0	21050270	20063205	18793762	17043955
失效费	0	2146776	3514133	2813970	598804
DB	0	0	0	0	0
WB	0	21298723	21770627	21553776	20605740
IB	0	0	0	0	0
AB	0	0	0	0	0
总计	0	21298723	21770627	21553776	20605740
保险公司总费用	0	123900919	120943323	113900525	102372753
理赔					
DB	0	(1736029)	(3107139)	(3947235)	(4453422)
WB	0	(1736029)	(3107139)	(3947235)	(4453422)
IB	0	0	0	0	0
AB	0	0	0	0	0
总理赔	0	(1736029)	(3107139)	(3947235)	(4453422)
对冲准备金增加	0	(14293572)	(14293572)	(14293572)	(14293572)
对冲收益（损失）	0	1736029	3107139	3947235	4453422
总收入	0	109607346	106649750	99606953	88079181
维持	(59709593)	(9207326)	(8705804)	(8143806)	(7391949)
佣金	(149794957)	0	(32863345)	(30343114)	(36247279)
其他成本	0	(18585138)	(3628300)	(3417016)	(3071183)
CARVM 增长	130675265	10937798	41269220	86329063	786354
净收入	(78829284)	92752680	20183081	(28626046)	40582416
净收入税收	(17342443)	20405590	4440278	6297730	8928132
经济准备金增长	0	89203725	5476076	5420526	9958630
NII	0	4543762	4322079	4047025	3649111
NII 的税收	0	999628	950857	890346	802804
可分配现金流	(61486842)	(13312499)	24590101	(13751110)	4459221
IRR		21.76%			

（四）敏感性分析：现金流稳定性

在定价过程中，另一个需要关注的视角是在不同的市场和精算条件下，如果实际的精算经验值与精算假设值不同时，对冲结果的稳定性如何（如考虑净头寸：变额年金负债对冲）。敏感性分析有助于保险公司对其直接损益预留一定的缓冲，如此，保险公司能够有99%的把握认为这笔交易有正的收益。在这种分析中，一个关键的要素即精算假设变化的程度，在这种意义上形成概率分布以达到统计分析的目的。需要引起注意的是，市场的波动和精算假设的变动并不要求是相互独立的；例如，动态失效率的存在暗示着，失效率的下降和市场状况下降的情景将会比失效率下降和市场状况上升的情景具有更高的权重。

第二节　变额年金最低保证价值分析

正如我们以上分析的，变额年金产品既包含与金融市场上期权相类似的元素，也包括与传统年金保险产品相类似的元素。当对变额年金产品进行定价时这种双重性质需要加以考虑。只有这样，我们才能对加给保险公司的变额年金保证风险进行精确评估，因此，才有可能对变额年金最低保证给予适当的定价。

在这里，我们重点关注变额年金产品的保证权益元素。变额年金产品的保证权益类似于资本市场上的期权产品，源自于这样一个事实：保证权益的价值与变额年金产品的基础账户价值密切相关。大多数变额年金产品的保证权益（GMDB、GMIB、GMAB、GMWB和GLWB）类似于资本市场上的看跌期权，即当其基础账户的回报率在一定间内的表现低于特定的最低水平时，将提供一定金额的支付。然而，也有一些不太流行的变额年金产品保证权益类似于看涨期权，如提高收益权益（EEB），这种权益通过在基础账户收益表现高于特定水平时，对变额年金产品保证权益持有者给予一定金额给付，以此来覆盖可能的税收支付。但是，不管变额年金的保证权益类似于看跌期权还是看涨期权，对其价值的评估思路应当是一致的。

虽然变额年金产品保证权益确实是具有资本市场上期权的一般特征，但这些保证权益同时也具有很大程度的保险特征，而这些特征在对保证权益进行适当定价的过程中是必须进行考虑的。不同于资本市场的一般期权产品，变额年金保证权益具有典型的生命不确定性特征。之前我们已经讨论过如何将这些特征适当的反应在定价过程当中。同时我们也注意到，变额年金中保证权益元素的定价也需要应用风险中性定价法。下面将详细阐述这种方法。

一、风险中性定价法

为了反应出变额年金产品保证权益来源于基础账户价值的表现并且与资本市场有非对称风险暴露的事实，需要运用风险中性价值评估法作为对保证权益进行适当定价的基础，其中，风险中性价值评估法是金融经济学中著名的概念。风险中性定价法提出的基础是完全市场中无套利或者一价定律概念。其基本的前提为，如果两种投资工具在所有未来情境中具有相同的现金流特征，则两者应当具有相同的市场价格。以下是一个简单的二项式模型例子，许多教材都引用其来证明风险中性定价法的基本原理。

我们的具体假设如下：

（1）连续的无风险利率（r）为5%；

（2）时间间隔为1年；

（3）股票当前价格（S_0）为100美元，该股票1年后股价有两种可能：

——股价上升至150美元（S_u）；

——或者股价下跌至50美元（S_d）；

（4）投资者拥有的资产组合（p）由Δ份上述股票和Ω单位的无风险债券（在时间 $t=0$ 无风险债券的价值是1美元每单位），以及卖空一份看跌期权（到期期限为1年，基础资产为上述股票，执行价格为100美元）。

1年后，如果股价上升，则看跌期权的支付额为0美元；如果股价下跌，则看跌期权的支付额为50美元。另一方面，期权卖空者通过持有适当数量的Δ和Ω，以达到1年后这一资产组合的现金流与其卖空的看跌期权现金流在不同情况下相一致。资产组合（P）当前和未来的价值如图4-1所示。

通过对1年末关于Δ和Ω的两个等式进行求解，可以得到 $\Delta=-0.5$ 和 $\Omega=71.3422$。负数的Δ表示卖空股票。由于看跌期权与资产组合在未来状况下具有相同的支付，因此，在无套利概念之下，该看跌期权的价值应

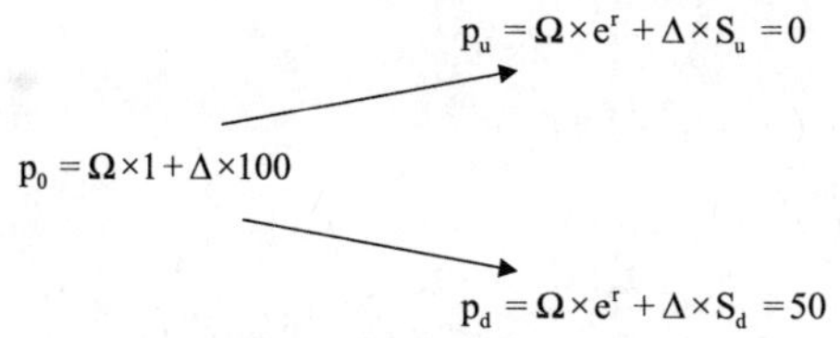

图 4－1　资产组合的当前价值和未来价值

当等于该资产组合的当前价值。所以，在 0 时刻卖出看跌期权的价格为：$P_0 = (71.3422 \times 1) + (-0.5 \times 100) = 21.3422$。

注意，在这个看跌期权定价例子中，我们不需要知道股价上升和下降的概率，也不需要知道看跌期权的期望收益。因此，我们能在不知道关于基础资产预期的真实回报的条件下计算出期权价格。这是因为，与期权价格相关的股票价格以及未来股票价格上升或下降的概率已经内嵌在其当前价格之中。

对基于不支付红利股票的欧式看涨、看跌期权定价的 B－S 期权定价模型，是基于上述二项式模型，将时间期间连续化并将期间扩展至无穷期，再加上一些额外假设而推导得出的，这些额外假设包括：

（1）股价服从几何布朗运动；

（2）利率及其波动率为常数；

（3）交易满足无限卖空条件；

（4）借贷利率均为无风险利率；

（5）市场是完善的；

（6）无交易成本，如没有税收等。

在这些假设条件下，可以得到 B－S 微分公式，且该公式独立于风险偏好。因此，我们仅仅需要知道当前股价、无风险利率以及基础股票的未来波动率。这一结论的意义在于，为了对期权进行定价，我们根本不需要知道投资者的风险偏好。换句话说，即投资者可以是风险中性的。这是由于假设投资者能够将风险完全对冲掉，因此，不需要对风险支付额外的价格。所有资产的飘移利率和折现利率为无风险利率。B－S 微分公式关于不支付红利股票的欧式看涨期权（c）和欧式看跌期权（p）在 0 时刻的价格为：

$$c = S_0 N(d_1) - Ke^{-rT} N(d_2), p = Ke^{-rT} N(-d_2) - S_0 N(-d_1)$$

其中，

$$d_1 = \frac{\ln(S_0/K) + (r + \sigma^2/2)T}{(\sigma\sqrt{T})}$$

$$d_2 = \frac{\ln(S_0/K) + (r - \sigma^2/2)T}{(\sigma\sqrt{T})} = d_1 - \sigma\sqrt{T}$$

这里，S_0 表示股票在0时刻的价格，N（x）是标准正态分布的累积函数，K表示期权的执行价格，r为无风险收益率，T为期权到期时间，σ为股价波动率。

B-S公式是金融经济学中对期权定价方法的基础，当对变额年金产品中保证权益进行估价，以确定保险公式应该从其假设的资本市场期权风险中获得适当补偿时，还需要结合其他一些方法。不幸的是，由B-S微分公式得出严格的期权价格公式解，仅仅适用于那些相对简单的期权，这些期权不会涉及基础资产的精算元素，比如说失效率、利用效益、寿命的不确定性等因素。因此，为了在此框架下对变额年金保证权益进行定价，我们通常采用蒙特卡罗随机模拟。

蒙特卡罗随机模拟是一种在许多领域广泛采用的方法，包括在金融领域对不能通过严格的公式进行建模描述的不确定或随机时间进行建模。利用蒙特卡罗随机模拟对变额年金保证权益进行建模的基本程序如下：

（1）定义将进行建模的基础账户的输入参数；

（2）利用定义的输入参数和具体的概率分布随机地产生情景结果；

（3）利用变额年金保证权益的合同条款设计和基础账户的精算假设（失效率、死亡率和利用效率等），在每种模拟产生的情景假设下，计算变额年金保证权益的现金流；

（4）将现金流折现到0时刻；

（5）按照分析的思路加总结果，即我们可以将所有在每种情景下得到的折现现金流结果进行平均，以得到期权价值。

利用蒙特卡罗模拟对期权定价，通常更容易捕获变额年金产品保证权益的路径依赖。另一种对变额年金产品保证权益定价的方法是随后将提到的资产组合复制法。在该种方法下，我们需要确定一个市场可得到的资产组合，该组合能够在一系列定义的金融情景下复制出变额年金产品保证权益的现金流。

二、随机模拟

金融经济学告诉我们任何资产的价值都是未来现金流的期望现值。对于金融衍生产品，如期权，期望现值需要在风险中性方法下才能得以确定。在某些情况下，如前面提到的B－S公式一样，一些金融工具的价值可以推导出严格的公式解。

由于变额年金产品保证权益的复杂性和路径依赖性，对其定价显然不能推导得出分析解析式。

在这些条件下，风险中性方法下的期望价值，是通过蒙特卡洛模拟方法估计的，这种方法经常用来对价格异常或复杂的期权定价。为了利用这一方法，需要通过风险中性方法描述的分布函数得出足够大量的描述资本市场状况的情景。当集合收敛时，情景数达到了充足的数量。情景数在N达到收敛，即由风险中性方法描述的任意包含N个情景数的子集合，通过子集合对金融工具评估的价值相等。通常，为了达到收敛，N需要大于或等于1000。

模拟得出的情景需要进行校准，这样利用校准后的情景计算得出的金融工具价格将会与市场中观察得到的该工具价格相一致。校准过程随用于产生经济情景的工具的变化而变化。

随后，我们希望进行定价的未定权益现金流的定价将由每一个这些情景决定。根据大数法则，这些情景下现金流折现价值的平均值是对期望价值的估计，或者说在这种情况下就是期权价值。

这种定价方法的关键在于，用于产生现金流的情景的模拟和用于折现现金流的折现率的选定。为了对期权定价，也包括对变额年金产品保证权益定价，需要运用与市场相一致的情景。只有当情景与市场相一致时，我们才能得到与假定的当前市场风险相一致并反应期权成本的适当价格。只有利用通过观察市场而得到的参数进行模拟产生情景，才能达到最终评估的期权价格与市场当前价格的一致性，这些参数如适当的无风险收益率曲线及其暗含的波动率。

以上所说的输入参数可以通过像投资银行、彭博资讯、期权经纪人等渠道获得。在更加成熟的市场中，隐含波动率是一个随着价值状况和到期期限而不断变化的曲面。通常，掉期曲线被用在期权定价过程中的无风险收益率曲线的期限结构。表4－2显示了一个隐含波动率曲面和掉期曲线的样本。

表4－2　　2008年10月31日SPX隐含波动率曲面（%）

到期期限	实值状况（ITM）									
	50	70	80	90	100	110	120	130	140	150
一个月	84.0	75.6	69.0	60.7	51.7	43.7	37.7	33.6	30.8	28.7
三个月	70.6	64.2	59.3	53.5	47.5	41.9	37.4	33.8	31.1	29.0
6个月	62.0	55.9	51.9	47.4	43.0	39.0	35.5	32.7	30.3	28.4
9个月	57.4	51.7	48.1	44.3	40.7	37.4	34.5	32.0	29.9	28.2
1年	54.2	48.9	45.8	42.5	39.4	36.5	34.0	31.8	29.9	28.2
3年	45.2	41.4	39.6	37.8	36.2	34.7	33.3	32.1	31.0	30.0
5年	42.9	39.8	38.4	37.0	35.7	34.6	33.5	32.5	31.7	30.8
7年	41.9	39.2	38.0	36.8	35.8	34.8	33.9	33.1	32.3	31.6
10年	41.3	39.0	38.0	37.1	36.2	35.4	34.6	33.9	33.3	32.7

资料来源：JP Morgan。

不同的模型利用的隐含波动率曲面不同。一种简化的方法是同B－S期权定价法，在整个定价过程中假设波动率为一个不变常数，其波动率常数正好反应该投资工具在评估日相对的实质状况和到期期限的隐含波动率。而更加精确的模型，会采用整个隐含波动率曲面进行建模，其隐含波动率曲面可以是间接的（如随机波动率模型），也可以是直接的（如当地波动率模型）。

正如隐含波动率曲面一样，不同的模型采用的即期掉期曲线也各不相同，如表4－3所示。有些模型假设，在整个定价过程中无风险利率为常数，可以采用在评估日与投资工具到期期限相对应的即期掉期利率。在蒙特卡洛模拟中，代表性的方法是利用即期掉期曲线和定价过程中未来期间的漂移率和折现率离线生成远期利率。一种更精确的方法是通过随机模型生成远期利率。

表 4-3　　2009 年 3 月 31 日韩国即期掉期曲线

到期期限	利率（%）
3 个月	2.48
6 个月	2.50
1 年	2.86
2 年	3.30
3 年	3.55
4 年	3.70
5 年	3.79
7 年	3.87
10 年	3.98
12 年	4.01
15 年	3.96
20 年	3.90

资料来源：Bloomberg。

在生成最终经济情景之前，我们需要通过观察金融工具，如债券、期权等在不同到期期限和不同实质状态下的市场价格，校正模拟得到的经济情景，从而确保经济情景与当前市场状况相一致。我们可以选择不同的市场一致风险中性情景生成器和校正技术，以完成这一过程。

一旦获得与市场相一致的风险中性情景，对变额年金保证权益的定价过程就变得比较明显了。我们所需要做的就是，在不同的情景模拟下生成期权的现金流，并采用适当的折现率（无风险利率）对不同时间期间的现金流进行折现。所有情景模拟下，现金流现值的平均值即期权价格。值得引起注意的是风险中性定价法是一种定价机制，在这种机制下，不需要知道现实世界中的风险价格，也不需要关注反应预期未来状况的事件。因此，各种情景下期权价格的结果就显得没有意义了。只有在所有模拟情景下，期权价格结果的平均值才有实际意义。这就是期权的金融经济学价值或者风险中性价格。

利用蒙特卡洛模拟生成与市场一致的风险中性情景来对变额年金保证权益进行估价是一种通常的做法。但不幸的是变额年金保证权益的到期期限一般非常久，远远长于资本市场期权产品的到期期限，因此，可能会存在无法观察到与变额年金保证权益到期期限相一致的资本市场参数，即相同期限的隐含波动率和无风险利率。在这种情况下，我们只能在利用所有能获得信息的基础上，基于最佳判断，将隐含波动率曲面和无风险利率曲线延伸至我们需要的到期期限。考虑到变额年金保证权益并不能从金融市场中通过交易获得，因此，他们的期权价值是否与市场相一致其实并不重要，但是计算出的期权价值必须是合理和适当的，必须确保能够对假设的资本市场期权风险以及考虑的对冲成本向保险公司提供合理的补偿。

三、变额年金保证权益定价中对保险特征的考虑

正如之前所述，变额年金保证权益除了具有资本市场期权风险特征之外，还具有相当程度的保险产品风险特征。风险中性估值法估计了在一个时间点、一系列具体精算假设基础上变额年金保证权益的金融经济学价值，这个价值给出了变额年金保证权益在固定基础上的价值，而非其最终价值。考虑到变额年金保证权益较之纯粹的资本市场期权产品，有更高的不确定性和更大的风险，变额年金保证权益的成本费用应当不同于单纯的风险中性价值。以下列举了在决定变额年金保证权益最终价格时，必须加以考虑的变额年金保证权益与资本市场期权产品的关键不同之处：

1. 资本市场上期权价格随着市场条件的变化几乎是连续变化的；而保险产品的价格，为了在一段时间内销售新产品，通常数年，至少在一定程度上具有价格粘性。考虑到这种区别，利用风险中性参数的变化以反映不同时间点的变额年金保证权益的价格，就显得非常重要了。我们需要采用适当的参数，以覆盖销售期内期权的可能成本。

2. 变额年金保证权益的基础资产为典型的共同基金，而绝大多数资本市场期权产品的基础资产为单独一只股票或者具体指数，或者至多是一篮子确定产品的指数。变额年金保证权益的基础资产通常为具有不同投资策略的一篮子积极管理的共同基金。此外，合约持有人通常有一定的余地可以随时间变化而改变选择的基金组合，以反应合约持有人的需求。这增加了基础资产未来的不确定性。这一额外的风险因素，在定价过程中同样必须加以考虑。

3. 失效率。如果变额年金保证权益合约持有人想在合约到期前撤销合约，他们会损失退保现金价值。而资本市场上，期权持有人可以按当前市场价格将其卖出。为了反映变额年金保证权益定价过程中的失效风险，一

种标准的做法是假设动态失效率，从而使保证权益处于更高的实值状态时，降低失效率。此外，为了评估与未来失效率不确定性相关的风险，我们需要观察定价过程中不同水平的基本失效率和不同的动态失效率路径。

4. 利用效益。部分变额年金保证权益关于利用效益对保单持有人的灵活性作出了承诺。实践中采用了不同的方法，最安全的方法是假设保单持有人总是最有效地行使其利益。但现实状况是大多数合同销售的目的是满足保险需求，并且合同持有人可能有其他目标，而非仅仅是使变额年金保证权益价值最大化。为了反映这一特征，我们可以采用动态效用函数，以增加在利益处于深度实值状态下合同持有人执行变额年金保证权益的效率。同样，定价过程中，我们也需要考虑与未来利益效用不确定性相关的风险。

5. 寿命的不确定性。大多数变额年金保证权益具有寿命不确定性特征。定价过程中，关于未来死亡率或寿命的不确定性同样需要加以考虑。

6. 到期期限的时间长度。变额年金保证权益的到期期限通常远远长于资本市场中期权的到期期限。这提出了如何对风险中性情景进行校正的问题。因为，我们可能无法观察到与变额年金保证权益相同到期期限的隐含波动率和无风险利率等输入参数。在这种环境下，考虑到定价的需要，我们必须利用最优估计以建立更长到期期限的参数。

7. 变额年金保证权益并非完全满足风险中性概念框架；风险中性概念框架的大多数关键假设并不能直接应用于变额年金保证权益。变额年金保证权益并不能通过市场交易获得，也不能在发行时进行复制（即要求在成本和效用不确定的情况下，随着保证权益的有效性的变化，对其进行对冲）。在对变额年金保证权益定价时，这种差别意义重大，必须加以考虑。

8. 资本成本。为了支持变额年金保证权益的销售，保险公司需要相应的资本支持和提取准备金。在变额年金保证权益定价过程中，同样需要对持有资本的成本加以考虑。

以上这些额外的不确定性或风险，是资本市场上一般期权产品所不具有的特征，并且仅仅通过风险中性定价法是难以全部加以考虑的。为了估计这些不同点单独或几种组合的风险水平，有必要对这些不确定性元素进行敏感性测试。在进行了敏感性测试后，保险公司可以在风险中性定价法价格的基础上加入一定的风险安全边际，以应对这些额外风险。由实践经验看，在风险中性定价法成本的基础上计入30%～50%的安全边际是相当正常的。

在忽略再保险的情况下，保险公司将承担关于变额年金保证权益的预期负债，直至其失效、死亡或到期。销售这种变额年金保证权益产品对保险公司的经济影响，取决于未来真实世界的情况。即便在变额年金保证权益的风险已经进行对冲的情况下，也是如此。因为未来市场的不确定性的变化，我们必须对其进行动态对冲，以平衡保证权益的风险。出于这一考虑，一旦变额年金保证权益的定价方法和风险管理方法被确定下来，对包括风险管理策略在内的真实的变额年金保证权益产品组合进行评估，对保险公司可能是有益的。这里有几种方法可以进行这种评估分析。需要注意的是，进行这种分析，必须与对变额年金保证权益负债的风险管理方法以及保险公司具体的风险承受能力相一致。

通常的做法是，通过评估足够充分的现实的情景集，以此来检验变额年金保证权益价格的充足性。这种分析方法中，不同于风险中性方法，我们试图获得未来市场状况的潜在分布。该方法推荐，通过历史回报率数据和市场利率的波动率（代表变额年金保证权益的基础资产的市场指数）来获得所需的基本参数。这些参数，需要通过比较长的历史数据期间来计算，这个历史数据期间最好包含几个市场周期并且其时间跨度大于我们需要评估的变额年金保证权益的到期期限。在实践中，通常利用30~50年的时间期间。

这种方法在许多方面与风险中性评估方法相似。不同之处包括：需要在整个现实世界情景下计算现金流价值；与变额年金保证权益现金流出相应也有现金流入；考虑了如对冲等具体的风险管理策略；希望通过情景维持单个的折现现金流。这种方法中，我们不仅要获得所有情景下结果的平均值，同时还要评估这一结果，以确定在哪一点上变额年金保证权益的收入不足以弥补其不确定的支出。可以通过下式达到此目的：

PV(保证权益现金流出) - PV(保证权益现金流入)

我们或许希望知道，在保险公司具体风险管理策略下，收支平衡点的数值。当风险管理策略为对冲策略时，比较下式：

[PV(保证权益现金流出) + PV(对冲成本)] - [PV(保证权益现金流入) + PV(对冲工具的支付)]

每个保险公司都会建立一个百分比或期望支付额水平（CTE），在这个水平上，正好出现资金短缺。即在该点正好出现：

PV(保证权益现金流出) > PV(保证权益现金流入)

第五章

变额年金的风险分析

第一节 保险公司风险分析

变额年金是一种年金与变额保险特性相结合的保险产品。对投保人来说，购买这种保险产品，一方面，可以获得最低利益保证，另一方面，又可以分享证券市场上升带来的好处。与传统投连险不同的是投保人不再承担全部投资风险，保险公司承担一定的保本比例，部分投资风险由保险公司承担。

从保险公司的角度分析，主要风险有金融市场风险、产品设计风险、保单持有人行为风险、会计和监管风险、操作风险。

一、金融市场风险

（一）经济周期风险

指社会经济活动中呈现出的经济繁荣和衰退的周而复始的运动对保险公司供求和业务经营产生较大影响。

保险基金的大小在很大程度上取决于人们的缴费能力和保险需求，而缴费能力和保险需求在很大程度上取决于国民经济总水平和发展速度。在经济繁荣时期，社会生产力大幅度提高，国民生产总值大大增加，人们的收入水平不断提高，交付保费的能力增强了，使保险公司的保费收入大幅度上升，从而积聚更多的保险基金，增强自身抵御风险的能力。反之，在经济衰退时期，则削弱了保险公司的财务力量。从险种结构来看，变额年金多为长期性、储蓄性的保险业务，受经济周期波动的影响较大，尤其是经济周期变动中的通货膨胀因素和利率变动因素，会对保险公司的偿付能力构成威胁。此外年金保险采用年缴保费的方式，对一些新签发的保单，一旦经济步入衰退期，投保人因支付不起保费而退保，使保险公司的保单继续率降低，保单继续率的高低将直接影响保险公司的利润和财务稳定。

（二）利率风险

变额年金具有保障和投资的双重功能，在金融市场中，变额年金与其他金融产品一样成为一种重要的投资工具，当利率发生波动时，就会产生替代效应和价格效应，从而对保险公司产生影响。替代效应是指由于某种消费品的价格变动而其替代品的价格不变时，对该消费品的需求量的影响。当利率上升时，一方面，由于年金产品的预定利率从保单生效后始终不变，而利率上升，必然导致其他金融产品的投资收益率上升，消费者开始增加对其他金融产品的投资而减少对年金产品的购买，从而导致年金产品的需求减少。另一方面，当利率上升时，年金产品的价格下降，市场竞争力增强，各保险公司的年金产品供应量增加，这就是价格效应。当利率上升时的替代效应大于价格效应时，对保险公司就产生负面影响，当价格效应大于替代效应时，对保险公司的负面影响就会趋小。

如果市场利率在一定范围内波动，保险公司能得到一定的利差益，且市场利率越稳定，保险公司获得的利差益就越大；如果市场利率发生较大的波动，无论是调高还是调低，都将给保险公司带来损失。至于市场利率波动的幅度达到多少将造成保险公司的利差损，要取决于不同的宏观经济形势、寿险业的发达程度、消费者的保险保障和投资意识、金融市场的发展程度等因素。

因此，利率因素是保险公司经营中最难预测和控制的因素，利率风险是保险公司面临的最严重的风险之一。

二、产品设计风险

产品设计风险即产品定价风险，产品定价关系到保险公司的保费收入是否能覆盖赔款支出和费用支出，若入不敷出，则保险公司就面临亏损。

在开发险种时，若采用的利率、死亡率（生存率）、费用率与实际情况相距甚远造成产品定价过低，则使保险费收入不足以应付给付。定价风险一方面可能因为产品设计人员素质不高，不能适应外界变化，另一方面是由于保险公司经营方针冒进，只注重抢占市场而将价格无意或故意定低。

产品设计风险主要包括利率风险、死亡率风险、费用率风险及承诺风险。

（一）利率风险

保险经营是一项长期行为，寿险公司承担着对广大客户长达几十年的保险责任。新开发的寿险产品预定利率一旦确定，在保险合同期内就不得变更，而市场利率随经济的发展不断波动，预定利率与市场利率的这种偏差构成了威胁保险经营的一大风险。利率的波动会对寿险公司的现金流、资产与负债结构、产品品质以及投保人和借款人行为等产生不同程度的影响。可以说，利率风险渗透于保险经营的方方面面。

预定利率过高或过低都直接影响到保险公司的经营，存在着相当大的远期利率风险。当前，由于国内保险资金投资渠道较为有限，加之保险消费者普遍存在对保险功能认识不清，易将保险同银行储蓄相提并论的心理，从而导致如果预定利率留有应有的余地，可能会低于同期银行利率，影响销售业绩。如果银行利率下调，会刺激投保人的保险需求，使保险公司业务量增加，退保减少，从而使保险公司的资产增加；同时，保险公司计提责任准备金的预定利率也会相应下调，从而增加责任准备金的提取，使保险公司的负债增加。如果银行利率上调，虽然资产可以以较高的利率增值，但是抑制保险需求，将增加业务拓展难度，业务量萎缩，同时将出现大量退保，使保险公司资产以更快速度减少；同时，加上保险公司计提责任准备金的预定利率也相应上升，从而减少责任准备金的提取，导致保险公司负债减少。

（二）死亡率风险

保险公司应将死亡率风险作为一个重要风险来对待，从产品设计开始，除了重点考虑利率风险外，还应将死亡率的未来非正常波动因素考虑在内。

变额年金是建立在被保险人生存条件下的赔付，因此不正确的估量死亡率，对保险公司会造成风险，即征收过高或过低的保费，从而导致竞争力不强或是发生损失。死亡率的厘定结果决定产品质量的优劣。

在保单定价时应充分考虑未来死亡率改善的影响。实际上，死亡率的改善是人口变动的一个长期趋势，且是一个连续变化的过程。若不充分考虑死亡率改善的影响，保险公司将始终面临年金产品定价上不准确的问题。

精算师要对承保对象的死亡率做出估算，具体步骤可以分为：

（1）确定调查期间，搜集数据并分组。可能根据年龄组、性别、吸烟者（不吸烟者）等分组，具体的分组情况由数据的数量及质量而定。

（2）对应数据，选择合适的密度函数。

（3）求导概率密度函数，并进行显著性检验。

采用矩估计或极大似然估计方法确定系数，然后进行线性回归分析。假若结果不显著，选定的概率密度函数成立，否则重新选择函数，直到满足回归分析的不显著偏差要求。

经过以上步骤，就得出一个死亡概率分布，精算师可以把它作为精算基础的一部分，并作为定价、准备金等其他计算工作的基础。

死亡模型建立的同时产生三种风险。首先是模型风险，即选择的模型，通常指概率分布，不合适，不能代表未来的死亡率。其次是系数风险，系数值不能反映调查对象或模型运用对象的未来经历，即使模型本身是合适的。比如，在模拟年金合同时，没有正确预测死亡率改进的趋势。第三是随机波动风险，真实的未来经历可能偏离模型所预测的，部分由于模型对象的异质，部分由于风险单位数目不足以满足大数法则的精确要求。

（三）费用率风险

保险费率即保险价格，是保险人按单位保险金额，向投保人收取保险费的标准，也是被保险人为获得每一单位保险金额的保险保障应缴纳的保险费的比率。保险费率是由不同种类保险标的的损失概率大小、损失程度的高低以及保险人的费用率大小决定的。保险费率风险是指保险公司厘定的保险费率不合理、不公平、不准确而影响保险企业财务稳定的风险。在实践中，由于风险事故发生的不确定性、纯费率计算的基本假设本身的局限性、统计资料处理过程中出现的偏差、以及随着时间的推移新的风险因素的增加，都将导致损失概率的不准确，再加上某些特殊的巨灾风险在费率中无法充分体现出来，所有这些因素都影响了理论费率厘定的准确性。从主观因素看，各保险公司之间经济实力、承保能力的大小不同，风险选择和核保控制的标准不同，业务管理水平和营业费用高低不同，使厘定的理论费率有所差异。从保险市场因素看，各家保险公司为了抢占更多的市场份额，竞相降低保险费率，如果保险公司的实际费率低于纯费率时，就会出现所谓的“自杀性费率”，严重影响保险公司的财务稳定性。

由于向投保人提供保证收益，保险公司将承担一部分投资风险，因此变额年金保险将在传统投连险账户管理费用外加收一笔额外的管理费用，具体比例与保证收益额度有关，保证收益额度越高收取的管理费用也越高。

对保险人而言，费率风险会削弱保险公司的偿付能力，导致保险市场的无序和恶性竞争，使保险公司短期利益与长期利益出现严重的冲突，从而造成社会资源的浪费和损失。

寿险公司在经营、管理、承保过程中会涉及许多费用，这些费用都必须计入保费中。公司费用有两类：一是变动费用；二是固定费用。

变动费用指用与承保业务量相关的费用，它可能包含：

（1）最初获得保单费用，如最初佣金、营销费用；

（2）承保费用；

（3）最初管理费用，如保单录入费用；

（4）更新管理费用，如更新记录，收取保费；

（5）更新佣金；

（6）退保费用。

固定费用指相对固定的部分，与承保业务量无关的费用。

实际上，变动费用和固定费用的界定并不十分明确，有时候很难划分。比如，新业务管理部门的房租成本可以看成是变动费用中最初管理费用的一部分。

保险公司的精算师要对这些费用进行调查。首先是搜集数据，通常是最近一年的费用分析。其次是对年金保单的保单费用再细分为佣金、最初费用、更新费用、终止费用、投资费用。最后，再把这些费用归纳为与保单数量相关的费用，表示为每保单费用；与保费相关的费用，表示为保费的百分比；与保险金额相关的费用，表示为保额的百分比。

费用调查的目的是为预测未来做准备，通常未来期望费用从精算费用模型推导而来。模型需要预测未来的员工结构和管理费用，如房租、系统开发、维护费用等。预测费用要结合预测的新业务量推导每保单或单位保费费用。模型结果可以通过对比行业平均费用的办法来检验合理性。

精算模型的运用会伴随着模型风险、系数风险和随机波动风险。

费用风险的另一方面是费用通货膨胀风险。保险公司的员工工资、房租水电等管理费用、中介机构的佣金等都会随时间的推移而增长。而变额年金的期限较长，因此精算师在计算保费时，需要考虑费用的通胀。

费用通胀可以就以下几个方面进行考虑：

（1）现有通胀率，包括物价通胀和收入通胀；

（2）期望未来通胀率；

（3）费用通货膨胀假设的不合适造成风险，即系数风险。

（四）承诺风险

与传统投连险由保单持有人承担所有风险相比，变额年金承诺一定的保本比例。因此，精算师必须估算这些承诺及客户选择给公司带来的成本。这就造成了相应的模型风险和系数风险。

三、保单持有人行为风险（退保或保单失效造成的风险）

退保风险是指被保险人在保单满期之前提出退保而给保险公司带来的风险。退保不仅会影响保险公司的资金运用，而且会打乱保险公司正常的财务计划，尤其是投保第一年，保险公司为签发保单所支付的代理人的佣金以及各种费用和保单本身提存的责任准备金之和往往高于保险公司向投保人所收取的保费，如果投保后第二年或以后几年投保人不再缴费，不仅会造成保险公司盈余的减少，而且会使保险公司产品定价提高，削弱其市场的竞争能力，严重的还会影响保险企业的财务稳定和正常运营。

投保人退保的原因有很多，主要有以下几种：

1. 市场竞争。由于市场上存在多家保险公司，特别是针对我国目前的情况来看，各个保险公司所经营的各种保险产品都比较接近，差异性不大。在这种情况下，如果某一个保险公司推出了一个有新概念的区别于其他保险公司的产品，就会吸引很多投保人，其中当然也包括已经投向其他保险公司的投保人，这样就会引起投保人与原来投保的保险公司解除保险合同。

2. 保费的增加。保险公司保费的增加也会使投保人觉得保费支出与原计划有出入，而且增加保费往往使投保人产生逆反心理，转向其他保险公司。

3. 投资回报和分红的减少。与增加保费相似，如果保险公司减少投资回报和分红也会使投保人的收入与预期不符，使投保人对保险公司产生不满，进而引起退保。

4. 投保人经济能力的恶化。投保人本身的经济实力恶化是导致退保的主要原因之一。由于各种不可预测的原因使得投保人的财务能力降低，无法继续缴纳保险合同中所预先规定的保费，也可能导致投保人退保。

5. 经济环境影响。通货膨胀、物价上涨、货币贬值会使受益人的实际保障降低，投保人对未来经济不稳定，通胀状况的担忧，就会出现投保人退保而进行超前消费，购买“保值”商品，转入银行储蓄或转为持有现金。另外，金融市场的不断健全和发展，使得投保人有了更多样化的投资机会。不同资产有不同的风险和回报，不同资产组合也成为投资者的预期。所以在此背景下，当投保人觉得投资其他方式较保险更有利时，就可能解约。

除了以上几种原因之外，投保人在投保前对所投保的保险产品认识不够也会导致日后的退保，如果投保人投保后，重新全面了解自己所投的产品性质后发现它不适合自己，就可能会要求保险公司退保。

保险经营以大数法则为数理基础。有效保额越均匀，有效合同件数越多，保险经营的数理基础越稳定，有利于保险公司发挥预估和分散功能，实现保险经济补偿或给付。但是，解约或退保，乃投保人的一项权利。解约太多，将动摇经营的数理基础，业务经营的稳定就难以保证。

退保对保险公司产生的风险主要有三种：

1. 当投保人要求退保时，保险公司要给投保人返还一定的退保金，但由于几乎每个保单的前期成本都很高，如果投保人退保时保险公司的实际获得的保险资金小于退保额，那么保险公司将面临退保损失。

2. 由于投保人进行逆选择，投保人一般都选择对自己有利的策略，因此要求退保的投保人大多是低风险人群，而继续保留保单的投保人则是高风险人群，这样当很多低风险人群退保后，实际的死亡率将与保险公司预期的不符，使保险产品的定价发生误差导致保险公司的损失。

3. 由于退保引起的保单量减少使得保险公司无法抵偿原始支出成本，使每个保单的固定支出增加。保险公司有自己固有的固定支出，这与保单数量无关，如果大量保单要求退保，所剩保单的保费收入必将无法弥补保险公司的固定支出，从而导致亏损。

退保率与死亡率、生病率、费用率等都有密切的联系。对于年金保单的持有人，自觉不健康，特别是有生命危险的人体认为自己不足以等待长时间收回年金，而希望通过退保的形式获得一次性的现金补偿。种种选择性退保使得剩余群体的死亡率比承保时的预期要糟糕，因此威胁到保险公司的利益。此外，高于预期的退保率，意味着固定费用不得不分摊到因退保而减少的个体上，导致保单定价时预定的每保单费用假设被低估。

四、会计和监管风险

（一）监管风险

从我国保险业监管制度变革中面临的风险看：一方面，保险创新使建立在传统分业模式经营基础上的监管制度框架，变得日益落后于保险业发展的现实。国内保险市场不但与国内金融市场、资本市场相结合，而且伴随着金融业、证券业的改革和发展，与国际金融市场、资本市场也会更加融合。国内保险公司业务和投资的国际化、全球化，必将加大保险监管的难度。另一方面，随着我国保险业市场化程度的进一步提高，必然要求我国保险监管部门实现监管职能的合理转变，而其成功与否则将直接关系到我国保险市场能否在新监管体制下良好运行。

（二）政策风险

政策风险是保险公司最难以防范的风险之一，又被称为政治风险。政策风险是指国家宏观经济、法律等政策的改变给保险公司带来的风险。例如，国家的货币政策发生变化，因利率下降导致寿险的利差倒挂；由于受地方行政干预，相当数量的资金投放效益很低或都根本没有效益的项目等。政策风险涉及的风险较广，影响因素较多，包括经济运行环境的变化、财政货币政策的调整以及经济体制的改革等。另外，会计准则和政策的变化对保险业的经营和发展也将产生深远的影响。

（三）会计核算工作风险

保险市场的逐渐变化、金融市场服务的不断丰富、经济发展趋势的快速变化，使我们认识到保险公司财务管理的潜在风险。保险业务处理的特点是需要批量化处理同质的工作较多，因此，为了提高工作效率，现代保险公司的保单业务管理系统几乎都建立在较完善的计算机系统上，保险业务处理批量化、信息化比例较大，对会计核算的客观性、真实性造成了一定的风险影响。

首先从表现形式上看，与业务处理密切相关的各类应收付记录的产生及实收付记录的确认，在业务系统中进行处理，同时应在财务系统做出相应的分类汇总反映，二者可能会产生不一致，影响数据的实时性。

其次由于会计数据资料会影响到保险公司各个管理部门的计划、分析与决策，如产品定价、利率确定、分红计划、预算计划、营销计划的制订与调整等，这样，会计核算是否准确就会影响保险公司整体的正常运营。

五、操作风险

（一）再保险风险

从理论上说，有保险就有再保险。再保险是保险公司为减轻自身承保能力以外的部分责任而转嫁给其他保险公司或保险集团承保。再保险亦称分保，保险人承保业务后，将承担责任的一部分或全部分保给再保人，以分散风险，保证业务经营的稳定性。分保接受人按照再保险合同的规定，对保险人在原保单下的赔付承担赔付责任。这种风险转移方式实际上是对保险人承担风险的保险。换言之，是保险的保险，故被称为再保险。

保险公司在资本金一定的情况下，如想扩大承保能力，保证财务稳定性，就要分保，这也是保险运行的客观要求。通过再保险，可以起到分散风险、限制责任、扩大承保能力等多重作用，但也不应过分夸大再保险的积极作用，因为再保险业务处理不当也会给保险公司带来风险。

由再保险业务带给保险公司的风险有：

1. 未分保。因为管理上的疏忽或技术上的限制，造成本应分保的风险未及时分保出去，一旦发生保险事故，全部损失均要自担，从而造成不应有的损失。

2. 自留额确定不合理。进行风险再转移的同时也必须支付相应的保费，若因担心保费流失而有意设定较高的自留额，则必然加大公司的风险。如果保险公司低估其承保的风险，从而分保额不足，造成风险自留额过大，则容易出现保险公司实际赔付额高于其准备金的风险；如果保险公司高估其承保的风险，从而分保额过高而风险自留额过小，则会把利润过多的转给再保险公司，减少保险公司自身利润。

3. 市场上再保险产品的价格偏高。保险公司选择再保险的原则是以最小的成本实现最大的风险分散。因此保险公司在选择再保险时，所要考虑的一个重要因素就是再保险的价格。一般，保险公司都会在再保险的价格和需要分保的风险可能带来的潜在赔付额之间进行衡量，如果某种风险的再保险的价格过高，则对此种风险进行再保险的成本反而有可能超过将此风险自留的成本，这时再保险就是不合适的。

另外，在保险公司想要对某种风险进行分保时，再保险市场上可能并不存在适当的再保险产品，从而使保险公司无法对此风险进行分保，而只能自留；或者就是存在价格过高而使保险公司无法支付或不愿支付。

4. 再保险公司破产或违约。如果保险公司进行分保的再保险公司破产或违约，从而造成在需要再保险公司支付分保额时不能支付分保额，则保险公司将不得不承担全部的赔付额或者重新寻找再保险公司签订分保合同，而这时往往很难找到合适的再保险。即便是有，也可能价格很高，并且重新安排再保险可能需要较长时间。国际范围内的通例是若再保险人破产，原保险人仍应承担原保险合同的保险责任，原保险人不仅不能摊回赔款，还流失了保费，此种风险要比未分保的风险更大。

5. 再保险公司支付分保额不及时。一般来讲，再保险支付分保额及分保佣金都是有一定的时滞的，这就会减少保险公司实际可运用的资金额，因为虽然这笔资金是属于保险公司的资产，但是由于它还没有真正的支付给保险公司，因此实际上保险公司仍无法运用这笔资金进行投资。这就减少了保险公司运用资金的灵活性。

（二）投资风险

投资风险即保险资金运用风险。保险资金运用是指保险公司为实现资金价值增值和经营稳定，将积聚的各种保险资金加以运用，投放到社会生产过程的行为。这个定义包括了以下三层含义：

（1）保险资金运用的主体是保险公司；

（2）保险资金运用中所运用的资金是保险公司各种可运用的资金——总称保险资金，而不仅仅是保险基金——保险公司可以收取保险费的形式积聚的资金；

（3）保险资金运用的目的是保持保险公司的经营稳定，同时提高保险资金的经营效益和社会效益。

保险公司资金运用的基本原则有安全性、收益性和流动性三个方面：

1. 安全性是我国保险投资的首要原则。众所周知，从事任何投资活动都有一定的风险，绝对安全的投资可以说是不存在的，即使把资金存入信誉最好的国有银行也有风险。当国家经济发展不平衡而出现严重的通货膨胀时，可能产生银行利率低于通货膨胀率的现象。这时，投资者不仅可能得不到实际的投资利润，而且还可能要承担投入的本金贬值风险。安全性的一个很重要方面是尽可能避免风险大的投资项目，避免投资失误以保证资金的安全。由于保险投资所用的资金大部分是对投保人的负债，到一定的时间要履行保险合同规定的给付承诺，因此，为了维护投保人的利益和保证公司的正常经营，安全性应是保险投资的第一原则。

2. 收益性是保险投资的第二条原则。它是指要提高保险资金的使用效果，获得投资的最大收益，也是保险公司投资的主要动机。在西方发达国家，由于保险业内部以及保险业与其他行业的竞争激烈，保险人为了争取业务常降低费率，廉价出售保单，使得赔付率偏高，严重时高达100%以上。这时从保险业务经营上不仅不能赢利，还有可能赔本，公司的收益在某种意义上讲就取决于投资效益。另外，变额年金把筹集的资金存放在投资账户，与传统险种筹集资金存放的一般账户相区别。由于变额年金直接与其投资账户的投资相联系，因而投资的收益性更加直接和重要。在这种情况下，由于保险人在把投资收益间接转给投保人的同时，把相应的风险也转给了投保人，所以投资账户的收益性有时甚至是比安全性更优先考虑的原则。从一般的情况看，投资的收益与风险成正比，而与其安全性成反比，投资的收益性与安全性基本上是背道而驰的，在投资实践中必须掌握好其中的度，不可顾此失彼。

3. 流动性是保险投资的第三条原则，它是指投资资金的变现能力，而变现的快慢与变现的难易，与资产的性质和金融市场的情况有关。保险资金具有负债性，在发生保险事故时要根据保险合同返还给被保险人。在西方国家，资金投资也有趋于流动性的倾向，其主要原因是由于为适应利率变动而设计的一些新的寿险产品，使保险资金的负债期限受到了利率的影响。当利率较高时，自愿终止保险合同的比例也会提高，保户会使用保单贷款和退保抽出资金去做更大的直接投资，而使一部分保险资金流出。正是由于保险负债的性质改变，导致了投资资产的流动性更加受人重视。

投资风险的主要因素有保险预定利率短期内放开，股市波动导致投资收益持续低迷，投资渠道拓宽不如预期等。关于投资风险的分析具体有以下几个方面：

1. 市场风险。市场风险是由于证券市场行情变动而导致投资收益变动的风险。随着经济周期的循环变动，市场行情也随之起伏不定。经济周期波动而导致的市场风险不可避免。

2. 利率风险。利率风险是指市场利率变动而引起证券收益变动的风险。当然，利率的上下波动直接影响证券价格。利率下降，会使保险公司资产价值遭受减值损失。目前我国保险公司资金运用中的很大一部分是银行存款，这部分资产会随着利率的下降而减少；对于保险而言，资金运作具有长期性，而且必须遵循安全性的首要原则，这就决定了保险资产主要以长期国债和优质企业债券为主。而债券作为利率敏感性资产，债券价格会由于利率变化导致其内在收益率变化而出现反向变动，使保险公司面临债券出售价格波动的风险，即使保险公司持有债券一直到还本利息，也会面临所得的再投资风险。对于股票、衍生产品等，也存在利率风险，股票的利率风险可由股票久期来描述，衍生物的利率风险通过利率一阶导数来反映。此外，保险公司投资的主要资金来源是责任准备金，当市场利率下降时，监管当局根据谨慎监管的原则，要求保险公司采用更加保守的方法提取责任准备金，降低责任准备金评估利率，保险公司计提的责任准备金则上升，负债相应加重，这对保险公司的财务状况产生了不利影响，往往会形成保险公司的利差损失，使保险公司陷入危机。而利率上升，会吸引公众将资金投向储蓄和购买证券，这样可能会减少愿意投保的客户，甚至会使已投保的客户开始退保，导致保险公司业务量萎缩，大量的经营费用无法控制，这时，如果保险公司已经将大量的资金运用于固定收入证券投资，则自己的盈利能力将大受影响。

3. 通货膨胀风险。通货膨胀风险会造成保险公司投资的实际收益水平下降，并且通货膨胀对不同的投资产生不同的影响。对于固定收益债券、优先股，由于其名义收益率是固定的，因此，随着通货膨胀率的上升，其实际收益率逐渐下降，甚至蚀本。此外，由于保险公司所持有的投资大多是长期投资，因此，通货膨胀风险更大。

4. 信用风险。信用风险是指证券发行人在证券到期时无力还本付息而使投资者遭受损失的风险。信用风险主要受证券发行人的经营能力、赢利水平、规模大小等因素的影响。信用风险是债券投资面临的主要风险，因为不同的债券信用等级不同。一般而言，政府债券的信用风险最小，其他依次为金融债券和公司债券，而投资回报率则刚好相反。

5. 资产结构与资产质量风险。对于保险公司来说，在其经营时，购置或修建房屋及建筑物、添置仪器设备、交通工具等所需资金，在经营活动中所必须支付的成本资金，现金、银行存款、应收保费、预付赔款、投资等均为资产。保险公司的多项资产按照各种类别与数量相配比，构成了保险公司的资产结构。保险公司资产结构的合理，就是各资产组成部分比重适当，结构优化，并保持适度的流动性，风险较小，且可获得预期经济效益，能够随时用于偿还债务而不至于财务波动出现危机。保险公司资产结构的合理性，常受利息率、通货膨胀率及资产变现速度等影响，它们也形成了保险公司资产结构合理性的主要风险。利息率的高低直接影响保险资金运用的收益率。通货膨胀率是影响资产结构极为重要的一类风险，通货膨胀的高低不仅引起资产实际价值的变化，而且更重要的是降低了资金运用的实际收益率。而资产变现速度的变化，直接受业务量变化的影响。

6. 流动性风险。包括两类：一是资产流动风险，即由于资产头寸过大或市场交易不通畅，无法及时正常买卖所造成的损失；二是资金周转不畅所导致的无力及时偿还索赔或到期债务而造成的风险。流动性风险在保险公司经营过程中的主要体现就是，当未来的现金流入不能满足未来给付责任的现金流出时，保险公司不得不低价出售部分资产，或借款以弥补流动资金不足。

（三）准备金风险

准备金风险是指保险公司没有准确计提和提足准备金而影响保险公司对未来赔付责任顺利履行的风险。由于保险经营的特殊性，保费收取和保险金赔付之间存在着时间差，再加上保险年度和会计核算年度的不相吻合，保险公司为保证将来的保险金的赔付，必须在年终会计决算时准确计提各项准备金。

由责任准备金的本质可知，保险公司提存责任准备金的方式与数额将影响各保险当事人的利益，而且他们的利益往往是不一致的。责任准备金是保险人对被保险人的一种负债，因此，责任准备金越多，被保险人的利益越能得到保障。

由于责任准备金是公司的负债，根据基本会计恒等式，责任准备金越少，所有者权益越大，因此，对公司股东而言，责任准备金越少，可分配利润就越多。

税务部门根据保险公司的净利润征收企业所得税。在不提存或少提存责任准备金时，公司各期的总利润额与正常提存责任准备金时相同，但前期利润将偏高，后期利润偏低，这样就能提前征收到大部分所得税，而公司则失去了递延所得税的好处。因此，责任准备金提存越少，越有利于税务部门征税。

监管部门以监管规定的形式要求保险公司提存的责任准备金称为法定责任准备金。在提存法定责任准备金时，必须使用指定的生命表。由于生命表所反映的死亡率往往高于保险公司对某一组特定保单的预期死亡率，这就迫使保险公司保持较多变现能力较强的资产，以满足未来发生赔付的现金需求。在保险实践中，可能出现比计算保险费率时的预期更糟糕的情况。比如，实际死亡率在某些特殊情况下会明显偏离预期水平，给公司带来不利后果；保险公司对投资回报率的控制能力也很有限，实际的回报率很可能低于预期回报率；经营费用的上升也可能超过预算水平。但保险公司必须按实际情况进行赔付。为谨慎起见，保险公司还必须提存部分应付突发事件的风险准备金，为每一种定价因素（死亡率、投资收益和经营费用）提供了一道安全防线。

保险公司所提存的责任准备金本质是保险人对被保险人的一种负债，而且是保险公司资产负债中的主要负债项目，公司必须根据其规模与期限结构安排资产投资组合，以满足赔付资金的充足性需求和流动性需求。但是，这种负债又不同于一般性负债，它的大小与提存基础、提存方法有关，没有一个绝对正确的数额，准备金提存比例越高，公司将相应提高资产流动性，从而降低资不抵债的风险；对于一组保单而言，它不会影响保险公司在整个保险期间的利润总额，只会影响各保单年度的账面利润。

（四）险种定位风险

这主要是保险企业对保险市场的调研不充分，对市场需求把握不准确，开发出的险种不能真正符合客户的需要而给保险公司经营决策带来的风险。这一风险的发生会使保险公司丢失市场机遇，造成经营策略失误，从而使保险公司在激烈的市场竞争中失去先机。

第二节　投保人的风险分析

一、投资风险

变额年金是一种年金与变额保险特性相结合的保险产品，保险公司把保费计入投资账户，主要投资于公开交易的证券，并且将投资红利分配给参加年金的投保者。与传统投连险由投保人承担全部投资风险相比，变额年金险承诺一定的保本比例，投资风险的一部分由保险公司承担。

值得注意的是，保证回报并不一定是本金，可能约定110%的保本比例，也可能只有90%，具体保本比例与具体产品有关，也就是说本金仍然有损失的可能。因此，变额年金险的特性准确来说只能是保底，不能说完全保本。

假设投保人初始投入为1000元，约定保本比例为100%，如果市场行情好，到期时账户价值高于约定的保证回报，那么，保险公司将按照实际账户价值支付投保人收益。

如果市场疲软，满期账户价值低于本金（假设仅剩800元），那么，保险公司仍将按保本比例支付投保人1000元本金，而亏损的200元由保险公司自己承担。

变额年金的另一特点是缴费期限较长，不建议短期投资。

一般而言，风险是对投资者预期收益的偏离，或者说是证券收益的不确定性。投资风险是指对预期收益变动的可能性及变动幅度，投资者投入一定数量的本金，目的是希望得到预期的若干收益。从时间上看，投入本金是当前的行为，其数额是确定的，而取得收益是在未来的时间。在购买变额年金的这段时间内，有很多因素可能使预期收益减少甚至使本金遭损失，并且在市场上投资风险是普遍存在的。与投资相关的所有风险称为总风险，总风险可分为系统风险和非系统风险两大类。

（一）系统风险

系统风险是指由于某种全局性的共同因素引起的投资收益的可能变动，这种因素以同样的方式对所有证券的收益产生影响。包括政策风险、经济周期波动风险、利率风险和购买力风险等。

1. 政策风险。政策风险是指政府有关证券市场的政策发生重大变化或是有重要的法规、政策出台，引起证券市场的波动，从而导致了变额年金的投资收益波动，给投保人带来的风险。

2. 经济周期波动风险。经济周期波动风险是指证券市场行情周期变动而引起的风险。这种行情变动不是指证券价格的日常波动和中级波动，而是指证券行情长期趋势的改变。

证券行情变动受多种因素影响，但决定性因素是经济周期的变动。经济周期是指社会经济阶段性的循环和波动，是经济发展的客观规律。经济周期的变化决定了企业的景气和效益，从而从根本上决定了投资的市场行情，特别是股票行情的变动趋势。市场行情随经济周期的循环而起伏变化，总的趋势可分为看涨市场和看跌市场。在看涨市场，随着经济回升，股票价格从低谷逐渐回升，随着交易量的扩大，交易日渐活跃，股票价格持续上升并可维持较长一段时间；待股票价格升至很高水平，资金大量涌入并进一步推动股价上升，但成交量不能进一步放大时，股票价格开始盘旋并逐渐下降，标志着看涨市场的结束。看跌市场从经济繁荣的后期开始，伴随着经济衰退，股票价格也从高点开始一直呈下跌趋势，并在达到某个低点时结束。看涨市场和看跌市场是指股票行情变动的大趋势。实际上，在看涨市场中，股份并非直线上升，而是大涨小跌，这时变额年金的投资收益也可能出现一些波动和回调。但在这两个变动趋势中，一个重要的特征是：在整个看涨行市中，几乎所有的股票价格都会上涨，变额年金的收益也会升高；在整个看跌行市中，几乎所有的股票价格都不可避免地有所下跌，而变额年金的投资收益也难免下跌。

3. 利率风险。利率风险是指市场利率变动引起投资收益变动的可能性。市场利率的变化会引起金融市场上有价证券价格变动，并进一步影响证券收益的确定性。利率与证券价格呈反向变动，即利率提高，证券价格水平下跌；利率下降，证券价格水平上涨。利率从两方面影响金融市场上有价证券价格。一是改变资金流向。当市场利率提高时，会吸引一部分资金流向银行储蓄、商业票据等其他金融资产，减少对证券的需求，使证券价格下降；当市场利率下降时，一部分资金流向证券市场，增加对证券的需求，刺激证券价格上涨。二是影响公司的赢利。利率提高，公司融资成本提高，在其他条件不变的情况下净赢利下降，派发股息减少，引起股票价格下降；利率下降，融资成本下降，净赢利和股息相应增加，股票价格上涨。

利率政策是中央银行的货币政策工具，中央银行根据金融宏观调控的需要调节利率水平。当中央银行调整利率时，各种金融资产的利率和价格都会灵敏地作出反应。除了中央银行的货币政策以外，利率还受金融市场供求关系的影响：当资金供求宽松时，利率水平稳中有降；当资金供求紧张时，利率水平上升。

（二）非系统风险

非系统风险是指只对某个行业或公司的证券价格产生影响的风险，它通常由某一特殊因素引起，与整个金融市场的有价证券价格不存在系统全面的联系，而只对个别或少数证券的收益产生影响。这种因行业或企业自身因素改变而带来的证券价格变化与其他的证券的价格、收益没有必然的内在联系，不会因此而影响其他证券的收益。因而，非系统风险可以通过分散投资来抵消。若一个资产组合中配置了不同的证券、债券或其他金融资产，当某些资产价格下跌、收益减少时，另一些资产价格可能上升、收益增加，这样就使风险相互抵消。非系统风险是可以抵消、回避的，因此又称为可分散风险或可回避风险。包括信用风险、经营风险、财务风险等。对于变额年金来讲，投资需要谨慎地配置资产结构，有一定的稳健性，达到其保本的要求。

二、投资风险评估

风险评估是对风险投资进行风险管理的重要环节，通过分析风险发生的概率及估算风险发生后预期的风险损失，来对投资过程可能产生的危害程度进行一个综合评判。一般采用数学方法和模型，并运用计算机系统，通过预测各风险因素发生的概率，风险程度的大小，借助一定的模型和数量公式测算综合的风险指数，并与设定的止损位比较，正确地估计自身所承受的风险，从而进行有效的风险管理。具体方法包括：

（一）方差法

方差法是度量风险投资的常用方法。将风险投资的收益视为一个随机变量，则它的方差就代表不确定程度或者说风险程度。方差是反映随机变量与其期望值的偏离程度的数值，是随机变量各个可能值对其期望值的离差平方的数学期望。

设：随机变量为 X，其方差为 D（X），则：

$D(X)=E[X-E(X)]^2$

式中：E(X)—随机变量 X 的期望值。

对于离散型随机变量，其方差的计算公式为：$D(X)=\sum_k (X_k - E(X))^2 P_k$

式中：P_k—随机变量 $X=X_k$ 的概率；

X_k—第 k 个可能值；

对于连续型随机变量，其方差的计算公式为：$D(X)=\int_{-\infty}^{\infty}(x - E(X))^2 f(x)dx$

式中：f(x)—随机变量 X 的概率密度函数。

在实际应用中，为了便于分析，通常还引入与随机变量具有相同量纲的量，记为 σ（x），称之为标准差或均方差。

（二）β 系数与资本资产定价模型

资本资产定价模型由美国经济学家 W. F. Sharpe 博士于 20 世纪 60 年代中期首次提出，Sharpe 博士在资产定价等金融经济学领域成果卓著，并荣获 1990 年诺贝尔经济学奖。

资本资产定价模型（CAPM）认为，在一个高度发达的资本市场，任何投资视为购买某种证券的行为，证券价值（格）的波动是投资者承担的风险。全部风险可分为系统风险和非系统风险；有效的投资组合可使投资者承受的非系统风险为零；系统风险亦称为市场风险，表示由那些基本影响因素（能影响所有资产价值）的变化而产生的风险。

CAPM 已被广泛用于证券投资分析，从投资者的角度看，CAPM 具有以下含义：

（1）投资者要求的必要报酬率部分地决定于无风险利率；

（2）投资收益率与市场总体收益期望之间的相关程度对于必要报酬率有显著影响；

（3）任何投资者都不可能回避市场的系统风险；

（4）谋求较高的收益必须承担较大的风险，这种权衡取决于投资者的期望效用。

风险投资同样是一种权益投资，风险投资分析与证券分析有许多相似之处，CAPM 同样适用于风险投资中风险与收益的评估。

模型的形式相当简洁：某一资产的投资收益率

$R_i = R_t + \beta_i (R_m - R_t)$

式中：R_i—在给定风险水平条件下资产 i 的合理预期投资收益率；

R_t—无风险投资收益率；

β_i—投资于资产 i 的风险矫正系数，即对资本市场系统风险变化的敏感程度；

R_m—资本市场的平均投资收益率。

有关参数说明如下：

（1）无风险投资收益率 R_t。无风险投资收益率是指在资本市场上可以获得的风险极低的投资机会的收益率。通常将各种类型的政府债券作为这种投资机会的典型代表，由此将政府债券的收益率看做无风险投资收益率 R_t。收益率与投资时间和期限密切相关，政府债券的利率也是随发行时的资本市场状况和期限的长短而变化的。为此，应在资本市场上选择与投资期限相近的政府债券收益率作为无风险利率 R_t。

（2）资本市场平均投资收益率 R_m。资本市场的充分竞争性和有效性以及投资者追求收益最大化的动机决定了资本市场具有一个均衡的投资收益率，但在实践上几乎无法计算出资本市场投资收益率的均衡点。因此，通常以股票价格指数替代均衡投资收益率作为 CAPM 模型的平均投资收益率 R_m。因为股票价格指数的收益率变动剧烈，在实际计算中采用一个较长的时间段（一般为 10 年）用其平均股票价格指数收益作为 R_m 的参考值。

（3）风险校正系数 β。风险校正系数的估计相当困难。通常的做法是根据资本市场同一行业内具有可比性公司的股票 β 值作为拟投资项目的风险校正系数。$(R_m - R_t)$被称为市场风险溢酬，而特定资产的风险溢酬为 $\beta(R_m - R_t)$。因此，资产的 β 系数反映了资产收益率相对市场变化的敏感程度。由于在有效组合的情况下，投资者只有市场整体变动的风险，因而 β 系数恰好能反映该资产的风险大小。β 系数越大，则对市场敏感度越高，因而风险就越大，反之，则越小。

由此可见，β 的大小表示收益的波动性的大小，从而说明特定资产风险的程度。当β系数大于1时，该资产风险大于市场平均风险；反之，当β系数小于1时，该资产风险小于市场平均风险；当β系数等于1时，该资产风险与市场平均风险相同。一般来说，若β大于1.5，则认为风险很高。

应当了解，β不是全部风险，而是与市场有关的这一部分风险。假定投资收益率与市场收益率存在着线性相关关系，则投资收益率灵敏度系数可以用回归方程表示为公式：

$R = \alpha + \beta R_m + \varepsilon$

式中：α—常数项；

ε—误差项；

β—可以由此根据最小二乘法进行估计。

（三）综合风险指数模型评估法

该方法来源于投资学中的“多因素模型”，又称指数模型，是建立在证券回报率对各种因素或指数变动的敏感度这一个假设之上的。作为一个回报率的生成过程，多因素模型试图提取那些系统地影响所有证券价格的主要经济因素，并将其量化，然后代入相应的数学模型实现数据化，据此来评估。风险评估的出发点应该是建立在多项目、多因素基础之上的综合评估，为此，可建立综合风险评估指数模型：

$$V(t) = \sum V_{it} = P_{1it} \times S_{1it} + P_{2it} \times S_{2it} + \cdots + P_{nit} \times S_{nit} + e_{it}$$

（i=0，1，…，n，假设各风险因素发生的概率P和敏感系数S是可知的。）

V(t)—t时间内的综合风险指数；

P_{nit}—t时间内第i个项目的第n个风险因素发生的概率；

S_{nit}—t时间内第i个项目的第n个风险因素的变化对预期收益率的敏感系数；

e—随机误差项；

i—风险投资公司投资的项目数；

t—代表时间。

应该说明的是，本模型加入时间因素t，正是考虑投资周期长，不确定因素较多，而且各因素在不同时点有不同表现，从而便于动态管理。

风险因素发生的概率P的测定有两种：一种是客观概率，是指根据大量历史的实际数据推算出来的概率；另一种是主观概率，是在没有大量实际资料的情况下，人们根据有限的资料和经验合理估计的。敏感系数 S 表示风险因素的变化程度引起的预期收益率的变化程度，P × S 就代表如果某一风险因素发生对预期收益率的影响程度；e 是随机误差项，主要起调整作用，避免数据失真与人为误差。

在这样一个动态的风险评估模型中，公司可以根据自身的风险承受能力、预期的回报率、外界环境变化等因素，综合判断目前及未来一段时间内的风险状况，从而制订统观全局的风险管理策略。

第三节　风险测度方法

投资风险的管理有别于传统商品的风险管理，投资保证风险的大小与金融市场投资标的的动态息息相关。如何用金融市场投资标的的动态来测度投资保证的成本，相对于传统保险而言，对保险公司精算人员是一大挑战。对于准备金的提取而言，传统寿险的责任准备金计算主要是以保险公司对将来给付保险金的精算现值减去将来可收取的纯保费的精算现值，然后按 RBC 公式计算风险基础资本，两者相加即为总资金要求。然而，变额年金的保证给付特性与传统保险的理念不同，概念上责任准备金的计算顺序与传统保险相反，先考虑总资金要求和责任准备金，再计算两者的差额即为风险基础资本，这样做的目的是保障投保人的权益及保险公司的经营安全。

市场风险（market risk）源自市场价格的波动性。现在，VaR 工具可对市场风险进行量化。

市场风险有两种形式：绝对风险（absolute risk）——用资金或相关货币衡量和相对风险（relative risk）——用相对的基准指数衡量。然而，绝对风险集中关注总体收益率的波动性，而相对风险则根据追踪误差（tracking error）或与基准指数的差异来衡量风险。

一、VaR 测度与 CVaR 测度

北美精算师协会建议在测量保险公司风险值时的风险衡量值为风险价

值度（value at risk，VaR）和条件尾端期望值 CVaR（conditional VaR）。

其中，CVaR 衡量值符合 Artzner 等在 1999 年定义的协同性（coherent），CVaR 是衡量尾部风险的方法，改善了 VaR 的缺点。

（一）VaR

VaR 即分位数风险测量，在给定某一置信水平、某特定时间内因市场不利变动而可能产生的最大损失金额。具体定义为：我们有 X% 的把握，在今后的 N 天内，损失不会大于 V。这里的变量 V 就是交易组合的 VaR，VaR 是两个变量的函数，时间展望期（N 天）及置信区间（X%）。这一变量对应于在今后的 N 天及在 X% 的把握之下，交易损失的最大值。VaR 等于交易组合在 N 天后，价值变化分布中的第 100 - X 个分位数（收益对应于正的价值变化，损失对应于负的价值变化）。若假设有一损失随机变量 X，则 α% 风险值以 VAR(α)表示，其可以由下列式子来求得：

$P(X \leqslant VAR(\alpha)) = \alpha\%$

例如，当 N = 5 及 X = 97 时，VaR 对应于交易组合在 5 天后价值变化分布中的第 3 个分位数。图 5 - 1 给出了当交易组合价值变化服从正态分布时的 VaR。

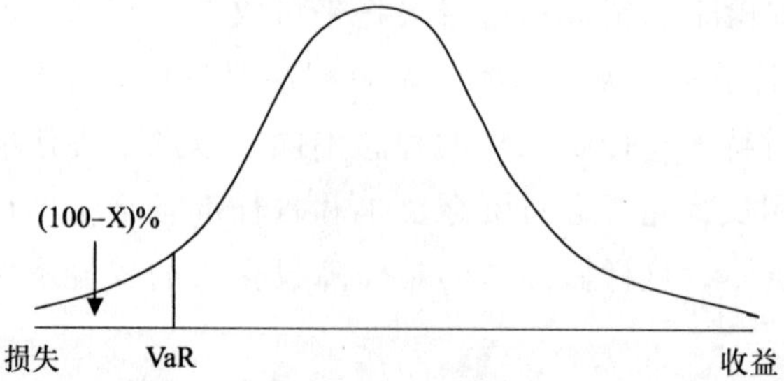

图 5 - 1　投资组合价值变化服从正态分布、有 X% 的把握时的 VaR

图 5 - 1 展示了交易组合的日收益分布，在图中损失被表达为负收益，就像以上说明的那样，VaR 对应于价值分布中的第 100 - X 个分位数。同样，我们也可以计算交易组合的日损失分布，在分布中收益被表达为负收益，这时 VaR 对应于分布的第 X 个分位数。

（二）CVaR

CVaR 与预期亏损（expected shortfall）

条件尾部期望值概念为在 α% 置值水平下，计算尾部损失的期望值，

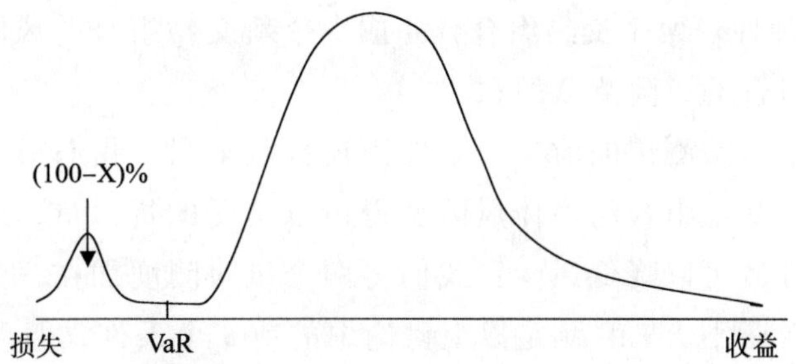

图 5-2 图 5-1 的一种变形

若损失随机变量为 X，条件尾部期望值 CVaR 定义如下：

$$CTE(\alpha) = E[X \mid X > VaR(\alpha)]$$

CVaR 是一种比 VaR 更能使交易员产生好的管理动机的风险测试。VaR 测度的目的是为了展示损失会达到什么程度，而 CVaR 是衡量损失的量化指标，即“当市场条件变糟而触发损失时，我们的损失的期望值为多大?”像 VaR 一样，CVaR 也是两个变量的函数：展望期的时间长度 N（单位：天）以及置信区间（X%），预期亏损是指在 N 天的损失走出了第 X 个分位数的条件下，损失的期望值。例如，当 X = 99，N = 10 时，预期亏损是指在今后 10 天的损失超出损失分布第 99 个分位数的条件之下，损失的期望值。

使用 CVaR 方法衡量的风险是在置信水平上所有可能损失的平均值，除在理论上符合同质性外，在同样置信水平上，CVaR 的值比 VaR 的值更为保守，即衡量值更大。

二、风险测度的性质

风险测度的性质有：

1. 单调性。如果在所有的不同情形下，第 1 个交易组合的回报均高于另一个交易组合，那么这里的第 1 个交易组合的风险测试一定要比另一个大。

2. 平移不变性。如果我们在交易组合中加入 K 数量的现金，交易组合所对应的风险测度要减少 K。

3. 同质性。假定一个交易组合内含资产品种不变，但内含资产的数量增至原数量的 N 倍，此时新交易组合的风险应是原风险的 N 倍。

4. 次可加性。两个交易组合合并成一个新交易组合的风险测试小于最初两个交易组合的风险测试的和。

以上关于风险测试的前3个条件比较直截了当，我们很容易将风险测度理解为使得交易组合的整体风险变得可以接受的货币量，第4个条件是在说明风险分散可以降低风险：我们将两个风险测度加在一起，新的测度应该不变或者减小。VaR满足以上讨论中的前3个条件，但VaR并不一定永远满足第4个条件，这一点将在以下实例中阐明。

【例5－1】 让我们考虑两笔期限均为一年，面值发起人为1000万美元的贷款，每笔贷款的违约率均为1.25%，当其中任何一笔贷款违约时，收回本金的数量不定，但我们知道回收率介于0～100%的可能性均等。当贷款没有违约时，贷款赢利均为20万美元。为了简化讨论，我们假设如果任意一笔贷款违约，那么另一笔贷款一定不会违约。

对于单笔贷款，一年展望期的99% VaR值为200万美元，这是因为单笔贷款违约率为1.25%，在违约发生的条件之下，有80%的可能违约损失会大于200万美元，因此，损失大于200万美元的无条件概率为1.25%×80%＝1%。

接下来考虑两笔贷款，每笔贷款的违约率均为1.25%，并且两笔贷款不可能同时违约，因此，任何两笔贷款之中有一笔贷款出现违约的概率为2.5%，对应这种情况，VaR的估计值为580万美元，这是因为在两笔贷款之中有一笔贷款违约的概率为2.5%，在违约发生的条件下，损失超过600万美元的可能性为40%。因此，损失大于600万美元的无条件概率为2.5%×40%＝1%。一笔贷款产生违约时，另外一笔贷款会有赢利20万美元，将这一赢利考虑在内，我们得出一年的99% VaR为580万美元。

将单独计算的每笔单一贷款所产生VaR进行相加，我们得出VaR的总和为200＋200＝400万美元，将两笔贷款组合在一起我们得出VaR比单项VaR的总和要大180万美元，我们都知道将多笔贷款合成一个交易组合会带来风险分散的效应。但我们看到，两个交易组合合并之后的VaR可能会大于两个单项交易组合的VaR的和。

如果一个风险测度满足以上所有4个条件，这样的测度被称为满足一致性条件。例5－1说明，VaR不满足一致性条件。我们可以证明以上讨论的预期亏损测度满足一致性条件，以上例子展示了计算例5－1中预期亏损的计算过程。

【例 5 - 2】 让我们考虑例 5 - 1 中的情形，我们已经展示了单笔贷款所对应的 VaR 为 200 万美元，将展望期设为一年，在 99% 的把握之下所对应的预期亏损等于在损失大于 200 万美元的条件之下损失的期望值。我们已知损失服从 0 ~ 100 万美元的均匀分布，因此，预期亏损为 200 万 ~ 1000 万美元之间的中间值，即 600 万美元。

例 5 - 1 说明，两笔贷款组成的贷款组合的 VaR 为 580 万美元，贷款组合的预期亏损等于在损失大于 580 万美元的条件之下损失的期望值。当一笔贷款违约时，另一笔贷款不可能违约（这一点是由于假设），这时，贷款组合的价值介于 20 万美元的赢利（ +20）及 980 万美元的损失（ -980）之间的均匀分布，损失介于 580 万 ~ 980 万美元之间的期望值为 780 万美元。因此，贷款组合的预期亏损为 780 万美元。

因为 6 + 6 > 7.8，我们得出预期亏损满足次可加性条件。

一个风险测度可以被理解为损失分布的分位数的某种加权平均。VaR 对于第 X 个分位数设定了 100% 的权重，而对于其他分位数设定了 0 权重，预期亏损对于高于 X% 的分位数的所有分位数设定了相同比重，而对于低于 X% 的分位数的所有分位数设定了 0 比重。我们可以对分布中的其他分位数设定不同的比重，并以此定义出所谓的光谱型风险测度（spectral risk measure）。当光谱型风险测度对于第 q 个分位数的权重为 q 的非递减函数时，这一光谱型风险测度一定满足一致性条件（这种测度满足次可以加性条件）。预期亏损满足以上要求，但 VaR 并不满足以上要求，因为 VaR 对于高于 X% 的分位数所设定的权重小于第 X 个分位数所对应的权重。研究人员突出了其他风险测度，在这些测度中，第 q 个分位数的权重随着 q 的改变而有较大的变化。其中一种想法是使第 q 个分位数所对应的权重与 $e^{-(1-q)/r}$ 成比例，这里的 r 为常数，这种权重设定对应的测度被称为指数光谱测度（exponential spectral risk measure）。

第六章

变额年金的风险管理

第一节　变额年金风险管理策略的概述

一、常用风险管理策略概述

目前国际保险市场，保险公司在向市场推出产品时，产品开发和定价都关注公司的风险管理框架，并将之视为不可或缺的因素。多数风险管理方法最终会将一部分风险转移到资本市场。

对冲有多种目的，通常是基于公司整体风险管理目标在经济风险、财务风险和资本要求之间达到良好的平衡。实务中，这是令公司很不舒服的假设。此外，因为保险保障的非流动性和长期性，完全的市场一致性可能不适合保险责任。

由于通常没有合适的资本市场工具，对冲精算（如投保人行为、死亡率、长寿）风险，保守的产品定价和进行风险监测至关重要。另外，风险管理策略应该根据实际情况的变化作适当调整，尽量使将来的对冲免受过去经验偏差的影响。

二、五种风险管理策略简介

下面列举了五种常用的风险管理策略，这些策略作为变额年金的风险管理手段在美国等发达保险市场运用过。

（一）无风险管理

这种由资本承担最终风险的方法，在保证最小死亡给付（GMDB）的早期处于统治地位。该策略背后的基本原理，是基于高水平的股票增长假设和与之相对应的高保证费用。在2009年年初，仍然有部分销售变额年金的保险公司，用股东资本去满足监管者对于持久市场衰退的较为严厉的监管要求。在这种方法存在的一个问题，就是保险公司可能低估市场衰退情况，从而造成风险低估。

（二）静态对冲

静态对冲是基于预期的保单持有人行为和续保假设，试图在未来的某个时间点复制未来责任的现金流。这种方法通常要购买一系列有不同到期日和敲定价格的普通期权。基于保险公司产品定价假设的交易成本也必须被考虑。静态对冲策略难以适应精算假设和经验差异。

（三）半静态对冲

由于静态对冲的复杂性，其中包括组合式期权的交易成本，基础静态对冲通常在实践中很少应用。半静态对冲是静态对冲的一种变化形式。在这种方法下，公司使用半静态对冲策略，通过对套期保值的定期的动态调整达到一种完美的静态对冲状态，并且允许经验偏差的存在。当新业务加入资产组合中时，对冲需要调整。

（四）动态对冲

动态对冲是一种常用的管理资产组合的方法。动态对冲通过动态地对希腊字母（即一阶导数或二阶导数）进行匹配来复制自身的负债。动态对冲能使资产组合的净头寸免受资本市场较小波动的影响。随着市场波动而不断对对冲组合进行平衡调整，以确保未来的对冲组合能很好地对冲经过长期积累的市场波动的风险。动态对冲所覆盖的风险量取决于该策略的精细程度。与静态和半静态对冲策略不同，这种方法虽然更复杂，但它有更高的灵活性和可能的较低费用。

作为当前的发展趋势，动态对冲使用常见的流动性工具，如使用主要在交易所交易的工具来减少交易费用，对冲内嵌期权责任。动态对冲的本质性要求连续的对冲头寸以反映保单持有人经验数据和市场条件的不断变化。随着行业的不断成熟，动态对冲已成为行业常用工具。尽管动态对冲策略不能带来完全的资本释放，监管机构和评级机构也认可动态对冲作为风险规避的工具。

（五）再保险

再保险是能够使变额年金承保人规避资本市场和精算假设风险的策略。基差风险既反映对冲工具跟踪潜在风险责任的能力，也能通过再保险来规避。但是，再保险也有不足之处，再保险合同规定保障范围，再保险费未必能满足各种保险合同的需要。

在2000年之前，再保险是一种被变额年金承保人广为接受的风险管理策略。然而直到2008年，再保险才重新在市场兴盛起来。由于再保险人能自由进出这个权益类年金产品再保市场，所以，再保险也不能作为一种完全的或永久的风险管理策略，还必须有其他策略相配合使用。

第二节　运用产品开发进行风险管理

产品开发是指设计、实现和推出新产品的过程。寿险公司险种开发必须综合和体现众多相关因素。险种开发是实现公司目标的重要步骤，开发的险种必须能体现出公司的特点、企业文化及长期的战略规划。公司的目标必须是建立在其对市场需求深入了解的基础上，而且寿险产品的开发、设计要满足营销人员、公司股东和社会大众的需要。在本节中，将重点介绍寿险公司变额年金产品的开发过程，尤其是从保险公司和客户的角度出发，产品设计是如何被用来有效管理风险的。

产品设计是对变额年金进行风险管理最重要的一个环节。有保证的产品一旦售出就要承担保证责任。因而选择什么样的保证、保证的水平和产品的灵活性如何，不仅是风险管理面临的基本问题，也是客户和产品营销面临的基本问题。

任何一款产品设计的出发点都应该是使产品简明易懂：概念越简单则越容易理解，管理风险也变得更简单，同样的，向客户、销售人员及股东解释产品也变得更加容易。正如2008年到2009年的金融危机，产品的复杂性导致许多无法预料的后果发生。然而，仍有许多因素在阻碍着这一目标的实现：日益激烈的竞争需要更加先进和复杂的产品；销售人员和客户可能偏爱多种功能的产品；财务及产品的专业人士希望把产品设计得更加复杂。

一、风险容量

变额年金产品设计的目的应该是尽可能地克服这些限制以达到保险公司和客户之间的最佳平衡。众所周知，无风险无保险；但是，风险过大可能导致保险人在较长时期之后，无法履行其对客户的义务。此外，对这类型的产品而言，大多数风险是和金融市场相关联的，所以，系统性风险将会对所有的保单产生影响；传统的运用汇集大量同质保单以分散风险的保险原理管理这类型产品风险则效果不佳。

因此，产品应设计为将风险从客户向保险人转移，而保险人通过对冲将其中的大多数风险转给资本市场，对于剩余的风险则在保险人有限的价值、资本及收入范围内能被很好地管理。这一“风险容量”的概念应该作为产品设计的核心。满足风险容量限制对于变额年金来说，和满足基本情景假设的要求一样重要。

价值、资本及收入的定义，在不同的国家和不同的保险人中有显著的不同，并且随着 IFRS（国际财务报告准则）的变化而变化。风险容量的框架很重要，也比较复杂。因而，在产品设计中，必须依靠风险管理中的其他因素。

二、风险驱动因素

即使不用复杂的模型，我们也能得出一些关于不同产品设计风险的重要结论。下面的功能都会导致更高的保证成本和对冲之后更高的剩余风险：

- 更高的保证；
- 更频繁的对冲组合调整；
- 权益类和其他风险资产的比重增加；
- 更多的客户选择权：额外保费、延期选择权、账户转换等；
- 期缴保费；
- 上面各种风险的综合。

对于上述情况，我们必须认识到，仅相应地增加保证费用并不能充分管理压力情景下的尾部风险。我们必须采取其他的风险管理措施，包括如下措施：

- 合适的对冲策略（包括再保险）；
- 与客户共担风险，如对特定行为进行惩罚、在特定情况下有权对有效保单进行重新定价或改变保证；
- 在保单的设计中，对客户选择权进行更为严格的限制；
- 留有额外的资本以应对不利情形下的损失。

保险人应该保持谨慎，不能将无法量化的风险暴露写入保单中。对于任何一种新的产品功能，即使是市场中的其他竞争者已经提供，也必须经过保险人自身完全理解、测量后才能将其提供给投保人。以往的经验显示，一些基于历史经验而看似便宜的功能，可能会随着客户对产品更加了解和市场条件变化后而变得异常昂贵。

通常随着时间的过去，保险公司会增加一些产品功能以满足客户要求，提高自身在市场竞争中的地位。尽管从每一个增加的功能来说，不会产生严重的风险暴露，但在所有的产品设计中均增加相应功能，则随着时间的推移可能会引发无法管理的风险。

三、产品设计探讨

为了阐释前面介绍的相关概念，下面我们将通过对实例的讨论来介绍如何运用产品设计来加强风险管理。

（一）延期选择权

考虑趸缴保费的变额年金（GWBL）。这些产品都是保证退休后收入的标准结构设计，在第一次给付前有一个延迟期，在此期间，客户因每一年的等待时间而获得推迟红利。客户往往对这个延迟期限的长度具有选择权。

让我们从定价和对冲的角度考虑这个期权的风险：

- 定价。其目的是设定一个价格，能够涵盖压力情形下的保证成本。当产品含有内在激励机制，即在不利的市场情形下保单持有人会以某种方式作出反应（如立即给付或者在10年的延迟期后全部取出）。然而，有时并没有唯一的最优选择点，此时为了对风险进行准确定价，必须评估整个延迟期内的所有最优行为，就像是给美式期权定价一样。这就会导致定价会比基本假设的预期行为下的价格更高。从客户的角度考虑，这可能导致价格远高于他们所愿意支付的水平。

- 套期保值。即使期权是完全定价的，未对冲的风险导致收入倒挂的可能性仍然存在。在定价中，我们虽能采取谨慎的态度，但客户若是选择次优行为则我们在最优行为假设下进行的对冲就会产生一定的波动。

为了更好地管理期权的风险，我们可以考虑以下的方案设计：

- 固定延期期限。这可以在保单开始时设定，并考虑客户的期望退休年龄。如果客户在不同的日期需要收入，则可以根据需要按一定比例获取资金。这样的设计能够降低产品价格。
- 灵活的延期期限，并有一个最优点。那么，定价和套保则可在如下假设下进行：客户选择一个最优的时点给付，并保留客户按其意愿选择另一时间的灵活性。

（二）账户和费用结构

许多销售人员和客户喜欢在保单中能够选择不同的账户。这一趋势导致变额年金普遍提供由各种积极管理型账户构成的开放式结构的账户。

从风险管理的角度看这种设计有许多不利之处：

- 难以对冲的账户（如特定行业、企业债券、房地产基金）和容易对冲的账户（指数跟踪型，常作为衍生品合约的基础工具）之间在对保证的定价上变得没有区别；
- 更高的账户管理费用；
- 只能在达到次优的不同资产之间分散风险，会导致更高的保证成本，客户因而也要支付一个更高的费用。

另一方面，可能有许多客户并不使用或在意开放式结构的功能，尤其是在意这一功能是否比一般的账户结构更昂贵。话虽如此，账户收入是提供变额年金的保险人的利润的重要来源。

鉴于上述许多问题，我们现在提出一些潜在的设计方案，以更好地满足客户和保险公司的利益：

- 使用指数追踪型账户使得客户成本最小化并专注于有最佳价值保证的产品设计；
- 账户配置要最大限度的多样化，同时能够提供一些非指数型账户进而给予客户一些 α 值；

- 在客户选择账户上做适当引导，并对投资于任一账户的数额进行限制；
- 使消费者能选择上述任意组合的一个选择，但是，对基本的功能（如一些指数型账户）采用低的定价，对深化的功能（如难以用指数追踪的账户）采用更高的定价。

（三）佣金和费用水平

大多数情况是，变额年金主要靠销售人员的推销，而非投保人主动购买，而且变额年金是比较复杂的产品，它需要理财人员花较多的时间对客户进行介绍、解释。为了激励销售人员更多地销售该类型产品，佣金水平至关重要。以下是基于 2008—2009 年国际保险市场的数据：

- 在美国，大多数变额年金的销售的预付佣金率达到了 7%；
- 在其他市场如欧洲、日本，预付佣金率达到了 4% ~6% 的水平。

保险公司必须通过费用收入将佣金赚回来，所以，佣金越高，费用越高。但高费用率会导致变额年金吸引力下降，降低产品的竞争力。低佣金率虽然能吸引客户购买，但会导致销售额的减少和市场占有率的降低。

在 2008—2009 年金融危机期间，我们看到了国外保险公司在变额年金业务中，承受了巨大的损失，但客户获得优质的回报（由于保证）并且风险得到了分散。

展望未来，为了能使佣金率显著降低，需要将产品设计得更为简单，提供更有效的产品支持以减少销售人员解释产品的时间。从美国的经验看，2009 年一些公司在推新产品时降低了佣金和费用，而一些公司却维持佣金费用不变。所以，何种策略最有效，还需要经过时间的检验。

第三节 运用再保险进行风险管理

一个经验丰富的投资银行家曾说过："唯一完美的对冲就是让别人去承担风险。"不过在经历了 2007—2008 年的金融危机后，我们可以在后面加上"且如果交易对手的信用足以最终履行义务"。变额年金的承保公司，在一开始提供带有保证的产品时就已经具备到这一理念了。所以变额年金再保险的历史是与变额年金保障范围紧密联系在一起的。

一、变额年金再保险的历史

20 世纪 90 年代的早期，保证最小死亡给付保障对于保险公司来说是先进的，他们起初并不习惯为这些保障定价。再保险公司传统的切入点是通过收取再保险费并承担相应风险，给原保险人提供定价支持。然而，早期许多再保险公司的定价方法并不成熟。例如，再保险人对于 GMDB 保障产品的再保险费定价是对实际索赔费用支出进行补偿，却没意识到这并不能很好地反映未来的索赔费用的支出。

在早期，再保险人对变额年金产品提供较为丰厚的保障，通常按固定价格对新业务提供 2～3 年的保障。许多分出公司尚未意识到这一保障相当丰厚而没有选择购买再保险。与此同时，再保险人也没有为他们面对的金融市场风险做对冲，而是将风险直接暴露给市场。久而久之，GMDB 保障在激烈的市场竞争下已成为一种基本的保证，许多保险人开始考虑增加其他的附加保障来吸引客户。

在保费不变的基础上增加更多的附加保障，保险人通过这一方式使自己的产品变得更加有吸引力。尽管这些变化从公司自身的角度看还是适中的，因为市场中的竞争者也在做着同样的事，最终却在全行业导致了许多免费的附加保障。尽管如此，再保险人却认为无须担忧，他们认为从过去的经验来看索赔费用一直都较低。

当 1998 年美国股票市场崩盘时，这些原保险人和再保险人才意识到合理定价和做好对冲是非常重要的。随之而来，许多的再保险公司蒙受重大损失而退出了变额年金的再保险业务，变额年金的再保险市场迅速萎缩。我们可以从再保险公司的一些年报中看出，在 21 世纪开始后，尽管许多再保公司尽可能地对遗留下的 GMDB 风险进行对冲，仍然遭受了比较严重的损失。

另一方面，变额年金的承保人在经历了 1998 年和后来 2001—2002 年的市场冲击之后，保险人的风险意识开始增强并显著提高风险管理的能力。在过去的几年中，再保险人随着自身对变额年金再保险的风险管理能力的提高，他们重新进入了这个市场。再保险人开始对冲金融市场风险：

- 价格与投行的更加接近；
- 对于新产品的价格不再是维持数年不变；

- 有效综合业务再保险也变得很普遍了。

再保险人风险意识的增加对原保险市场产生影响，促使产品的风险管理效率的提高。尽管如此，仍有许多产品的风险管理措施不够，而且它们对保险市场会产生一定影响，因为这些产品影响着消费者的预期。幸运的是，这些产品由于在长期来看是不可持续的，因此只持续了一段时间。

由于2007—2008年的金融危机，变额年金产品的对冲费用显著提高，表现在再保险费的提高上。一方面，这显示出相比于前几年，有效业务在减少；另一方面，市场环境再一次突出了全面风险管理的重要性。这对许多保险公司，甚至是对一些拥有内部风险对冲项目的保险公司而言，意味着进行再保险的条件重新恢复了。

二、再保险的动因

许多变额年金的承保人在推出新产品时通常都会办理再保险，这是因为这些承保人缺少必需的专门技术，需要再保险人在其推出新产品时提供定价、产品设计和风险管理上的支持。就像其他业务一样，在进入市场初期往往依靠再保险人来克服新产品在设计和假设风险上的不确定性。

尽管变额年金承保人可以按计划进行风险管理，但是，在尚未有大量的有效业务时实施风险管理是低效率的。对于一家大公司而言，这会带来更大的挑战，因为它需要花一定的时间才能使业务达到必要的规模。在此期间，大的保险公司将暴露在相当大的金融风险中。在这种情况下，再保险被用作业务初期的过渡性措施。进一步说，更现实的问题是所要求的规模业务能否在计划的时间范围内达到。如若不能，再保险则将继续作为一种最优的风险管理策略。

当承保新业务时，变额年金承保人无法确认是否能达到足够的业务量来证明在建设风险管理系统上的投资是合理的。在这种情况下，再保险能用来测试和检验市场看临界规模是否能达到。事实上，即使保险人决定设立内部的风险管理系统，办理再保险仍是必要的。因为招募、训练专业技术人才和设立合适的系统需要花很多的时间，适当的再保险在建设期间将是一种非常有效的策略。

再保险能够缓解资本金压力，所以，就像其他传统产品一样，融资需求是办理再保险的另一动因。

对于已经有内部风险对冲的公司而言，办理再保险的动因与前述公司不同：风险分散化、管理或减轻对冲活动中的操作风险和克服内部系统中的缺陷。此外，开发新产品中，大公司也会遇到与新进入者一样的挑战。

目前，各保险公司在不断优化自身资本状况。除了对超过自身资本限制的业务办理再保险之外，他们还考虑：

- 通过再保险将业务转移到更有利的监管环境中；
- 确保再保险比起其他风险管理措施有更优的监管待遇。

跨国保险集团通过集团内部的再保险安排，对风险进行集中管理并从规模经济中获益或者趁机利用特定的监管待遇。而对于进行集中风险管理的国内再保险公司，他们考虑国外再保险的原因同单个变额年金承保人类似。

再保险一个新的动因是，公司希望借此来告诉投资者公司的运营状况。特别是那些在金融危机中损失比较严重的公司，可以办理再保险并向股东说明他们已经为变额年金业务办理了再保险，这样做可以增加公司在股东及市场中的信誉，让市场更多地去考量公司最近产品的风险状况而不是过多关注公司在之前金融危机中的严重损失。

三、条款概念

常见的再保险合同重点关注变额年金产品中的保证部分内容。再保险保额是指保证水平和实际账户价值间在赔付时的正的差额。在某些特定环境下，将账户转由再保险人管理可能对合约双方都有利，但这并不是条款的必需内容。

再保险费通常用账户价值的基点表示。当保证处于实值状态时，再保险费比较低；相反，当保证处于虚值时再保险费比较高。再保险人的收费结构是基于原保费是趸缴或保证期缴的设计，它们均能降低对保单持有人行为的敏感性。（例如，当变额年金的保证处于虚值时，高的退保率对总体利润的影响会降低，因为对应情形下的再保险费会比其他情况的低。）如果再保险费与客户费用要保持一致，则这一种设计是需要考虑的。

只要是变额年金合同中的附加保证完全转移给了再保险人，各国对再保险合同的处理都有明确规定。因此，再保险人需负责对合同保证的履行。只要再保险人能够履行其义务，分出公司也就能够对合同的保证进行支付。

这就是通常所提及的“再保险信用准备金”，即分出公司不必再为合同的保证提取准备金，但是，保险公司必须为交易对手风险（再保险人到期无法履行其义务）提取一定的准备金。

保险人自留一定风险。大多数情况下，分出公司指望将保证风险全部转移给再保险人。然而，再保险合约一般都会有一个风险转移的限制，分出公司自留一定风险使双方利益一致。例如，对于传统再保险安排，分出公司都会按一定的比例自留死亡率风险，否则分出公司就不会在核保核赔上花工夫。出于类似的考虑，不仅可以对保单持有人的行为风险按比例自留而且可以对内部管理的基金作同样的处理。如果原保险人能够很好地管控这些风险，那么他们就有内在激励去承担这些风险。更进一步说，再保险人和原保险人对风险的看法差别较大，而采用比较保守的定价并分享利益是不能产生竞争性定价的；从这个角度看，分出公司更有必要自留一定的风险。

免赔额与责任限额。保险公司有时为了寻求价格更加低廉的保障而引进一定的限制。免赔额一般指由保险人和被保险人事先约定，被保险人自行承担损失的一定比例、金额，这里是指保险人自行承担在规定限额的账户价值下降的责任。责任限额一般指保险人承担赔偿保险金责任的最高限额，这里指在一定范围内的总账户价值减少均由再保险人承担。在过去，总索赔限额通常会额外附加，因为市场风险的对冲策略尚未建立，他们有必要采取其他措施来控制风险暴露。

此外，国外的许多监管机构倾向于将再保险作为一种风险管理工具，因为这样更容易评估公司内部对冲项目的操作风险。再者，可以通过再保险建立一套行业标准，规范各公司的风险管理。

第四节　运用资本市场进行风险管理

一、资本市场策略概述

变额年金产品已成为资本市场和保险间的新的交叉产品，而2008年的国际金融危机给了人们许多关于这项新业务的启示：

- 就经济学的观点而言，变额年金本质上是一种奇异期权（复杂，路径依赖，基于多种资产）。其管理不仅需要精算技术，还得进入资本市场并有丰富的衍生品风险管理的经验。一些独立开发变额年金产品的承保人往往会忽视一些风险或对一些风险错误定价。由于市场的竞争压力，在一些国家，这些业务的可持续性受到了挑战。
- 变额年金的定价受监管资本和财务套利的驱动。例如，金融类期权是逐日盯市，而一些变额年金类期权是按模型定价。自然而然，变额年金的发行主要集中在从变额年金承保人的角度看最便宜的期权。
- 从商业的角度看，变额年金的销售与理财产品类似。在美国，通过第三方银行和独立理财顾问的销售量由 1998 年的 55% 提高到 2007 年的 68%。在日本和欧洲则主要通过商业银行和经纪人。由此可看出比起传统产品它具有更广的代理基础。

当卖出变额年金类产品之后，保险人可以利用资本市场或者再保险进行风险管理。表 6－1 提供了对各个策略的简要分析。

表 6－1　　不同的资本策略

策略	资本市场操作	优点	不足
风险自留	裸卖出看跌期权	资本密集型，尤其是在市场下行时	只有当保险人的资本充足并且成本低时可行
动态对冲	隐含参数和模型套利	可能最小化财务波动性和监管资本	保险人容易忽视一些风险（如基差风险）；操作频繁，对于中小公司来说并不经济
核心对冲	显式参数套利	最小化经济资本	自行决定对冲何种市场参数易导致财务波动
核心再保险	核心对冲加上再保险	对市场和保险风险进行选择性转移	最优化经济资本；能被中小保险公司采用
完全再保险	背靠背	只需考虑交易对手风险	缺乏足够的市场容量（由于大量传统再保公司退出）；价格昂贵

二、Delta 对冲，Vega 对冲，Core 对冲和内部对冲

（一）Delta 对冲和跟踪误差

1. Delta 对冲。在这里，我们先简要了解一下 delta 对冲的基本概念。

Delta（Δ），定义为该衍生证券的价格变化对其标的资产价格变化的比率。它是衍生证券价格与标的资产价格关系曲线的斜率。

我们来考虑一个基于某种股票的看涨期权。图 6－1 为看涨期权价格与股票价格之间的关系曲线。当股票价格对应于 A 点，期权价格对应于 B 点，该看涨期权的 Delta 为图中所示直线的斜率。近似为：

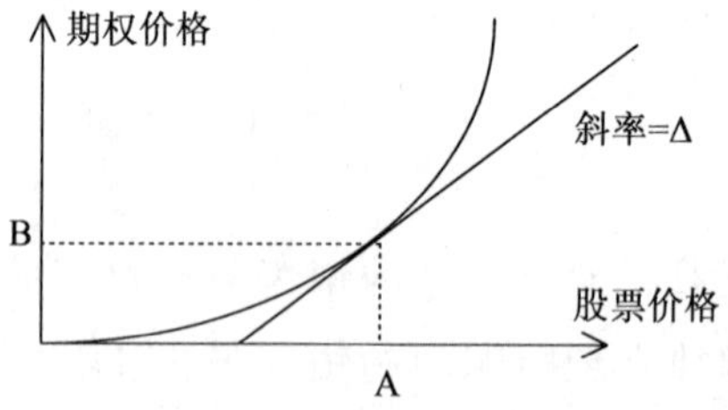

图 6－1　Delta 的计算

$$\Delta = \frac{\Delta c}{\Delta S}$$

其中：ΔS 为股票价格的微小变化，Δc 为相应的看涨期权价格的变化。

【例 6－1】 假设某看涨期权的 Delta 为 0.6，这意味着当股票价格变化一个小量 ΔS 时，该期权价格变化约 60% ΔS。假设该期权价格是 \$10，股票价格为 \$100。设想某个投资者已经出售了 20 份该股票看涨期权合约（即购买 2000 股股票的期权）。投资者可买入 0.6 × 2000 = 1200 股股票来对冲该头寸。在期权头寸上的盈利（亏损）就可以由股票头寸上的损失（盈利）所抵消。例如，如果股票价格上涨 \$1（持有股票就会增值 \$1200），期权的价格将上升 0.6 × \$1 = \$0.60（出售看涨期权的头寸将损失 \$1200）。如果股票价格下跌 \$1（持有股票就会损失 \$1200），期权的价格将下降 0.6 × \$1 = \$0.60（出售看涨期权的头寸将增值 \$1200）。

在本例中，该投资者的期权头寸的 Delta 值为 0.6 ×（－2000）＝－1200。换句话说，当股票价格上升 ΔS，该投资者在期权上就会损失 1200ΔS。根据定义，股票的 Delta 为 1.0，1200 股股票多头的 Delta 值为 +1200，因此，该投资者保值后总头寸（2000 股股票期权的空头，1200 股票多头）的 Delta 为 0。标的资产头寸的 Delta 抵消了期权头寸的 Delta。Delta 值为零的状态称为 Delta 中性（Delta neutral）。

投资者的保值头寸保持Delta对冲状态（或Delta中性状态）只能维持一个相当短暂的时间，认识到这一点很重要。这是因为随着股票价格的变化和时间的流逝，Delta值也在不断变化。事实上，进行这个套期保值操作后，需要定期地调整保值头寸，这种调整称为再均衡（rebalancing）。在本例中，第三天末股票价格也许增加到\$110。如图6-1所示，股票价格的上升导致了Delta的增加。假设Delta从0.60上升到0.65。这意味着如果仍要保持Delta对冲中性的话，就需额外再购入 $0.05\times2000=100$ 股股票。诸如这些包含频繁调整的对冲操作称之为动态对冲操作（dynamic hedging schemes）。

欧式看涨期权和看跌期权的Delta值

对于不付红利股票的欧式看涨期权，Delta值为：

$\Delta_c = N(d_1)$

其中 $d_1 = \frac{1}{\sigma\sqrt{T}}\left[\ln\left(\frac{S}{K}\right) + \left(r + \frac{1}{2}\sigma^2\right)T\right]$

如果对一个欧式看涨期权的空头进行Delta套期保值，在任何给定时刻，需同时持有N（d_1）个股票多头头寸。类似地，如果对一个欧式看涨期权的多头进行Delta套期保值，在任何给定时刻，需同时持有N（d_1）个股票空头头寸。对于不付红利股票的欧式看跌期权，Delta值为：

$\Delta_p = \Delta_c - 1$

即 $\Delta_p = N(d_1) - 1$

这个Delta为负值，这意味着看跌期权的多头应该利用标的股票的多头头寸来保值，看跌期权的空头应该利用标的股票的空头头寸来保值。股票看涨期权和看跌期权的Delta值与股票价格之间的变化关系曲线如图6-2所示。图6-3为实值期权、两平期权与虚值期权三种情况下，Delta值与到期时间之间关系曲线。

【例6-2】 假设标的资产价格 $S=18$，期权敲定价格 $K=15$，短期利率 $r=10\%$，到期日 $T=0.25$，波动率 $\sigma=15\%$。

$$d_1 = \frac{1}{0.15\ \sqrt{0.25}}\left[\ln\left(\frac{18}{15}\right) + \left(0.1 + \frac{1}{2}0.5^2\right)0.25\right] = 2.8017$$

因此，Delta为 $\Delta_c = N(2.8017) = 0.997$。

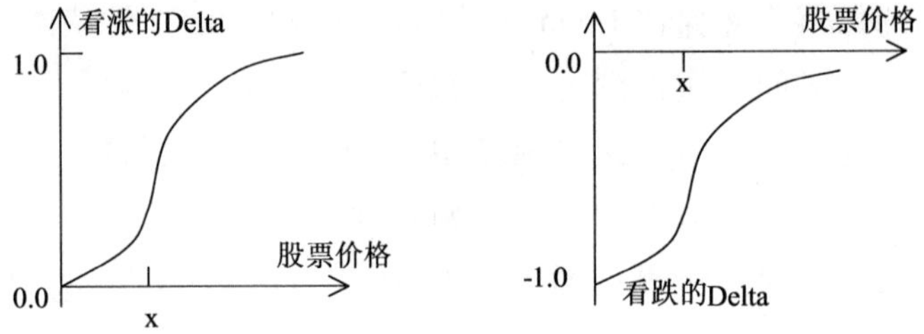

图 6－2 基于不付红利股票的看涨期权和看跌期权的 Delta 值与股票价格之间的变化关系图

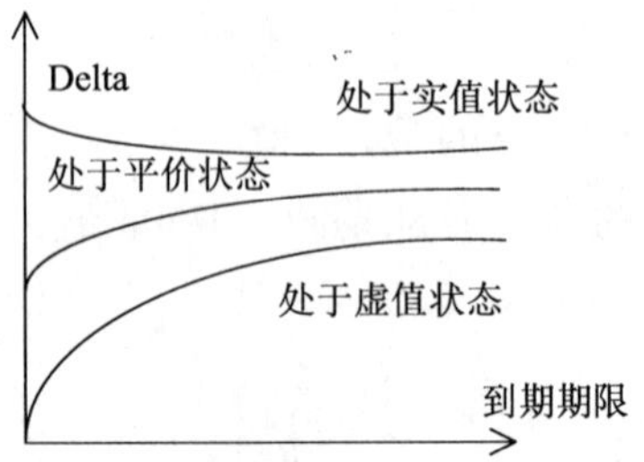

图 6－3 看涨期权的 Delta 与到期时间之间的变化关系图

这个 Delta 的数值意味着为对冲购买一个看涨期权的风险，要求出售 0.997 单位的标的资产。当标的资产价格上涨一个单位，从 18 升至 19 时，期权价格会从 3.3659 上涨到 4.3629（3.3659＋0.997）。当标的资产价格下降一个单位时，期权价格会从 3.3659 变至 2.3689（3.3659－0.997）。

对于看跌期权，$\Delta_p = 0.997 - 1 = -0.003$，对冲比为 0.003。当标的资产价格上涨一个单位时，卖出期权的价格从 0.0045 跌至 0.0015（0.0045－0.003）。当标的资产价格下降一个单位时，期权价格会从 0.0045 变至 0.0075（0.0045＋0.003）。

2. 跟踪误差。2008 年许多变额年金的承保人都因基差风险而受到不利影响。一般而言，对于基差风险并没有明确规定。基金都期望能围绕基准指数作均值回复。保险人假设的跟踪误差风险依赖于看跌期权的 delta 值和期望的退保率，而这两者随着时间都会变化。

下述简单例子能很好解释内部对冲对操作风险的缺乏远见和变额年金风险的不稳定性，这一不稳定性无法从精算模型中预测到。

我们不妨假设：在初期，公司的 GMxB 期权有一个 20% 的 Delta，并预期有 50% 的客户会退保并放弃行权。这意味着公司的名义基差风险为

10%（20%×50%）。然而这一结果并不稳定：例如，一年之后，公司的基金损失60%，那么结果就会很不同。期权的Delta则为80%，且客户退保的可能性会急剧减少，不妨设有90%的客户选择持有保单到期。那么基差风险就会达到72%（80%×90%），在一年之内增长7倍。

（二）Vega对冲

1. Vega对冲简介。在前面介绍Delta对冲时隐含这样一个前提：衍生证券的标的资产价格波动率为常数。实际上，标的资产的价格波动率随时间的变化而变化，它意味着衍生证券价值有可能随波动率的运动而变化，正如标的资产价格和时间发生变动时，衍生证券的价值有可能变化一样。

一个有价证券组合的Vega（V），定义为有价证券组合的价值变化与标的资产波动率变化的比率。如果Vega的绝对值很大，证券组合的价值对于波动率的小变化就很敏感；反之，如果Vega的绝对值很小，波动率的变化就不怎么影响证券组合的价值。

标的资产的头寸或某个期货合约头寸的Vega值为零，增加可交易期权的头寸可改变组合证券的Vega值。如果V是证券组合的Vega值，V_T是可交易期权的Vega值，数量为$-V/V_T$的可交易期权头寸将使原证券组合达到暂时的Vega中性状态。不幸的是，一种Gamma中性的证券组合一般来说并不是Vega中性的，反之亦然。因此，若套期保值者要使证券组合同时达到Gamma中性和Vega中性状态，至少要使用两种基于该标的资产的可交易衍生证券。

【例6-3】 考虑某个处于Delta中性状态的有价证券组合，Gamma值为-5000，Vega值为-8000。假设某个可交易期权的Gamma值为0.5，Vega值为2.0，Delta值为0.6。如果购买4000个可交易期权的多头头寸，则可使该组合达到Vega中性状态，但同时将使Delta值增加到2400，这要求出售2400个标的资产以维持Delta中性状态。该证券组合的Gamma值将从-5000变为-3000。

为了使得该组合处于Gamma中性和Vega中性状态，我们假设存在第二种可交易期权，Gamma值为0.8，Vega值为1.2，Delta值为0.5。如果w_1，w_2分别为证券组合中这两种可交易期权的数量，我们要求：

$$-5000+0.5w_1+0.8w_2=0$$

$$-8000+2.0w_1+1.2w_2=0$$

这个方程组的解为 $w_1=400$，$w_2=6000$。因此，加入 400 份第一种可交易期权和 6000 份第二种可交易期权将使得该组合处于 Gamma 中性和 Vega 中性状态。加入以上两种可交易期权头寸后，此时 Delta 值为 $400\times0.6+6000\times0.5=3240$。所以，仍需卖出 3240 份标的资产以保持 Delta 中性状态。

2. 变额年金的 Vega 对冲分析。与基差风险不同，尽管隐含波动率并不贵，但是，许多公司并不决定对波动率风险进行对冲。事实上，在 2007 年以前，由于在资本市场有充足的流动性，隐含波动率都比实际波动率低得多，隐含波动率都被认为是相当“便宜”的。然而，2007 年它开始上升，2008 年秋季达到尖顶，与此同时，资本市场开始下跌。那些仅仅做了 Delta 对冲的保险公司受到了两方面的打击：一是面对更高的实际波动率；二是更高的隐含波动率的影响，即对它们内含价值的影响。

对于保险公司而言，作出不进行 Vega 风险的对冲决定本身并没有错。但是，这一决定要与这些内容分开：GMxB 的定价和投资所需提供的相关资本。如果处理不好，内部对冲就会变得短视且导致在一些年之后带来比较大的风险。所以，忽视某些特定金融（在宽松的监管环境下）并不能作为风险管理中的一种简便方法。

综上可知，内部对冲后仍有潜在风险。另一个极端是，将风险完全转移给再保险人的措施看似最安全（只需考虑交易对手的违约风险），但也异常昂贵。

（三）核心对冲

核心对冲（有时被称作现金流对冲或半静态对冲）是指强有力地对冲长期现金流风险。例如，在法国的一家处于市场领导地位的公司于 2004 年开始用一系列混合期权对冲 GMDB 保证，该对冲组合不是单独对冲 Delta、Rho 和 Vega 风险，而是建立一个稳定的对冲组合，一年内只需进行几次重新平衡调整。

实施核心对冲并不意味着将金融风险全部转移给交易对手，通常是保险公司自留长期波动率风险和对冲由于使用潜在的波动率而引致的现金流风险。因此，期权费能够在签约之后依据实际波动率进行调整。另一种方法是，实施一项名义上的可变对冲，这样如果实际波动率比预想的高，保险公司将可以预先知道额外的花费。

核心对冲与内部对冲相比较，主要有三点不同：

- 每日追踪的操作外包给了银行，公司能从规模经济和低交易费用中受益。
- 保险公司能将注意力重点放在长期风险管理中，而这个是其核心技术。
- 保险公司能够明确地考虑所需自留的风险（如波动率风险、基差风险和精算风险）。

核心对冲的内涵很广，包括从微对冲（即关于一篮子指数的混合期权组合）到参数对冲（即为了最小化剩余风险而进行的避险交易）。

（四）核心再保险

核心再保险比核心对冲更进一步，它包含再保险和业务方式设计的特点，处于内部对冲到完全再保险之间，对风险进行选择性转移。选择核心再保险的主要考虑是：

- 会计报表处理：例如，在美国和加拿大 GMDB 和 GMIB 保证并不像其他用来对冲资本市场风险的资产，它不是逐日盯市的，这样核心再保险能得到更优惠的会计处理待遇。
- 监管资本：在许多国家监管规定中，利用资本市场工具进行对冲项目并不能得到完全的资本释放，而相比之下，再保险则能提供更好的资本释放。
- 转移精算风险：失效，死亡率，长寿风险。

2005 年，美国的大都会人寿保险公司率先使用核心再保险，且结果证明这对于综合责任限额超过 100 万美元的业务来说是相当有效的风险管理策略。此外，这一措施在日本市场也是很显著的。

三、精算假设风险：非传统风险转移

非传统风险转移（alternative risk transfer，ART），又称新型风险转移，通常被用来考虑非寿险风险如巨灾风险等传统风险管理产品不愿或者无法提供保障的风险。当前，面向人寿保险的 ART 市场仍处在初级阶段，面对不断增长的寿险公司对资本的需求，预计在未来的十年这一市场将会显著发展。

（一）死亡率和长寿风险

死亡率风险的对冲手段被瑞士再保险公司通过由死亡率巨灾风险证券

进行对冲而率先使用，这些证券的目的是释放与一些名义统计变量相关的尾部风险。

长寿风险在很长的期间内将包含巨大的系统风险。2005 年，法国巴黎银行试图设计一种由欧洲投资银行（EIB）承销，百慕大博纳再保险有限责任公司（PartnerRe）进行再保的长寿证券。该证券基于一些参数数据并且期限被限制在 25 年。不过，这个证券并没有发行，因为投资者并不愿意对冲他们的长寿风险。2008 年，摩根大通公司对长寿交换开放市场。然而，大多数包含长寿风险的交易仍旧是以再保险或养老金赎买的形式进行。

展望未来，我们预期资本市场在管理长寿风险的过程中将起越来越重要的作用。在 21 世纪第一个十年间，世界主要货币都面临着通胀，资本市场激烈活动正是在通胀的温床中酝酿着。对于长寿证券而言，其公共部门或者养老金系统会成为发展的推动因素。

（二）投保人行为风险：失效和转换

在传统寿险中，退保风险通过有效业务价值证券化的方式开始被证券化了，按此发展，精算风险转移会变得越来越重要。

此外，在美国，基于住房抵押证券（RMBSs）非传统风险转移市场的表现良好，虽然在 2008 年的次贷危机中，这个市场急剧萎缩，但仍然为转移投保人行为风险提供了很好的借鉴。首先，这种证券的预付风险（由于抵押贷款利率的上升或下降而导致预付额不确定所带来的风险）的原理和寿险保单的失效风险类似，所以，寿险公司能借鉴在 ART 市场中类似的技术。其次，次贷危机之后，这个市场的流动性几近干涸，对于资本的渴求，投保人行为风险的转移会大受欢迎。

（三）保险的二级市场：机遇与挑战

资本市场在保险资本中起到越来越重要的作用。2004 年在英国和美国，寿险合同的二级市场已经开始形成，既有个人投资者也有机构投资者。现在，这个市场开始向以牺牲保险公司利益为代价向保单持有人发展。因为变额年金市场处于初级阶段，与之对应的二级市场只有当更加成熟的投资者进入市场和保单持有人及代理人对保单保证有更深的了解后才会慢慢形成。然而，这个市场是以原变额年金承保人的利益为代价的。

随着寿险保单的二级市场不断发展，变额年金产品会变得越来越像纯的金融创新产品。为了这一潜在机遇与挑战，保险人有必要加入变额年金产品的定价和设计中去。

第五节　我国变额年金产品风险管理措施的探讨

一、我国变额年金试点可能的路径

变额年金产品形态较为复杂，与资本市场的关联度较高，且保险公司承担了较大部分的投资风险，一旦经营不慎，可能出现巨额亏损，甚至可能危及公司的偿付能力。通过对国际变额年金发展历程的深入研究并广泛吸取金融危机中的经验与教训，我们拟从以下方面规范保险公司行为，以控制风险：

（一）限制变额年金产品类型

本次试点的变额年金产品将基于“成熟一类，审批一类”的思路，先期只允许提供以下四类最低保证利益保证：最低身故利益保证、最低满期利益保证、最低年金给付保证、最低累积利益保证。

对风险控制技术上要求更高的产品类型（如最低退保价值保证等）暂不纳入试点范围。

（二）保险公司资质控制

在试点通知中，中国保监会拟要求试点公司具备下列条件：一是经营投连险满三年；二是最近1年内无受重大行政处罚的记录；三是上一年度末、提交申请前最近两个季度末偿付能力处于充足Ⅱ类；四是建立了支持变额年金保险管理模式的信息系统。

通过以上规定确保公司具备一定的投资型保险产品管理经验，无重大销售误导等前科，以及具备充足的偿付能力缓冲。

（三）产品销售区域限制

本次试点，采取区域限制方式。综合保险消费者成熟度、经济发展情况、过往市场规范、保监会与省市政府合作协议等多方面情况综合考虑，初步拟定的试点区域限于北京、上海、广州、深圳、厦门五市。

（四）产品销售总量限制

在限制销售区域的基础上，同时进行销售总量控制，并直接与偿付能力下的实际资本挂钩，以确保风险处于公司的可控范围内。

试点通知中要求，保险公司应申请变额年金试点的销售额度，试点额度不得超过最近季度末偿付能力下实际资本的 4 倍与 80 亿元的小者。例如，一家中型合资公司在 2010 年第一季度末的偿付能力下实际资本为 2 亿元人民币，则其所报批的变额年金销售总量将限制在 8 亿元人民币以内。

（五）管理模式的限制

这是最关键的限制。变额年金的核心风险点在于提供最低保证利益，该风险由保险公司承担，为此中国保监会明确要求保险公司必须采取相应的管理模式，以控制风险顺利实现最低保证。中国保监会认可的管理模式有：内部组合对冲模式和固定乘数平衡模式。

二、内部组合对冲模式和固定乘数平衡模式

（一）内部合成对冲

变额年金产品为保户提供的最低保险利益保证，相当于保险公司卖给了客户一个欧式看跌期权（put option）。保险公司可以从外部，如投资银行、再保险公司等购买同样的期权来对冲风险，但存在交易对手风险，且成本可能较高，可行性低。

保险公司按照资产负债匹配管理的原则，通过内部模拟看跌期权的方式管理最低保险利益保证。以 Black - Scholes 期权定价模型为例，该模型是全球普遍使用的期权定价和风险管理工具。它不仅能够提供一个期权的定价方法，同时也提供了针对期权的风险管理策略，可以通过复制与期权利益相同的投资组合来对冲风险。

1. Black - Scholes 模型。

$$\text{OptionValue} = Ke^{-r(T-t)}\Phi(-d_2) - S_0\Phi(-d_1)$$

$$\text{delta} = \frac{\partial GC}{\partial S_t} = \Phi(-d_1)$$

$$\text{rho} = \frac{\partial GC}{\partial r_t} = K(T-t)e^{-r(T-t)}\Phi(-d_2)$$

$$d_1 = \frac{\ln\left(\frac{S_0}{K}\right) + \left(r + \frac{1}{2}\sigma^2\right)(T-t)}{\sigma\sqrt{T-t}} \qquad d_2 = d_1 - \sigma\sqrt{T-t}$$

其中，OptionValue 为看跌期权价值，Delta 为市场风险，Rho 为利率风

险，T - t 为期权有效期，K 为期权执行价格，S_0 为金融资产现价，r 为无风险利率，σ 为金融资产波动率，$\Phi(d_{1(2)})$ 为标准正态分布累计函数值。

2. Black - Scholes 运用于计算保证利益举例。假设保险公司发行一个 7 年期的变额年金产品，产品提供一个满期保证利益为投保人所交初始保费。当前无风险利率为 4%，变额年金投资账户的隐含波动率为 15%。若投保人投资 100 元，则相对应 Black - Scholes 期权定价公式中各参数值如下：

$T - t = 7$

$K = 100$

$S_0 = 100$

$r = 4\%$

$\sigma = 15\%$ （或 20%）

将各个参数代入 Black - Schole 期权定价公式可以得到，此满期保证利益的成本大约为保费的 7.88%，即 7.88 元。在不考虑其他因素影响的情况下，将该成本简单算术平均到 7 年内，则每年约为 1.13 元。

3. Black - Scholes 在风险管理上的运用。保险公司可以花费 Black - Scholes 计算出的价格从外部机构买入看跌期权，也可借鉴此模型采用内部组合复制期权的方式“内部生产”该期权。

第一步，保险公司需要设立一个无风险资产账户。该账户独立于投资账户，单独核算。设立此账户同时也起到了监管对冲是否有效执行的目的。

第二步，当客户购买了变额年金保险后，类似于投资连结保险，保险公司将扣除保障成本、初始费用等后的余额投入投资账户进行投资，即建立投资账户多头。

第三步，保险公司需要根据 Black - Scholes 等期权定价模型，计算当期市场风险（Delta）、利率风险（Rho）等风险，构建投资账户空头（内部卖出投资账户单位）与无风险资产账户多头（内部买入无风险资产）相结合的资产组合，模拟出保单约定的最低保险利益保证。

第四步，为适应现金流和风险的变化，保险公司需要动态调整投资账户多头、投资账户空头与无风险资产账户多头间的头寸，以反映期权价值的变化。

最终结果：满期时，如果投资账户价值高于本金，保证利益自然实现；当投资账户价值低于本金时，通过保险公司的内部合成对冲，对冲资产组合的价值可以弥补投资账户下跌的损失，达到满期保本的目的。同时，内部合成对冲所进行的投资账户的买入和卖出不会影响投资账户的正常运作和投资账户的价格。

4. 简单运用举例。期初客户购买100元的投资账户金额，根据计算结果，保险公司将卖出15.41元的投资账户金额，并买入17.91元的无风险资产的金额。此时，客户所实际持有的投资账户金额为84.59元，公司所持有的无风险资产的金额为17.91元，所复制期权的对冲资产组合价值为2.5元（-15.41+17.91）。保险公司仍旧承担客户100元的投资账户金额。之后每个对冲评估日都将评估当前风险头寸，并对对冲资产组合进行调整，满足对冲的需要。

通过这种方法，公司提供变额年金产品所承担的最主要的投资风险——市场风险和利率风险，都将能够进行很好的对冲。对冲资产组合的价值将会弥补投资市场因下跌所带来的不足。

5. 内部组合对冲的特点。一是可连续销售，与现有保险产品销售无区别；二是可连结多个投资账户，客户的选择权较大；三是不需设立单独的变额年金投资账户。

（二）固定乘数平衡

固定乘数平衡管理（Constant Proportion Portfolio Insurance）是由Black、Jones和Perold于1987年提出的一种动态投资组合管理模式。它以投资本金相当的无风险资产的价值为价值底线，并以风险资产一定时间内最大市场波动幅度为基础设置乘数杠杆，动态调整资金在风险资产和无风险资产的投资比例，在最大限度保护本金的前提下争取收益最大化。

1. 理论公式。固定乘数平衡管理的理论公式可表述为：

$A_t = D_t + E_t \qquad E_t = m(A_t - F_t), t = 0, 1, 2, 3\cdots$

其中，A_t 为t期的投资账户资产总值；D_t 为t期的无风险资产价值；E_t 为t期的风险资产价值；m为投资乘数，乘数愈大风险偏好程度愈高，且 $m > 1$，本管理模式中投资乘数一旦设定就保持不变；F_t 为t期的价值底线（Floor）。$(A_t - F_t)$ 即投资账户资产总值与价值底线差额，又称缓冲额度（Cushion）。

2. 运行机制。固定乘数平衡管理模式的运行机制主要分为如下四个步骤：

第一步，慎重选择投资乘数 m，主要假设是在一定时间内市场最大波动幅度不大于 1/m。

第二步，计算价值底线，对于最低满期利益保证而言，计算价值底线即计算相当于本金或最低保险保证利益的无风险资产在计算当日的现值。贴现率以无风险资产收益率为基础确定。对于最低累计利益保证而言，价值底线即等于最低保证利益。贴现率为零。

第三步，计算投资于风险资产的目标头寸，即计算缓冲额度的乘数倍，$E_t = m(A_t - F_t)$。

第四步，采用偏差容忍度法对资产配置进行动态调整。

3. 简单举例。

【例 6-4】 提供最低满期利益保证。

假设保险公司发行一个 10 年期的变额年金产品，产品提供最低满期保证利益为投保人所缴初始保费。当前无风险收益率为 3.5%，投资账户管理人选择投资乘数为 3，偏差容忍度为 10%。若投保人投资 100 元，则投资账户运行情况如下：

（1）期初配置。

在起始点，即 $t=0$

投资账户资产总值 $A_0 = 100$

价值底线 $F_0 = 100 \times (1.035)^\wedge(-10) = 70.89$

缓冲额度 $C_0 = 100 - 70.89 = 29.11$

风险资产目标头寸 $E_0 = 3 \times 29.11 = 87.33$

无风险资产头寸 $D_0 = 100 - 87.33 = 12.67$

（2）风险资产价值下跌。假定第一个投资日后（$t=1$），风险资产的投资亏损为 10%，无风险资产回报率为 $(1.035)^\wedge(1/356) - 1 = 0.0094\%$，即：

$E_1 = 87.32 \times (1 - 10\%) = 78.59$，

$D_1 = 12.68 \times (1 + 0.0094\%) = 12.68$，

$A_1 = 78.59 + 12.68 = 91.27$

计算 $t=1$ 日价值底线 $F_1 = 100 \times (1.035)^\wedge(-9.9973) = 70.90$

风险资产目标头寸 $E_1 = (91.27 - 70.90) \times 3 = 61.11$

计算偏差 $|61.11/78.59 - 1| = 22.24\%$，超过了偏差容忍度，需要将风

险资产实际头寸调整到目标头寸，即减少风险资产 17.48(78.59 - 61.11)。

调整后 $E_1' = 61.11$

$D_1' = 91.27 - 61.11 = 30.16$

(3) 风险资产价值上涨。假定第二个投资日后 ($t = 2$)，风险资产的投资增值为 5%，无风险资产回报率为 $(1.035)^\wedge(1/356) - 1 = 0.0094\%$，即：

$E_2 = 61.11 \times (1 + 5\%) = 64.16$

$D_2 = 30.16 \times (1 + 0.0094\%) = 30.16$

$A_2 = 64.16 + 30.16 = 94.32$

计算 $t = 2$ 日价值底线 $F_2 = 100 \times (1.035)^\wedge(-9.9945) = 70.91$

风险资产目标头寸 $E_2 = (94.32 - 70.91) \times 3 = 70.23$

计算偏差 $|70.23/64.16 - 1| = 9.46\%$，小于偏差容忍度，则不需要对风险资产实际头寸进行调整，即保持：

$E_2' = 64.16$

$D_2' = 30.16$

【例 6-5】 提供最低累计利益保证

假设保险公司发行一个最低累计利益保证的变额年金产品，产品提供的最低保证利益为不低于账户最高历史价格的 80%。投资账户管理人选择投资乘数为 4，偏差容忍度为 10%。若投保人投资 100 元，则投资账户运行情况如下：

(1) 期初配置。

在期初，即 $t = 0$

投资账户资产总值 $A_0 = 100$

历史最高价值 = 100

最低保证 = 100 × 80% = 80

价值底线 = 最低保证，$F_0 = 80$

风险资产目标头寸，$E_0 = 4 \times (100 - 80) = 80$

无风险资产头寸，$D_0 = 100 - 80 = 20$

(2) 风险资产价值下跌。假定第一个投资日后 ($t = 1$)，风险资产的投资亏损为 10%，为计算方便，假定无风险资产回报率为 0。

$E_1 = 80 \times (1 - 10\%) = 72$

$D_1 = 20$

$A_1 = 72 + 20 = 92$

T1 日

历史最高价值不变 = 100

最低保证不变 = 100 × 80% = 80

价值底线 = 最低保证，$F_1 = 80$

风险资产目标头寸 $E_1 = (92 - 80) \times 4 = 48$

计算偏差 $|48/72 - 1| = 33.3\%$，超过了偏差容忍度，需要将风险资产实际头寸调整到目标头寸，即减少风险资产 24(48 - 72)。

调整后 $E_1' = 48$

$D_1' = 92 - 48 = 44$

(3) 风险资产价值上涨。假定第二个投资日后（t = 2），风险资产的投资增值 3%，为计算方便，假定无风险资产回报率为 0，即：

$E_2 = 48 \times (1 + 3\%) = 49.44$，

$D_2 = 44$，

$A_2 = 49.44 + 44 = 93.44$

T2 日

历史最高价值不变 = 100

最低保证不变 = 100 × 80% = 80

价值底线 = 最低保证，$F_2 = 80$

风险资产目标头寸 $E_2 = (93.44 - 80) \times 4 = 53.76$

计算偏差 $|53.76/49.44 - 1| = 8.73\%$，小于偏差容忍度，则不需要对风险资产实际头寸进行调整，即保持：

$E_2' = 49.44$

$D_2' = 44$

4. 运用于保单的方式。由于变额年金产品的保证利益不同，存在如下两种运行架构。

(1) 最低满期利益保证、最低年金给付保证与批次销售方式。如果变额年金产品向投保人提供最低满期利益保证或最低年金给付保证，采用固定乘数平衡管理模式的，应采取批次销售方式。批次销售，是指在约定时段内进行集中销售。约定时段一般不超过 3 个月。保险公司在条款中约定销售期结束后的第一日为合同生效日，该期间承保的保单将在该合同生效日同时生效，并集中投资运作。

在投资账户管理方面，采用固定乘数平衡管理模式的，应设立单独变额年金投资账户，并明确划分为风险资产和无风险资产。

投资账户的初始单位价格设定为1元。投保人的个人账户以单位数的方式体现，个人账户价值等于单位数乘以单位价格。集中销售期间资金只投入银行活期存款、通知存款、货币市场基金等短期流动性好的金融工具。销售期间获得的投资收益按投保人的资金数量及缴费时间折算成份额于销售结束日分配到各投保人的个人账户。销售期间的退保视为承保前撤件或犹豫期撤件，退还投保人全部保费。销售结束后投资账户封闭，不再接受新投保资金。

对于不同批次销售的保单，需要设立不同的投资账户，且相互独立。

如果有投保人在满期前要求退保，则按退保生效的下一个交易日的单位价格计算出的个人账户价值退出投资账户，不享有保本的承诺。

投资期满后必须关闭变额年金投资账户，所有个人账户价值按当时公司的年金转换表转换成年金或满期金给付给客户。如果转换成年金，投资账户的资金进入传统账户，与其他传统产品资金统一运作。

（2）最低累积利益保证与连续销售方式。如果变额年金产品向投保人提供最低累积利益保证，采用固定乘数平衡管理模式的，可以采取和其他人身保险产品相同的连续销售方式。

最低累积利益保证是指存在某一约定比例，在变额年金产品累积期间内当前资产评估日，若投资单位价格低于历史最高单位价格的该比例，保单账户价值应以历史最高单位价格的该比例计算；若投资单位价格高于历史最高单位价格的该比例，保单账户价值应以单位价格计算。

投资账户的管理与投连账户完全相同，不需要封闭账户，可以随时接受资金进出。投资账户可以一直运行下去，直到最后一张保单满期或结束。

5. 固定乘数平衡管理的特点。第一，原理相对比较简单，不需要期权知识；第二，公司承担市场风险较小；第三，需要设立单独变额年金投资账户；第四，保证最低满期利益的，需采用批次销售方式，且对应每一批次销售设立不同的投资账户。

第七章

变额年金监管的国际经验

变额年金给保险业带来了新的挑战，新风险的出现要求更为精确的精算模型，也对保险公司的监管提出了更多要求。

监管机构已经意识到此类产品可能会给保单持有人的利益带来危害，因为保险公司并不能确保履行由变额年金产品产生的责任。监管机构必须确保保险公司有合适的风险管理策略，以足够的证券投资和管理水平来实现对保单持有人的承诺，在这些风险管理的方法中很重要的一点是提留充足的准备金。

准备金的计算方法因地域而不同，主要方法有：

- 公式法
- 因子法
- 随机法，如加拿大的 CALM 法和美国的 VACARVM 法

但保单的价值可能增长很快，因此只有准备金是不够的。产品设计问题，尤其是偿付能力的资产要求也同样重要。

在一些国家，对偿付能力的要求基于“条件尾部期望（CTE）”，也称为“期望短缺”，如加拿大的最小连续资本和盈余要求（MCCSR）、瑞士的偿付能力检测（SST）。但大多数国家对偿付能力的要求是基于风险价值（VaR），如欧盟。

另外，变额年金在一些国家属于新型险种，这些国家的法律架构对这类产品要么存在缺失，要么对出售此类产品的保险公司的限制过于繁重。例如，在欧洲的一些国家就存在这种情况。因此，在欧洲经济区（EEA）

设计变额年金的一种流行方法是利用服务自由权设计产品，所谓服务自由权是指在一个 EEA 国家设计的变额年金将同样可以在其他 EEA 国家出售。

第一节　变额年金监管的国际经验概述

一、变额年金监管的主要内容

变额年金具有长期性，涵盖了信托责任、投资风险和保证，还和其投资的产品具有交叉性和相关性，因此，变额年金的监管在发展和演变中起到了重要的作用。其实，人寿保险公司对变额年金的监管相比于其他产品的监管并没有什么不同，监管的主要内容有：

- 保险责任和产品特点要符合购买者的需要；
- 由于其长期性和复杂性，与投保人的沟通，特别是在推销保险时，要做到明确和适当；
- 必须兑现承诺并承担责任。

为了实现以上内容，监管者需要足够的信息以便能够准确评估保险公司的表现和保险合同的情况。这些监管内容按照实践的期限分类如下：

- 在该领域的公司和销售商的初始和后续的承受能力；
- 产品的审批，包括产品设计的最低标准、定价和与分布相关的补偿；
- 对必要的后续信息的要求，以便评估公司对信托责任和向客户所作承诺的执行能力。

监管规定在某些方面可能会因购买者是个人还是团体而有所不同。对于一般的个体购买者来说，更敏锐的洞察和合适的学习机会将对他们作出更好的决策大有帮助。

有些国家同时存在着多个监管机构。一类监管机构关注资本市场上股票的发行和交易，以保护投资者的利益；另一类关注于业务本身，包括经营该业务的权力和应当与公共利益一致的行为；还有一类关注消费者权益的保护，包括销售和定价（特别是面向出售给个人的产品）。而另一些国家由于变额年金的业务较少或产品和监管相对单一，几乎没有指导变额年金产品监管的法律法规。

有效的信托监管可以确保对保险和年金产品的财务状况进行正确的评估。欧洲偿付能力二号标准主要着眼于基于风险的资本要求，规定了监管的主要方面，该标准将从 2012 年 10 月起在欧盟和欧洲经济共同体内开始实施。目前，尚无应用于变额年金的特别法规，对其偿付能力主要从以下三个方面进行评估：

- 支柱 1：定量的要求。在对保险产品的责任和资本要求的决定方面，相关法律有明确规定。最小资本由一个特殊方法确定（最小资本要求）。定量的结果可来自一个反映了保险、合同双方和市场风险的标准化模型，即“偿付能力资本要求（SCR)”，也可以来自一个可靠的内部模型。目前已有一套严密的方法来检验内部模型的结果，该方法包括一个“使用检测”用以证明保险公司实际是否使用了该模型的结果来管理相关的业务。
- 支柱 2：监管监察。监管部门对公司策略、步骤和报告程序进行定性的检查和评估。由于并非所有风险都可以通过支柱 1 进行定量的评估，因此这一方面非常重要。
- 支柱 3：监管报告和公开披露。引入市场行为准则，将保险公司的风险和财务状况的信息透明化。

在一些国家，非保险类金融机构也可以出售变额年金产品（日本从 2002 年开始允许银行经营变额年金产品)。这就要求在传统保险监管框架之外的监管机构对这类产品的法规和管理具有相当程度的认知。一种解决办法就是逐渐整合金融服务业的监管，对营销、财务报告和偿付能力的评估采取合理充分的监管措施，可以提高监管的有效性，同时也降低了监管框架存在漏洞的可能性。

二、变额年金监管应当注意的问题

（一）产品设计问题

人们普遍关注的是变额年金产品本身的复杂性，往往忽略了其潜在的保证。这些保证包括保险公司必须按合同订立时与年金受领人或投保人约定的资产组合进行资产投资，以及保证指定资产带来的权益和投资回报的安全性。一般情况下，类似于共同基金，变额年金账户的投资选择范围很大，如成长型股票、房地产和货币市场基金，在很多情况下变额年金账户都会选择投资于保险公司设立的一般基金。

变额年金合同内在的信托责任是受法律和合同保护的，有时在法律或法规中也有明确规定。在一些国家，其指定的资产集合是“破产隔离的”，破产隔离是指一旦保险公司破产，变额年金保单持有人对其资产具有优先求偿权。在另外一些国家，保险公司对变额年金业务的资产所承担的责任与其他产品的责任相同，有些可由国家或行业的担保基金提供保证。

尽管如此，变额年金合同提供的保证还是会引起监管机构的更多注意，如最低死亡或生存利益。每一种保证利益都会涉及多种风险，这些风险和基础资产的市场表现密切相关。虽然合同保证的类型可能部分取决于监管要求，但更多的还是取决于市场目前的竞争类型和竞争水平，以及再保险和对冲等重要的缓冲技术。此外，变额年金保证的特点还和目标市场有关，例如，如果在大额的养老金计划中包含变额年金保证，将会使产品设计更加复杂，同时还会降低分销渠道的佣金和保证的价值。监管部门通常更加关注的是零售产品的类型，特别是向个人购买者出售的产品。合同规定和产品特点越复杂，监管规定也会相应变得更复杂。

（二）责任问题

目前不同的国家对产品责任的要求不同，但随着国际化的趋势，这些差别可能逐渐缩小。大多数情况下，责任与潜在的独立账户相关，其计算方法很简单，通常等于相关资产的市场价值。

如果适用的会计准则没有规定如何识别投资于独立账户的特定资产，问题就变得复杂了，如公司的自有股份和公司占用的财产在一些国家是不被认可的。资产的流动性越差，该资产及相关资产的价值就越难计算。解决这一问题的关键在于使责任与相关资产的价值相一致。估计的资金转移概率的可靠性只是理论性的，因此通常假设资金流的分布情况在未来是不变的。

目前已有数种方法应用于计量这些产品所涉及的保障的会计价值，基本上有三种方法来衡量这些产品的负债。

- 公式法，如美国使用的最大现值法（CARVM），其中涉及可能出现的结果的最坏情景，应用的公式是预期保险给付的现值减去未来保费的现值。

- 因子法，从诸多因子中选择一个因子计算一系列准备金，因子包括年龄、性别、投资类型和保证价值占投资账户的比例等。
- 情景法，是一种具有多重场景和相关概率的一套计算成本的方法。虽然场景和相应的概率通常是随机生成的，但在某些情况下，可以用这种方法推导确定性的衍生情景。

大多数现代系统使用情景法，下面用两个例子进行简要说明：

- 加拿大资产负债方法（CALM）。该方法要对适用的保证进行随机分析，在一般情况下，使用条件尾部期望（CTE）在60%～80%的概率水平系数。通常适用的模型基础是状态交换对数正态模型（两种状态）。稳定或不稳定的状态都可能在未来出现，这两种状态将以某一确定的概率分布在二者之间切换。在每一个状态中，股票价格（或其他有关资产类价格）假设随着时间的推移服从对数正态分布，根据需要的安全水平和标准指引，选择相应的概率水平。
- 2009年，美国的第43号精算指引（AG43），规定了变额年金负债要求的计算方法，即VACARVM。该方法在很大的程度上仿照了加拿大的做法。第43号精算指引规定的准备金责任是标准场景下的金额和条件尾部期望值的较大者，条件尾部期望值是在保险公司的历史经验和期望的基础上进行谨慎估计的随机情景预测的70%。

无论使用哪种方法都必须对重大风险进行披露。披露包括一份对保险人全部财务报表的适当性声明的独立审计和（或）关于责任准备金建立的充足性和适当性的精算舆论。披露可以是一份独立的声明，也可以是由公司提供的年金和其他保险合同的组合。

（三）偿付能力和资本问题

各国对其他年金和保险合同的资产要求存在一定的差异，变额年金资本要求的确定方法也因国家而异。但这些规定的目的都是除基本责任外，提供一个金融缓冲，以确保保险公司有足够的资金来履行其对所有保单持有人的义务。资本的大小通常基于整个公司的基础情况来确定，不同的产品、责任和资产要分别应用不同的因子。近来，随着潜在风险得到了更好的认定（有时是由于实际的不利发展的结果），所需要的公式也增加了其复杂性，要求资本的数量水平通常也都增加了。

有些国家要提供多层次的要求资本。最低的行动水平是资本低于监管机构接管承保人的业务，甚至清盘的数额。在较高的水平上，通常是继续经营所要求的最低水平的一个倍数，可以执行其他的监管行动，如暂停开展新业务或公司行动计划须经监管审查的“监管水平”。

从20世纪后期开始，出现了更为现代的资本公式：（1）最低持续资本及盈余要求（MCCSR），该公式从2002年在加拿大开始使用，要求对变额年金的最低保证有一个合适的偿付能力保障，该保障相当于风险的置信水平为95%的CTE；（2）美国的风险基础资本（RBC）；（3）偿付能力Ⅱ（将于2012年10月在欧盟提出）。对于变额年金，由于大部分的直接投资风险是由保单持有人承担的，因此，要求资本中不需要包含直接资产风险。然而，资本的最低水平主要涉及在变额年金合约中与各种保障和长期性风险相关的风险。即使投资回报的风险并不是由保险公司承担，保险公司的风险主要是投资和资产评估的直接表现。

偿付能力监管涉及一系列问题，主要包括产品费用充足性的考虑，选择和保证的正确估价，以及公司分销和提供这些产品的整体管理。在一定程度上，若保险人的责任并不完全由一个单独的账户（或类似的工具）匹配，保险公司还可提供变额年金独立账户以外的一般账户的投资。在这种情况下，资本要求要与这些基金的投资表现的所有保证相关联。

（四）对冲问题

许多公司已决定通过再保险或在资本市场购买金融对冲产品来对冲某些风险。关于再保险，监管机构可能会关注再保险公司，特别是公司财务状况或其他经营方面的受理情况。所有这些关注的问题和规则都类似于再保险公司及保险和其他年金的再保险的相应法规。关于对冲，关注的问题涉及收购的对冲有效性，包括因保留目的而采取的信贷和监管资本处理的可接受信贷。在这两种情况下，监管都必须涉及关于交易对手的信贷风险和对冲的适当规定。

（五）其他问题

许多变额年金产品的复杂性特点和由此产生的监管要求在不断强化，使其成为保险公司的重要职能。这在某些情况下导致了需要遵守的规定和行为将更加复杂，以及必须投入必要的资源以确保这些规则得以遵守。

第二节　美国变额年金的监管

一、美国变额年金的准备金监管规定（AG43）

第43号精算指引（简称AG43）是美国对变额年金进行监管的主要法规之一，于2009年12月31日生效。在此之前，美国变额年金的准备金监管主要依据第33号、34号和39号精算指引，第43号精算指引可以看成是第34号和39号指引的替代。

条件尾部期望和标准情景下的准备金是AG43规定的准备金计算方法的重要组成部分。条件尾部期望法采用的是随机方法，使用以70%分位点的条件尾部期望（CTE 70 metric），而标准情景法是在AG34规定的标准情景下，采用静态方法，计算出一个确定的最低限额。

AG43准备金，记作总准备金（Aggregate Reserve），等于标准情景数额加上条件尾部期望与标准情景数额之间的差额（如果该差额大于零）。首先简要介绍AG43和C3PII中涉及的一些重要名词：

1. 总财富比（Gross Wealth Ratio）。总财富比是指在一定的期间内，以百分比表示的累计收益（如1.0表示总财富保持初始水平不变）。

2. 变额年金的生存利益保证（VAGLB）。变额年金的生存利益保证是提供一个保证的利益给付。根据规定，一个或多个应付的或累积给生存的保单持有人或生存年金的保证权益的款项将增加合同的收益。该定义只包括有潜力提供收益的担保，其中合同生效日的现值应超过保证的合同价值。

3. 明确界定的套期保值策略。明确界定的套期保值策略是指公司通过预先买卖对冲工具和开闭对冲头寸来管理风险所采用的策略。明确界定的套期保值策略至少应当包括：被对冲的具体风险；对冲目标；没被对冲的风险（在对冲策略中预期死亡率、退保率等的变化）；用于对冲风险的金融工具；对冲交易规则，包括套期保值目标的允许公差；对冲有效性的度量；衡量效益的标准；测量对冲有效性的频率；不会发生对冲的情况；对实施套期保值策略负责的人员。

对冲策略可能是动态的、静态或两者兼而有之。值得注意的是目前有些策略并不属于明确界定的套期保值策略。例如，将变额年金的保证和其他产品（如股票指数年金）的风险相互对冲的策略就是一个例子。

4. 审慎的最佳估计。用于构建模型的确定性假设是精算师的审慎的最佳估计。这意味着精算师根据相关经验的可用性和可信度，将估计值设置在参数的真实概率的置信区间的保守一端。审慎的最佳估计的假设通常定义为给“最佳估计”假设应用一个估计误差的差额。当已知所有有效的和相关的信息时，“最佳估计”是精算师对一个风险因子未来表现的最合理的估计。由于假设是对未来的简单推测，因此，误差的差额将与潜在风险的不确定性直接相关。不确定性越大，差额也就越大。

5. 运营准备金（Working Reserve）。运营准备金概念的引入用来简化必要的推算。在整个推算过程中，运营准备金应等于预期的现金退保价值。对于一个没有现金退保价值的变额支付年金，运营准备金应等于未来收入减去资产费用的现值。对于有流动选择权的或提供可选利益设计的变额支付年金的合同（如联合的和最后的幸存者年金，期限确定的年金等），精算师应确定与上述要求相一致的运营准备金。例如，对于许多再保险合同和团体保险合同的运营准备金为零。接下来将分别介绍条件尾部期望和标准情景的主要计算方法和相关规定。

（一）条件尾部期望概述

条件尾部期望的计算是建立在大量经济情景基础上的随机模拟过程，从而验明模型的尾部风险。条件尾部期望的计算基于“最大累计缺口现值法”（Greatest Present Value of Accumulated Deficiencies，GPVAD）。该方法采用审慎估计的假设预测现金流，选择的情景要符合特定的校验要求，这些假设必须以文件形式说明并有可靠的经验分析。

在 GPVAD 方法给定的各个情景下，累计缺口金额等于预测的运营准备金（working reserve）减去自评估日开始计算的预测资产。预测期内任何时点的运营准备金是该时点的预计退保现金价值，需要注意的是进行预测时必须考虑到保险合同（包括保证利益条款）的所有特征，但是，不必考虑税收。由于所采用的情景假设不同，在特定预测年度末的累计缺口金额可能为正也可能为负，体现了在特定情境和特定时点下保险公司的累计损失或收益。

对于某个特定的情景，最大累计缺口现值是评估日的各个预测年度末累计缺口金额贴现的最大值，所使用的贴现率是正向现金流所使用的税前投资利息率。最大累计缺口现值计入初始资产账户，所谓初始资产账户是指预测期初始时刻的法定准备金的数额。为了确定保证公司偿付能力的最低资本水平，需要对每个预测年度的累计缺口都进行贴现分析。

用这一方法可以得到每个情景的最大累计缺口现值。对所有情景下的最大累计缺口现值按降序排序，取排名前30%的最大累计缺口现值计算其算术平均值，就是70%分位点的条件尾部期望（CTE 70 metric），计算时最大累计缺口现值不能为负，所有负值都当作零值处理，这样才能使得条件尾部期望只受到损失缺口的影响。

根据AG4的规定，计算条件尾部期望应当遵循以下的指导原则：

- 量化法定准备金的数额，使法定准备金满足保险公司需要承担的合同责任风险；
- 在股权投资回报率和利率情景分析时运用随机现金流模型，分析资产和责任产生的现金流；
- 总体上采用审慎的估计假设；
- 脱离实际的模型应当根据审慎的估计假设进行调整；
- 模型只是对现实情况的估计。在模型中使用的所有假设和风险管理策略都必须是合理的，而不是简单地出于降低准备金的数额这一目的。

计算条件尾部期望所采用的假设和计算方法是整个评估过程中最核心的环节。根据AG43的相关规定，我们作出以下解读：

1. 假设。

首先，假设必须建立在审慎估计的基础上。精算师应当综合考虑经验数据的关联性、有效性和可信性，在此基础上作出保守假设。采取审慎假设的一般做法是在期望经验假设（即对未来情况的合理估计）的基础上加上一个反映不确定性的边际。从直观上看，估计的未来不确定性的程度越高，需要附加的边际就应当越大。由于建立的假设是保守的，附加边际只能使准备金的数值增加。

其次，假设必须建立在整体的基础上。如果对一个模型中的每个假设都遵循保守审慎的原则，那么公司总体的风险预测就会扭曲失真。精算师应当保证各个假设在总体上能够反映不确定性的期望水平，符合上述指导原则的精神。

AG43 规定，条件尾部期望的假设主要由精算师来确定，但是，对于净收益分享收入（net revenue - sharing income）有一个特殊的限制。所谓净收益分享收入是指管理目标子账户的基金经理的收入扣除各种费用后应当返还保险公司的部分。精算师应当特别注意区分净收益分享收入总额当中哪些是受到合同保障的部分，哪些不在合同的保障范围内。进行评估时，精算师应在符合 AG43 相关规定的基础上，分析合同中生效的净收益分享收入条款，对这两部分收入作出划分。按照条件尾部期望的计算规定，受合同保障的收入全部计入条件尾部期望，但非合同保障部分的收入确认要受到一些限制。在加入附加边际之前，精算师要估计净收益分享收入的非合同保障部分，这部分收入乘上一个抵扣因子（haircut）之后才能计入条件尾部期望，对预测期内抵扣因子的规定如下：第一年抵扣因子为 1，第二年抵扣因子为 0.9，第三年抵扣因子为 0.8，第四年抵扣因子为 0.7，第五年抵扣因子为 0.6，第六年及以后各年度的抵扣因子为 0.5。

另外，第六年及以后各年，非合同保障的净收益分享收入的数额和抵扣因子的乘积不能超过每年独立账户资产价值（separate account assets）的 0.25% 这一上限。

最后，假设要建立在模拟保单持有人行为的基础上。保单持有人的行为可以用随机模型的公式进行模拟，这一假设对条件尾部期望产生显著影响。保单持有人行为模型通常假设随着保险保证价值不断提高，保单持有人更趋向于持有合同而非中止合同。假设的建立要以数据的关联性、有效性和可信性为基础，体现审慎精神。有些特定保证的经验数据非常有限。例如，含有等待期的最低年金给付保证（GMIB）或者最低退保利益保证（GMWB），在使用这些数据建立模型时必须特别注意数据的性质。AG43 规定，用于建立假设（不仅限于保单持有人行为假设）的所有经验数据都必须在辅助备忘录中列示。

2. 折现率。计算条件尾部期望所使用的折现率是保险公司正向现金流入的投资收益率，这一收益率必须反映期望信用损失（expected credit losses）并忽略税收调整的影响。折现率可以选择下列三种利率的任意一种作为基础：

- 评估日的远期利率，它隐含在收益率曲线中，是三个月 Libor 贷款人的投资收益率。美联储按期公布这些数据。[①]

- 来自 C3PI 的情景集合中的利率情景，该利率情景还要与选定的权益投资回报率情景相结合。
- 权益投资收益率情景和利率情景组成的组合模型，模型中的股票独立账户（equity separate account）的收益率和利率是联动的。

保险公司如果在下一年要改变折现率假设，必须在以上三种折现率假设之间进行转换，但要受到一定的限制。

3. 情景。随机模型会运用到大量的情景，美国精算师学会（AAA）对现实资产的情景作出了10000种可能的预先设定，并且设计了情景选择工具用于情景子集的选取，精算师可以利用这套工具选择出所需的情景子集。情景的设置方法有两种，一种是让每个情景都包含随机权益投资收益率和随机利率，另一种方法是由内部模型或者其他适当的随机模型生成一个情景集。

为了保证情景能够充分体现审慎原则，不低估尾部风险水平，AG43 对情景的校验标准作出了相关规定。根据 AG43 的规定，上述两种情景生成方法所使用的权益投资收益率必须产生累积因子（称为总财富比率）。计算条件尾部期望所需的情景个数由精算师决定，根据随机模型的一般经验，如果在必要的情景个数基础上还额外考虑其他情景，计算出的条件尾部期望并不会发生显著改变。

4. 对冲。在评估日任何已有的对冲都可以被复制（be run off）。如果保险公司使用了动态对冲策略，而且这些策略符合 AG43 定义的界定清晰的对冲策略（clearly defined hedging strategy）及其他相关规定，那么计算得出的条件尾部期望可以相应降低，以反映对冲产生的积极影响。保险公司必须确实使用了现有的对冲策略，或者对冲策略经过了至少三个月的模拟测试，才能采用新修正的策略。另外，根据 AG43 的规定，不在保险公司业务范围内的保险产品，不可以采用风险补偿策略。

在计算条件尾部期望时，使用信度方法来体现精算对冲模型。该方法首先要在预期现金流中加入对冲策略的影响，计算出条件尾部期望最大努力值，记为 CTE（Best Efforts）；然后假设不存在动态对冲，重新计算条件

---

① 详见美联储网站 http://www.federalreserve.gov/releases/h15/Current/。

尾部期望的调整值，记为 CTE（Adjusted），评估日记录在公司账簿中的对冲头寸的现金流出，是唯一影响现金流的因素。条件尾部期望的报告值，记为 CTE（Reported），由下式确定：

$$CTE(Reported) = E \times CTE(Best\ Efforts) + (1 - E) \times CTE(Adjusted)$$

其中，E 是有效因子（或称信度因子）。动态对冲的效果与对冲策略的复杂程度有关，有效因子反映了精算师判断的对冲策略的复杂程度，特别是资产负债的避险参数（Greeks）的水平。

AG43 对 E 值的规定如下：E 值不能大于 70%；如果对冲现金流不是直接由模型得出的，E 值不能大于 30%；对于简化了的对冲现金流，E 必须在 0～70% 之间取值；E 值应当随着模型复杂程度的提高而增大；在往年历史数据的基础上，保险公司必须证明模型所使用的 E 值是合理的，并且可以复制对冲策略。如果历史数据无法获得或者根本不存在，那么 E 值不能大于 30%。

保险公司必须递交报告书，证明 E 值、CTE（Reported）和 CTE（Best Efforts）的计算符合 AG43 的规定。

保险公司在财务报告中常采用再保险方法（Reinsurance Approach）来近似反映动态对冲。在有一些情况下，保险公司要向保单持有人支付超过保证的索赔，这些支出可以被对冲获得的收益抵减。保险索赔支出和对冲成本是现金流出，对冲收益为现金流入。对冲收益可以表现为保险给付的一定百分比，体现了对冲的效果。上述百分比是对冲策略能够弥补的支出占总超保证索赔支出的百分比。再保险计算方法较为简单，却不能真实地反映精算动态对冲的效果，特别是无法反映精算动态对冲模型使用金融衍生工具来对冲目标变量（如与保险保证有关的公允价值、经济准备金、FAS133 准备金）的变化，并且无法明确反映目标变量的资产负债避险参数（Greeks）。

由于以上的原因，在再保险方法下的 E 值一般比较低，一般不超过 30%。

AG43 和 C3PII 规定的大多数财务报告模型在一般情况下不会计算资产负债避险系数进而全面地计算动态对冲，基本都会采用简化的近似方法来计算动态对冲，采用的近似方法和上述的再保险方法相类似或者比该方法更复杂一些。

（二）标准情景最低限制（standard scenario floor）

1. 假设。“标准情景数额”（the standard scenario amount）是所有变额年金合同的标准情景准备金的总和。计算时首先假设所有独立账户的资产价值在评估日以相同的百分比即刻下降，随后按照各账户特定的收益率增长，并扣除保单和基金费用。标准情景假设和条件尾部期望相比，区别在于条件尾部期望的审慎假设由精算师制定（必须通过经验分析得出），而标准情景准备金的计算假设都是由监管机构规定的；两者的相同点在于都采用税前折现率和税前预测现金流量进行计算。

对于包含保证利益的变额年金合同，标准情景准备金的计算要用到以下变量：

（1）退保现金价值。

（2）基础调整准备金：在 AG43 生效之前称为基础准备金，是根据法定要求计算得出的准备金，并且在确定退保费用时不考虑部分退保条款（free partial withdrawal）。

（3）每个预测年度末的最大累计净收入现值（若为负值则取零）：净收入等于保险公司对保证利益的收费收入减去标准情景边际（下文有介绍），累计净收入等于以往各预测年度和本年净收入的积累值总和，类似于累计盈余的一般计算方法。最大累计净收入现值就是用标准情景平均收益率贴现的各年累计净收入的最大现值。

（4）对冲成本和再保险总额分配到该保单的部分。

标准情景准备金等于 $\max[(1),(2)+(3)-(4)]$。

对于不包含保证利益的合同，标准情景准备金等于基础调整准备金。

静态准备金的计算可以考虑再保险和静态对冲成本的影响，另外退保现金价值是标准情景准备金的最低限额（floor amount）。需要注意的是，标准情景准备金是运用最大现值方法对每份保单逐一计算的准备金，不允许跨保单计算，而标准情景总额是所有变额年金合同标准情景准备金的总和。

标准情景下各个类型资产账户价值下降的百分比和随后的收益率假设如表 7－1 所示。

由表 7－1 可以看出，保单持有人总账户下的各个子账户分为股票型、债券型、平衡型或者固定账户型等资产类型，以此确定初始账户价值下降的百分比和后续年度增长收益率。表 7－1 中的投资报酬率都是总报酬率，

表 7-1　　**AG43 标准情景的总体报酬率假设**

账户类型	初始账户价值下降百分比	第一个年度收益率	第二至第五个年度收益率	第六个年度及以后年度收益率
股票型账户	-13.5%	0	4%	5.55%
债券或货币市场型账户	0	0	4.85%	4.85%
平衡型账户	-8.1%	0	4.34%	5.24%
固定支付账户和总账户	0	固定基金比率	固定基金比率	固定基金比率

在规划未来账户价值时还要扣除合同费用和基金费用。固定基金率是合同规定的最低保证利率（4%）和评估日固定基金贷款利率的较大者。

标准情景准备金的计算要用到标准情景边际这一变量，其计算方法如下。标准情景边际有两种类型，一种适用于独立账户价值，另一种适用于固定账户价值：

$$\text{适用于独立账户价值的标准情景边际}=\begin{cases}\text{边际 A，有退保费用的期间}\\ \text{边际 B，无退保费用的期间}\end{cases}$$

$$\text{适用于固定账户价值的标准情景边际}=\begin{cases}\text{边际 A,} & \text{有退保费用的期间}\\ \max\text{（账户价值的 40\%，边际 B),} & \text{无退保费用的期间}\end{cases}$$

其中，

有退保费用的期间内的边际 A = 账户价值的 20% + 有合同保证的净收益分享收入 + max(20 个基点，生存利益保证) + max(20 个基点，最低身故利益保证的费用)

无退保费用期间边际 B = 边际 A + 50% × max(0, 费用总和 - [边际 A - 受合同保障的净收益分享收入])

费用总和 = M&E 监测评估费用 + 合理的附加费用

不难发现，有退保费用的期间内的边际 A 的数额低于无退保费用期间的边际 B，并且计算边际时只考虑受到合同保证的净收益分享收入，而不用考虑非合同保证的净收益分享收入。

标准情景计算中使用的死亡率假设以 1994 年 MGDB 生命表为基础，假设 85 岁之前的死亡率等于 MGDB 死亡率的 70%，从 85 岁开始死亡率假设和 MGDB 死亡率的比率从 70% 开始每年增加 1%，到 115 岁时死亡率假设等于 MGDB 死亡率的 100%。

在实际中，选择执行保证生存利益（VAGLB）的选择率是保证的实值程度（ITM）的函数，详见表7－2。但对于最低退保利益保证给付一般不存在这一关系。

表7－2 标准情景下的选择率

变额年金生存利益保证的实值程度（ITM）	年执行率
ITM < 10%	5%
ITM≤10% < 20%	15%
ITM≥20%	25%

对那些含有多种利益的合同而言，执行保证利益可能会导致生存利益保证的较大损失，此时执行率为0。另外，在模型预测期的最后阶段，实值生存利益保证的执行率是100%。

对最低退保利益保证而言，部分退保代表了对这种保证的执行，表7－3规定了合同允许的部分退保率的最大值。然而，如果由此得出的部分退保率小于合同保证的最小部分退保率，那么在标准情景的计算中要使用合同保证的最小部分退保率。

表7－3 标准情景下的最低退保利益保证的退保（执行保证）假设

	退保年龄小于50岁	退保年龄在50～59岁	退保年龄在60岁及60岁以上
退保但并未降低其他实值可选择保证的价值	50%	75%	100%
退保导致其他可选择保证的价值降低	25%	50%	75%

除了上述保单规定的最低退保利益保证的退保体系，部分退保（包括自由部分退保）的情况都必须从账户价值中扣除。

标准情景的失效率假设根据保证类型的不同而存在差异。对于只有最低退保利益保证的合同和生存利益保证合同而言，如果保证处于虚值状态，那么失效率取决于合同是否处于有退保费用的期间。然而，如果生存利益保证合同处于实值状态，那么无退保费用期间内的失效率还和实值的程度有关（参见表7－4）。

为了对合同保证利益的实值（即ITM）作出合理定义，需要引入现值这一概念。下列的指导条款对现值作出了定义：

表 7－4　　　　　　　　标准情景的失效率

	有退保费用的期间	无退保费用的期间		
只含有最低身故利益保证的合同	5%	10%		
所有生存利益保证合同（虚值）	5%	10%		
		ITM（实值）<10%	10% ≤ ITM <20%	ITM ≥ 20%
最低累积利益保证	2%	2%	0	0
生存利益保证合同（实值）	3%	7%	5%	2%

- 变额年金保证生存利益的现值等于目前可执行的一次性支付总额或者未来支付一次性给付总额（或年金给付）的贴现值。贴现率采用标准情景贴现率。如果年金给付是以生存为条件的，那么标准情景死亡率假设应不断下降。
- 如果生存利益保证在评估日是可执行的，那么在计算现值时要假设保证将在未来尽可能早的时刻执行。
- 特别地，最低年金给付保证（GMIB）的现值定义为一项选择权的价值，该选择权的准备金最接近于确定支付十年的生存年金的准备金。贴现率是标准情景的贴现率，对确定给付以外的生存给付部分要使用年金 2000 生命表。但是，如果保单持有人通过执行该保单的一般清偿选择权条款而获得了更高的年金给付额，那么最低年金给付保证的现值就等于账户价值。

根据上述对现值的定义，可以得到实值 ITM：

$$ITM = 100 \times \left[\frac{\text{生存利益保证现值}}{\text{账户价值}} - 1\right]$$

上式中的生存利益保证现值和账户价值都是在评估日的价值，如果保单包含有多种生存利益保证，则使用所有保证现值的最大值来计算 ITM。另外，不能假设未来还能将额外储蓄存入账户，合同中另有规定的除外。

2. 标准情景的折现率。标准情景折现率是标准年金法（SVL）中规定的评估利率，该利率以保单签发年度为始，保证期限在 10 年至 20 年之间。如果存在利率保证和现金清偿选择权，就要使用特定的评估利率。使用这一方法的原理在于变额年金生存利益保证通常有很长的等待期，因此 10 年的保证期限是合理的。

3. 对冲。在评估日，只有经过认可的对冲才能体现在标准情景的计算中。AG43 对冲后续认可有进一步规定。在预测标准情景现金流时，对将于评估日一年之内到期的对冲头寸应当假设其将会被持有至到期，对将于评估日一年以后到期的对冲头寸应当假设其将在评估日为始的那一年末清算。另外，在计算标准情景时不考虑动态对冲的影响，而在条件尾部期望的计算中却要考虑这个问题。

经过认可的对冲价值要体现在标准情景准备金当中，但不是净收入现值的一部分。经过认可的对冲价值等于对冲产生的税前现金流用一年期固定国债利率贴现到评估日的价值减去对冲在评估日的账面价值。

二、美国变额年金的偿付能力监管规定（C－3 Phase II）

（一）背景介绍

美国于 1993 年开始实行 RBC 制度。在此后几年里，美国保险监督官协会（NAIC）的寿险风险资本（RBC）工作组委托美国精算师学会（AAA）对 RBC 公式中的利率风险 C－3 部分进行重新审视和研究，以寻求更实际的方法来反映公司资产负债不匹配的风险程度。

2000 年 12 月 31 日，NAIC 实施了 C－3 风险研究项目的第一阶段（即 C－3 Phase I，简称 C3PI），研究范围主要是年金和趸缴保费寿险的利率风险，并建议对利率敏感型产品进行情景测试以确定其资本要求。C3PI 内的“年金”是指延期或即期给付的年金，具有定期核算、保证独立账户和保证投资证明（GICs，包括合成的 GICs 和资金协议）等特点的保险产品，包括有利率指数保证的产品和经过现金流测试的变额年金，但不包括基于股票的变额产品。

2002 年 12 月，LCAS 建议进行 C－3 风险资本标准项目的第二阶段（即 C－3 Phase II，简称 C3PII）。该阶段意在研究与变额年金和团体年金相关的股权风险、利率风险和费用补偿风险，其中，团体年金包含了身故利益保证或生存利益保证。C3PII 于 2005 年年底开始实施，其涉及的产品种类有：

- 除了修正保证年金以外的所有变额年金产品。
- 包含了特定保证的团体年金，这些保证在本质上类似于生存给付保证或最低身故利益保证。

- 包含特定保证的其他保险产品，这些保证在本质上类似于生存利益保证或最低身故利益保证，但由于保险公司没有提供和这些保证相关联的基金，这些保证没有明确的准备金要求。如果保险产品中包含了这种利益保证，并且该产品的其他保障部分有明确的准备金要求，那么必须独立计算这种利益保证的资本要求。
- 有独立账户和利率指数保证，但不包含最低身故利益保证或生存利益保证的产品，不受 C3PII 的监管限制。

（二）C3PII 的监管规定

任何在 C3PII 监管范围内的保险产品，只要包含了生存利益保证，无论是在合同中直接载明的还是由再保险承担该保证，保险公司都必须通过情景测试来确定资本要求。不包含生存利益给付的变额年金产品可以通过情景测试或下述的“替代方法”来确定风险资本。其他监管范围内的产品也都必须进行情景测试，除非保险公司进行了大量的其他检验来证明使用替代方法是合理的。

所采用的一般方法要对监管范围之内的产品都采用随机情景分析的方法进行预测。预测包括产品功能、预期现金流、与资金相关的参数使用、支出、费用、联邦收入税、对冲和再保险。除此之外还应包括所有固定账户的现金流。对每一个情景而言，需要增加的 C－3 资产是一系列现值 $S(t) \times PV(t)$ 的最小值。$S(t)$ 是在 t 年末产品的法定资产与法定负债的差额。$PV(t)$ 是按税后互换利率（或税后一年期国债利率）计算的 t 年的累计贴现因子。t 的取值范围从 0 到未来的效用不再重要的那一点。

1. 建模方法。C3PII 规定，应当在多个情景的基础上建立一个现金流测试模型，计算每个情景下的资本要求，并在各情景资本要求的分布基础上计算总资本要求（包括准备金）。风险资本要求等于总资本要求减去经过调整的准备金，该调整额等于税收准备金和法定准备金之差。

（1）情景。情景必须包含足够多的股票情景，这些股票情景必须满足校验标准（calibration method）和其他相关要求，保证基金（Guaranteed Fund）必须反映利率冲击风险。如果所使用的模型不包括随机利率情景，那么最低年金给付保证的结果就需要反映利率边际不确定性的影响。

（2）资产/负债模型。整个保险合同期内，资产/负债模型必须反映出合同提供保证的期望现金流的动态情况。联邦所得税、保险公司费用（包括一般管理费用和投资费用）、基金费用、保费和合同费用支出、保险公司获得的收益分享收入，以及与再保险还有对冲工具有关的现金流，都要在符合相关规定的基础上在模型里体现。固定账户选择权的现金流以及依据计划退保情况调整的市场价值也要包含在内（不论退保现金价值是否反映市场价值的调整）。

（3）资产。在预测法定累积盈余时，预测的初始资产价值应当近似等于初始时刻法定准备金数额。独立账户和总账户中的资产配置情况必须和现金流测试相一致。建模时必须考虑资产全部投资于独立账户资产的情况。当投资了特殊的对冲资产，如为了保证产品利益给付而持有股票看跌期权，那么这些资产必须全部体现在模型中，并且配置于其他总账户的资产数量要相应降低。在有些情况下，由于利息费用的存在，初始总账户资产值可能为负。因为对资本的定义取决于对累积盈余的预测，因此资产必须根据年度报表的价值进行定价。

（4）基金分类。建模时需要对保险产品提供的基金进行分组。不论何种方法都应当体现基金的基本特性，并且基金的参数必须和要求标准普尔500指数校准点近似相关。模型必须反映有效边界的特性（如风险没有增加，投资回报率一般不能提高）。

（5）对冲模型。当保险公司为了合同的需要而持有对冲工具，且这些工具属于C3PII规定的范围，那么规划的模型中应包含这些对冲工具的大致费用和获利情况。如果保险公司使用了定义清晰的对冲策略和建模方法，那么建立随机模型时，预期未来将持有的对冲头寸的大致费用和获利情况就应当考虑在内。这说明了，一个对冲策略并不要求在某个特定时点必须持有对冲头寸，但是只有在保险公司遵循定义清晰的对冲策略，该对冲策略和管理层或者审核委员会的投资策略相一致时，目前尚未持有的对冲头寸的影响才可以体现在模型中。此外，保险公司还应当视目前已持有的或者预期未来将持有的对冲头寸的情况，根据计算的基本原则、缺口、价格和风险假设合理地换算对冲效果。

以上规定不能越过任何法律规章以及各州的监管以及使用衍生工具进行对冲的司法规定，也不能作为保险公司在特定的州或管辖范围内是否可以使用这些工具的判定依据。

(6) 收益分享。当以下条件满足时，对累积亏损的预测必须包含预计的未来收益分享（定义是合理的预计费用，即净收益分享收入）：

- 净收益分享收入可以被保险公司控制和取得；
- 在评估日签订合同或者已经签订了合同，合同规定支付净收益分享收入；
- 净收益分享收入尚未直接或间接计为公司资产。

净收益分享收入的值应当反映精算师的评价因子，评价因子包含以下内容（但不仅限于此，且并非以下所有因子都必须同时存在）：

- 合同条款和限制，包括期望收入；
- 保险公司和提供净收益分享收入的实体（交易方）之间的关系，该关系会影响到费用的数额和支付的可能性；
- 继续安排净收益分享收入对保险公司和交易方带来的利益和风险；
- 保险公司在合同有效期内收到净收益分享收入的可能性以及合同终止后继续获得这种收入的可能性；
- 保险公司和交易方改变合同另一方所提供服务的能力，以及改变服务后增加费用支出的可能性。

预计净收益分享收入的数额还应当设置与该收入不确定性直接相关的错误边际（该边际降低了预计的净收益分享收入），错误边际的数额随着不确定性的增大而提高。

预测的模型应当包含和净收益分享收入合同安排有关的所有费用，以及保险公司改变合同内容而产生的其他费用，如上述第二条规定（资产负债模型）。另外，由提供净收益分享收入的交易方或者保险公司关联企业产生的合理费用支出，也必须作为净收益分享收入的抵减。

精算师必须负责复查收入分享合同，验证合同是否违反上述规定，并且书面证明预测模型中净收益分享收入的合理性。

(7) 期望利息率。出于对未来盈利折现和总账户预测投资收益折现的需要，未使用独立模型的保险公司应当使用掉期收益率曲线中的隐含远期利率作为折现率。无论折现率来自模型假设还是掉期的收益率曲线，折现率都必须扣除联邦所得税率，还要扣除现有固定投资账户的利息从而反映期望信用损失。

(8) 利率风险。除了股市风险，对于保证选择权还存在传统的 C1 信用风险和 C3 利率风险。C3PI 规定的 C1 计算公式中包含了变额年金的 CARVM 资本回收备抵，但在 C3PII 中不再单独计算 C1 风险（但是不包含生存或死亡保证的变额年金的 C1 风险计算仍使用原来的公式）。

在 C3PI 计算中，C3 利率风险的公式只用于计算以固定年金形式销售的变额年金。但在 C3PII 下，所有需要计算风险资本的变额年金产品都必须计算 C3 风险，从而反映出以下情况：

- 保险公司可能将变额年金的一部分保证基金和其他具有 C3 风险的利率敏感型产品混合或者单独管理。
- 即使一家保险公司无须进行 C3PI 的监管规定的情景测试，那么它仍可能会对变额年金业务或所有存在 C3 风险的产品进行情景测试。但在没有获得监管机构允许的情况下，保险公司进行情景测试后就不再使用因子方法。

（9）在 NAIC 风险资本框架下，用条件尾部期望确定总资产要求和风险资本要求。

对所有情景计算出总资产要求后按降序排序，排名前 10% 的平均值就是对评估业务的总资产要求。风险资本要求是税后总资本要求减去实际持有的法定准备金。其中，税收调整是指根据 USIRC 定义的税收准备金，必须小于法定准备金，高于退保现金价值。预测的税收准备金应当等于运营准备金，如果实际中预测初始时的税收准备金超过了运营准备金，就要进行税收调整。但以下情况下不需要进行税收调整：

- 税收准备金采用直接方法预测，即不假设预测的税收准备金等于运营准备金。
- 在预测初始时的税收准备金等于运营准备金。
- 预测初始时刻的税收准备金低于运营准备金。这种情况出现的条件是部分合同没有规定退保现金价值，并且足以抵减其他合同的税收准备金超过运营准备金的部分。

如果需要进行税收调整，那么为了保守地预测税收支出，总资产要求必须相应提高。进行税收调整的近似方法如下：

总资产要求的增加值近似等于公司所得税（35%）乘以 f 倍的预测初始时刻税收准备金和运营准备金之差。其中，f 的计算方法为：计算各情景的 90% 分位点的条件尾部期望 CTE（90），然后计算各日历年度末的累积法定盈余现值并取最小值，将该最小值相应的预测期限制成表，计算出各个预测期限末的有效保单（或团体保单中的生存人数）和规划初始时刻的有效保单数（或团体保单中的生存人数）之比的平均值，1 减去该平均值就是 f。

如果风险资本是通过标准情景方法计算的，那么 f 的计算就是基于标准情景的最坏期限计算出的比率。如果使用的是“替代方法”，那么 f 近似等于 0.5。

2. 波动性。波动性反映经济风险，经济风险的本质决定了它比其他传统风险具有更大的波动性，每年股价的大幅波动将会引起经济的剧烈变动。经济风险的高波动性会限制风险资本早期预警的有效性。提高资本可以保证充足的偿付基金，但也在一定程度上混淆了准备金和风险资本并且忽略了尾部事件的经济状况。例如，100 个情景中的 10 个最坏结果分布如下：0，0，0，-3，-7，-12，-22，-38，-58，-100。CTE(90) = -24，CTE(95) = -46，当最坏情景发生时，CTE(90)和 CTE(95)都是不充足的。另外，如果下一年的经济环境继续恶化，CTE(90)和 CTE(95)都要提高，而且提高的幅度无法通过现有的 CTE 值来确定。然而，敏感性测试却可以比较容易地获取信息。强制披露敏感性测试结果，可以使保险公司和监管机构更好地掌握风险暴露，从而提高早期预警的有效性。久期反映了未来利率变化对现在资产价值的影响。模拟股市在未来几年内下跌 20%、10% 以及保持不变等各种情况将会如何影响未来资本水平，和模拟保险公司持有的风险暴露水平一样，都是很有意义的。

3. 替代方法。如果在过往年度没有进行过情景测试，保险公司可以不进行情景测试，而运用替代方法确定不含生存利益保证的变额年金的风险资本要求。但一旦保险公司对某项业务运用了情景测试方法（或称随机模拟方法），那么今后就不能对这部分业务再使用替代方法进行评估。包含生存利益保证合同的评估必须使用情景测试法。

三、保险公司在产品周期中如何应对 AG43 和 C3PII

AG43 和 C3PII 的规定对变额年金产品的准备金和偿付能力产生了重要影响。在目前的金融环境下，股市低迷，市场波动大，这对于新型变额年金产品的发展有极大影响。保险公司如果承保了大量含有多项保证条款的保单，特别对那些承保于金融危机之前的保单，需要提存大量的准备金和偿付能力资本，因为这些保证都将处于深度实值之中。保证条款越丰富，保险公司必须提存的准备金就越高，因此可以预见这些产品的比例将会缩减，而保障适度的产品份额将会提高。保险公司在处理盈利性、适中的准备金和较强的市场竞争力三方面关系时将面临严峻考验。潜在保证的给付支出是产品设计的重要方面，也是保险公司在目前市场环境下必须考虑的问题。

保险公司已经开始意识到在产品生命周期中降低风险并且满足财务报告要求的最简单方法，是提高对产品生命周期中前期的重视程度，更聚焦于新产品的设计和定价。在产品设计过程的初期，下列一些可行的方法有助于保险公司控制准备金和资本要求，这些方法已经在保险行业中得到了部分运用：

1. 延长最低年金给付保证和最低累积利益保证的等待期。延长等待期为账户价值的增加（或者弥补亏损）提供了更加充分的时间，也反过来降低了风险净额和由潜在保证引起的给付额。等待期的延长也使得保险公司有机会获得额外的附加费用（如在行使附加条款之前可以按期收取附加费用）和监测评估费用（等待期延长使得保单持有人继续持有合同直至保证生效，这一过程中监测评估的费用将增加）。

2. 对利益给付设置免赔额。大多数的变额年金合同都约定初始保费存入保证给付账户，如缴纳 10 万美元的保费意味着相应设立了一个 10 万美元的利益保证账户。对于一个 annual ratchet design 而言，未来每年的利益等于账户当前价值和上一年度保险金额（benefit value）两者中的较大者。如果运用免赔额来替代上述规则可能会对保险公司有利。例如，对一份 annual ratchet design 产品设置 10% 的免赔额，意味着保单持有人可获得的利益等于账户当前价值和 90% 的无免赔额保单利益两者中的较大者。表 7－5 给出了一个简化的 10 年期不利情景假设。

由表 7－5 可知，有免赔额的保单在股市没有大幅下跌时，都不存在 NAR，直到第 5 年年末开始，有免赔额保单的账户价值低于无免赔额保单账户价值的 90%，此时有免赔额的保单也开始出现 NAR，但是和无免赔额保单的 NAR 相比，有免赔保单的 NAR 明显降低了。

较低的 NAR 意味着最低身故利益保证给付额的降低，同时保险公司承

表 7-5 10%免赔额的最低身故利益保证 Ratchet 演示

保单年度	股市情景	账户价值	无免赔额的最低身故利益保证 Ratchet	10%免赔额的最低身故利益保证 Ratchet	无免赔额的最低身故利益保证的 NAR	10%免赔额最低身故利益保证的 NAR
0		100000	100000	100000	0	0
1	6%	106000	106000	106000	0	0
2	-2%	103880	106000	103880	2120	0
3	3%	106996	106996	106996	0	0
4	5%	112346	112346	112346	0	0
5	-11%	99988	112346	101112	12358	1123
6	-15%	84990	112346	101112	27356	16122
7	-7%	79041	112346	101112	33306	22071
8	12%	88525	112346	101112	23821	12586
9	-2%	86755	112346	101112	25591	14357
10	-3%	84152	112346	101112	28194	16959

受的尾部风险压力在一定程度上得到缓解。Rollup design 也可运用相同的方法，免赔比例以累计保证金额为基础即可。

3. 对累计给付金额（rollup benefit）设立上限。上限通常等于累计支付的保费减去退保金额，累计保证额不能超过上限值，因此设立上限是保险公司限制风险的合理方法。在累计给付保单下通常存在发生可能性较低但额度很高的索赔，设立上限在控制这类索赔给付上有独到优势，可以直接影响损失的尾部分布，既不违背 AG43 和 C3PII 的规定，又降低了准备金和资本要求。

4. 对保单持有人可以控制的子账户（sub accounts）进行限制。采取这一措施的目的是限制保单持有人控制一些波动性较大的账户，因为这些账户很可能增加潜在保证的给付从而提高保险公司必须提存的准备金和资本要求。保险给付对于不同账户资金配置的类型非常敏感，一般来说，相比其他股票基金，小盘基金和国际投资基金有更高的波动性。限制的具体措施有：禁止或者限制保单持有人将账户资金配置于高波动性的基金，另外保险公司可以规定将资金配置于波动性较小的基金（如债权基金或货币市场基金）的最低水平，从而降低给付支出。在 AG43 和 C3PII 的规定下，尾部风险越大，准备金和偿付能力要求就越高。通过降低潜在保证的给付，保险公司可以直接降低尾部风险，从而减轻准备金和偿付能力压力。

5. 提高附加条款的费用。提高附加保证条款的费用可以获得额外的收入，降低准备金和资本要求，但另一方面却削弱了保险公司的产品竞争力，同时也不大可能符合监管机构的要求。

6. 费用的确定应当基于保证给付而不是账户价值。按过去的做法，资产费用（如附加条款费用）的确定通常以账户价值为基础，而账户价值经常随着保单持有人选择投资的目标子账户的表现而大幅度波动，这就意味着保险公司的费用收入也会随着账户价值的波动而变化。

由于保证给付在一定时间内只能上升或者基本保持平稳，因此附加费用的收取可以基于给付价值，从而保证保险公司能够获得更加稳定甚至平稳增长的费用收入。还有一种更积极的调整方法是令各个时期的附加费用都以给付价值和账户价值的较大者为基础。改变附加费用的基础相对于改变监测评估费用 M&E 基础而言更合理一些。因为从监管者的角度来看，附加费用以附加价值为基础是合理的，但是监测评估费用通常是以合同为基础，因此监测评估费用基于账户价值更合适。

7. 避免设计过于优厚的保证条款和产品。这是降低保险公司风险的最明显的方法。但很多公司经常无法顾及风险和利润，为了保持市场份额而提供优厚的保证。

8. 根据市场情况自动配置固定账户和变动账户的资金。为了降低保单持有人和保险公司的风险，设计的产品中可以引入资金的自动配置机制，根据市场状况随时调整固定账户和变动账户的资金。

9. 敏感性测试假设是产品设计的关键驱动因素。对影响准备金和资本要求的几个关键驱动因素进行敏感性测试是精算工作的重要内容。测试结果并不会直接影响财务报告，但可以向管理层提供价值的风险管理信息，从而在产品周期的初期进行更科学合理的设计和定价。例如，模拟股市的急速下跌情景，可以为最坏的情景提供有用的参考，如一天之内股市受到某个事件的巨大冲击后将会在多大程度上影响公司的各块核心业务。

以上这些方法不仅可以在定价阶段采用，也可以在保单签发以后使用。除了通过产品设计和定价过程来控制准备金和资本要求，在产品周期中还可以通过以下方法来降低风险：

1. 动态对冲。近年来，绝大多数有变额年金产品的保险公司都建立了动态对冲机制以降低由保证责任而产生的股价（Delta）、利率（Rho）和波动性（volatility）风险。对冲的一般目的在于改变责任价值，如 FAS 133 准备金或者经济准备金。保险公司使用金融衍生工具对冲保证责任的变动，可以使得财务状况的波动性达到最小。本质上，对冲是通过牺牲在经济顺境中的部分收益，在逆境时为公司提供保护。

在计算 AG43 规定的条件尾部期望和 C3PII 规定的 TAR 时，必须在符合 AG43 和 C3PII 有关对冲规定的基础上选择精算对冲策略。全面反馈机制（full - blown reflection）从实际运行角度（甚至从模型角度）来看并不一定是最佳的，合理的精算对冲方案在降低 C3PII 规定的资本要求同时，也可能反向提高了 AG43 规定的准备金要求。反馈对冲（reflecting hedging）在风险控制方面的作用仍然比较有限，因为保险公司还面临着其他风险，如死亡率风险和保单持有人行为风险（如中止保单、部分退保、生存利益保证选择权）等，这些风险无法通过资本市场的衍生工具进行对冲。

2. 根据监管规定制定审慎的假设。根据 AG43 和 C3PII 的规定，保险公司应当监测保单持有人企图利用生存利益保证的特性而获利的行为，并且对其他假设（如死亡率假设、保单中止假设、费用率假设）进行经验研究，这对于制定审慎的假设有重要意义。假设的制定对死亡率等因素的经验研究结果非常敏感，特别是有关保证价值计算的假设。

3. 隐含波动率问题。由于谨慎的估计假设需要定期修正，很可能导致潜在的波动。过去法定评估方法的假设一般是锁定的，在整个合同期内都不会改变。但现在，AG43 和 VACARVM 都规定必须修正假设。如果修正后的结果可以通过各业务的信度假设检验，那么就应当进行假设的修正。实践中很有必要开发一套类似于内含价值报告那样的动态分析模式，可以总结出从各财务报告期间的假设可能发生的每一步变化或者其实际发生的变化，从而量化修正假设所产生的影响。

第三节　亚洲变额年金的监管

一、日本变额年金监管简介

日本在变额年金的监管上处于各亚洲国家和地区的领先地位，日本对变额年金的监管有力地证明了监管政策的变动会对变额年金市场的发展产生巨大影响。2004年，日本金融监管机构——金融服务局（FSA）发布了一项新的监管规定，该规定特别对变额年金的准备金和偿付能力边际提出了要求。根据新的准备金计算方法，保险公司必须使用风险中性情景方法，对2005年3月21日之后签发的所有变额年金保单的死亡给付和生存给付保证计算法定准备金。在此基础上，不论签发日和保证类型，对所有变额年金保证提取最小风险资本，等于该保证给付的2%。目前市场上的标准变额年金产品，一般都基于返还原则提供最低身故利益保证和最低年金给付保证，即使变额年金的偿付能力总盈余（total surplus for solvency）已经存在一个类似CARVM形式的最低限额（allowance），保险公司还要对这些最低保证提取法定准备金以外的储备，该储备是最小风险资本的三倍，并且至少是保单保费的5%（或者最低身故利益保证的6%加上最低年金给付保证的7%，再减去退保费用信用的7%）。随着退保费用信用的停止，资本要求也相应升高。2004年年末，为了应对新规定的实施，保险公司纷纷寻找方法解决资本金问题，大多数跨国保险公司最终只能将这些变额年金保证的风险通过再保险的方式转移到国外。由于变额年金的保证取决于国家所采取的会计制度和法定要求，新的监管规定对此后的产品设计产生了深远影响，也在很大程度上增加了产品设计、发展和定价的复杂性。保险公司对含有最低风险保障的变额年金产品要提存最低保证风险准备金，以及偿付能力风险附加（定义为R7）。

（一）准备金要求

计算准备金有两种方法，即标准方法和替代方法。大多数公司使用的是标准方法，因为如果使用替代方法，还必须论证替代方法计算出的准备金和标准方法大致相同。

在标准方法下，法定准备金等于保险公司未来用于保障支出（如给付利益和账户价值两者的较大者）的现值减去未来与保障相关的收入（如与保障相关的死亡率和费用率的那部分收入）的现值。未来收益用B－S看跌期权公式来计算。

替代方法是在直接公式不适用时才使用的方法，如当保单中有更加复杂的保障或者保单持有者选择权。在这种情况下，未来的结果要使用蒙特卡罗模拟至少1000种不同的情景来得到。

评估的假设由监管部门规定。假设期望回报率和评估利率相等（基于财产收益的历史平均水平），每一种资产类别的波动率假设要分别规定。

（二）资本要求

运用下式计算出风险资本：

$$\sqrt{(R_1+R_2)^2+(R_1+R_2+R_7)^2}+R_4$$

保险公司必须至少持有100%的风险资本。

其中 R_7 指最低保障风险，是专门针对签发最低保障保单的保险公司提出的（R_1 指保险风险，R_2 指利率风险，R_3 是资产风险，R_4 是经营风险，R_8 是第三方保险风险）。当账户价值最多为最低保障额的110%时，资本要求为最低保障额的2%，当账户价值超过保障额的110%时，资本要求为0。

2008年2月，FSA发布了修正偿付能力额度的计划。在新的规定下，R_7 等于当账户价值急速下降时最低保障风险准备金的增加值。下降率由各资产类别相应的价格波动风险因素决定。对于各种资产类别，期望收益、波动率和其他资产的相关系数都由监管规定指明。和曾经的方法相比，2008年的规定使得 R_7 和实际保障风险更加一致。

（三）风险备抵

如果套期保值有效，那么最低保障风险，即 R_7 风险就可以降低。这种方法和套期保值相结合，从而抵御环境的变化和未来责任的增加。然而，准备金代表的是最小保障的当前责任价值。对于准备金，套期保值的使用并不会影响公司的当前责任（虽然套期保值可以提供一些满足负债要求的资产价值）。因此，公司不能因为进行了套期保值就可以降低准备金要求。

在2008年金融危机之前，准备金要求和偿付能力要求都可以通过将风险转移给再保险而降低。考虑到这点，保险公司必须在风险资本要求中加入交易对手的风险要求，等于向再保险公司转移准备金的1%，但不用考虑再保险公司的实际财务状况。

在金融危机之后，监管机构提高了对变额年金业务再保险人风险的关注。2009年6月，FSA发布了一项新的监管规定，包括以下建议：

1. 对由于再保险转移风险而获得的那部分准备金贷款，保险公司应当证明风险确实已经被转移，还必须评估获得再保险赔付的可能性。

2. 保险公司必须尽可能详细地搜集再保险人财务状况的信息，并对此负责。

3. 在进行压力测试的情景模拟时，必须考虑交易对手（再保险人）风险。

二、韩国和香港变额年金监管简介

（一）韩国变额年金的监管

目前韩国针对变额年金的监管集中在对保单持有人的保护上。韩国金融监管机构——韩国金融服务局要求保险公司提供书面形式的证明才能将某类产品（包含最低身故利益保证和最低累积利益保证）归类为变额年金。如果保险公司在积累期结束后提供一份生存年金，该年金的到期利率必须在原始保单生效时设定。

显然，受金融危机的启发，新的监管法规将限制购买费用和退保罚金以增加保单持有人在退保时能够得到的给付。从风险管理的角度，这种做法大大提高了保单持有人行为的敏感度。

（二）香港变额年金的监管

香港的监管法规是以原则为基础的。根据一般性“指导性说明 7”中对变额年金的准备金要求，对任何一份投资，都必须保证其储备达到99%的置信水平。为按此要求计算准备金，保险公司可以使用随机、定数或因子分析的方法。但后两种方法必须至少每年进行一次随机的充足率检验。如果发生重大变化，需要重新校订的因子必须基于随机性分析。任何风险管理策略（包括衍生品、结构性投资和再保险）都必须在计算过程中得到体现。

第四节　我国变额年金监管和国际监管经验的比较

中国保险监督管理委员会发布的《变额年金保险管理暂行办法》和《变额年金法定责任准备金评估规范》等文件对变额年金的监管作出了较为详细的规定，对变额年金责任准备金的提取方法进行了明确说明。

我国变额年金保险责任准备金由单位准备金、非单位准备金和保证利益准备金三部分构成。其中，单位准备金、非单位准备金的提取方法和投资连结保险的准备金提取方法相同。变额年金区别于其他保险产品的一个重要方面在于对保证利益也要提取相应的准备金。以下将对我国和西方发达国家的变额年金责任准备金监管的主体规定进行比较分析。

首先，我国变额年金保证利益准备金的提取方法采用了国际上通用的情景测试方法。该方法对至少1000种情景进行蒙特卡罗随机模拟，得出所有情景的最大累计缺口现值后，对其按降序排序，条件尾部金额是排名前30%的最大累计缺口现值的算术平均值，该条件尾部金额就是保证利益准备金。这一方法和美国的条件尾部期望方法有相同的原理和思路。我国定义的条件尾部金额就是美国所谓的70%分位点的条件尾部期望，即CTE（70）。虽然对不同变量所建立的假设和采用的预测方法根据各国的实际情况存在一定区别，但情景模拟的总体框架是相同的。

其次，除了动态模拟之外，我国还规定了静态精算评估的方法。我国对标准情景的定义是，在评估日各类资产价值下跌1倍标准差，然后按照各自的平均收益率增长的情景。标准差和平均收益率由模拟情景产生，并且权益类资产标准差不低于30%，平均收益率不高于5%。在这一标准情景下，算出一个附加边际，等于标准情景下跌后的保单账户价值和账户中除了保证利益收费以外其他收费的精算现值之差，静态准备金等于保证利益的精算现值减去该附加边际，并且准备金数额不小于零。这种静态方法和美国等国家所使用的标准情景方法大体相似，但也存在着一定区别。美国所用的方法在标准情景中，对每类资产价值的初始下跌率和后续年度增长率的设定有更加细致的规定。另外，美国对附加边际也按账户类别和有无退保费用作了区别。在生命表的使用方面，我国规定采用《中国人寿保险业经验生命表（2000—2003）》，美国在1994年MGDB生命表的基础上对不同年龄段的死亡率作了一定的修正从而更加符合变额年金的特性。[①]

此外，由于最低身故利益保证的特殊性，我国对该保证的准备金评估作出了另行规定。最低身故利益保证准备金等于蒙特卡罗模拟情景将未来最低身故保证利益高于账户价值部分的精算现值减去未来相关收费的精算现值的余额，与零相比中的大者。对所有情景计算出的上述值按降序排序，最低身故利益保证的保证利益准备金为排名前30%的算术平均值。美国则没有专门就最低身故利益保证的准备金作出规定。

---

① 美国对标准情景准备金的监管规定详见本章第二节。

在变额年金偿付能力监管方面，由于我国变额年金产品尚处于试点阶段，保监会对试点公司资质进行了三方面规定：一是保险公司若申请试点变额年金保险，必须满足上一年度末、提交申请前最近两个季度末偿付能力水平处于充足Ⅱ类的条件；二是销售额度上，不得超过最近季度末偿付能力下实际资本4倍；三是准备金上，要求提取保证利益准备金，并针对保证利益准备金制定严格的提取方法，确保偿付能力监管的坚实基础。美国的变额年金产品偿付能力监管已经形成了一套较为成熟的监管体系，C3PII就是专门针对变额年金风险资本的监管规定，欧盟在偿付能力二号标准的基础上也在变额年金业务的偿付能力方面进行了探索。我国在变额年金的偿付能力监管方面刚刚起步，应当充分借鉴发达国家对变额年金监管的成果，结合我国国情进行变额年金偿付能力监管的建设和创新，从而推动对保险业偿付能力体系的不断发展和完善。

第八章

变额年金产品准备金计算

第一节　变额年金准备金概述

保险公司通过发布即期变额年金将个体风险转移给保险公司来减少经济风险。即使是有丰富的投资经验或者高智商的个人，都无法预知自己的剩余寿命，从而不能完全吸收风险，保险公司则可以形成年金共用的项目，提高了总体风险的预知性，且聚集风险可操作性较强，使风险分摊更加容易。这是即期变额年金公司的典型特征。这些公司的财务结构中，都会包含一个资产负债表，以管理公司的总体风险。

资产负债表是关于资产、负债和资产净值的报表，其中资产指保险公司所拥有的全部资产，负债则指保险公司所承担的债务，资产净值即为资产和负债的差额。保险公司最大的负债是保单准备金。

一、准备金概述

（一）准备金定义

准备金是与利息以及未来保费一样必须随时持有的资产，以保证有足够的钱对预期损失进行赔偿。正的准备金是年金保费在年金保额（索赔支出）支出之前进入保险公司的自然结果。

一般会计实务将准备金看做为预防未来可能发生的损失而预留的资金，

比如对未决诉讼的悲观判断将使公司提取准备金。这里用到的术语“准备金”指的是责任准备金，主要用于赔偿年金的预计责任给付，即年金受益人的退休收入，加上附加费用、税收和利润等。

人们通常以为准备金是资产而不是负债，这导致了一定的困扰。实际上，当保险公司声明拥有足够的准备金承担赔偿责任时，意味着保险公司有足够多的资产去补偿准备金负债。

根据定义，准备金相当于预期支付现值（PVFB）减去预期保费现值（PVFP），即准备金 = PVFB - PVFP。即期变额年金通常采取趸缴保费的形式，没有预期保费，因此 PVFP 为零，准备金可以简化为预计年金支付的现值。由此可以看出，准备金的影响因素同年金定价的影响因素相同，包括年龄、性别、保障年金选择权、死亡率和假定投资收益率（AIR）。即期变额年金在任何时刻 t 都可以由下面的等式决定：

$$\begin{aligned}\text{Reserve}_t &= \text{PVFB}_t - \text{PVFP}_t \\ &= \text{PVFB}_t - 0 \\ &= \text{PVFB}_t\end{aligned}$$

（二）准备金类型

通过对准备金计算方法和假设的调整，保险公司针对不同目的或不同目标人群，形成不同的准备金。首先，按照一般会计准则计算的 GAAP 准备金，即盈余准备金，盈余准备金侧重于盈余的真实性和其他行业的可比性，关注股票持有人的利益，股票持有人关注企业管理活动。美国证券交易委员会要求上市的保险公司需采用 GAAP 方法准确计算准备金负债；加拿大也规定必须同时使用 GAAP 方法和法定评估法计算准备金。GAAP 会计的首要目标是基于持有人和准持有人的利益对持续经营的保险企业价值作出准确的报告，因此，准备金负债是在“最佳估计”的基础上定价的。

其次，法定准备金一般由保险监管机构制定规则，采取一定程度的保守假设，首要目标是保证保险公司的偿付能力。因为未来可能的损失和现实情况可能会与经验数据的单纯归纳相违背，保守的法定准备金可以提高达到最低偿付能力的可能性。承保人必须按照保险法相关法律规定持有即期变额年金的责任准备金。

美国保险公司每年按照监管条例，如法定会计准则（SAP）的规定向保险监管委员会递交财务报表。保险公司提供的法定财务业绩报告，便于监管者判断净收入是否包含某些业务的收益和其他某些业务的损失，长期年金和保险合同在这方面会有较大差异。

再者，税收准备金是出于核算税收目的计算的准备金。为防止保险公司提取过多准备金导致其利润减少从而逃避税收，税收准备金一般不允许过高。自1984年起，美国要求使用联邦规定的税收准备金方法（FPTR）计算税收准备金，而加拿大则将税收准备金定义为：带有退保现金价值的一年或一年半定期修正准备金。2010年以前，我国税收准备金一直以法定准备金为基础，按照新的规定，以后的税收准备金将以盈余准备金为基础。

会计准则会发生变化，目前，国际通用的保险公司会计准则正在建立过程中。国际会计准则委员会（IASB）将公布前提为“公平价值”的会计新标准。在美国，财务会计准则委员会（FASB）和证券交易委员会（SEC）建立了接近国际会计标准的公众会计准则。目前，美国寿险保险公司实行的一般会计准则推迟了某些费用，如年金产品费用分布于合同的所有年限内，报表结构基于费用与收入的匹配。国际标准可能会以市场定价的资产、负债为基础，由于实际中并没有保险负债的“市场价值”（保险不是在一个公开的市场中进行交易），因此我们常用精算模型确定资产负债的价值。

一定数量的现金在业务期限内流入或流出保险公司，各种方法中整个时期的累积收入都是相等的，因此，相对于对收入确认的影响来说，不同的会计准则对总收入在报告期内分隔的影响更大一些。

（三）准备金评估因素

保险公司可以基于死亡假设对即期年金进行自主定价，比法定准备金的计算有更大的自由空间。年金保险的净保费以最初法定准备金为限，保险公司必须补偿二者的差额。如果经验死亡率符合保险公司的定价假设，而不是法定准备金规定的更加保守水平，保险公司提供的附加资金会逐渐返还到公司的盈余账户中。在保险期间内，这些资金不可以用作其他用途，避免机会成本的出现。因此，保险公司在产品定价时，将资本的使用作为因素计入“租金评估”。

尽管保险公司可以使用法定准备金评估生命表进行定价，从而消除“盈余应变性”，但这会导致年金产品没有竞争力，因为评估死亡率一般采取保守假设。保险公司基于预期死亡率预测年金支付，从而对年金产品进行定价。用 AIR 对预期年金支付进行贴现，得到的现值会低于最初要求的法定准备金。因为即期年金产品是清算产品，因此它的准备金在生命表终止年龄的定价和准备金基础必须趋近于零。即期年金法定准备金的评估价值一般不会递减，因此投资账户增加的准备金有时会大于年金支付减少的准备金，但是定价和准备金假设下的准备金账户最终应该趋近于零。

如果大量签发新的即期年金业务，“盈余应变”仍然会存在，这对于小规模保险公司是一种限制因素。解决这一问题有多种方式，其中包括增加附加资本，使用竞争力较弱的赔付率，停止办理新业务，或者对现有业务及未来业务办理再保险。

用于确定法定准备金的生命表一般会定期发生改变，那么即期年金保险所采用的生命表应该取决于该保险合同的签订日期。美国保险监督官协会（NAIC）已经通过了新的个体年金生命表，各州监管部门则按此生命表规定这种保险合同的最低定价标准；我国目前采用的是中国人寿保险业经验生命表（2000—2003）的 CL3 和 CL4 养老金业务表。

二、未来法和过去法

一般情况下，任何时点的准备金都等于未来支付的现值减去未来保费的现值。即期变额年金通常趸缴保费，因此，未来保费现值为零，此时，准备金等于预期未来年金支付的现值。

我们定义 x 岁的人在 t 时的即期年金准备金为${}_tV_x$，该年金在年金受益人生存的每年年末支付一单位保险金额，准备金价值的进展如表 8 - 1 所示。${}_tV$ 表示保单年度末的准备金价值，即期末准备金。例如，在第一个保单年度末，期末准备金是${}_1V_x = a_{x+1}$。为了简化，我们可以假设产品收费不包括费用、税收和利润，而只关注投资收益对年金受益人每期退休收入金额的影响。

未来法计算准备金，即用利率和生存率将预期支付与预期保费进行贴现，得到贴现现值的差额。表 8 - 1 中的准备金公式是未来法公式。过去法则使用过去的保费和保险支付，准备金是已付保费的累计值与已付保险金额的累计值的差额，需使用利率和生存率进行精算累积（见图 8 - 1）。

表 8-1　　x 岁投保保险金额为 1 的即期年金准备金

时间	准备金符号	准备金公式
0	${}_0V_x$	$a_x = \frac{N_{x+1}}{D_x}$
1	${}_1V_x$	$a_{x+1} = \frac{N_{x+2}}{D_{x+1}}$
2	${}_2V_x$	$a_{x+2} = \frac{N_{x+3}}{D_{x+2}}$
……	……	……
t	${}_tV_x$	$a_{x+t} = \frac{N_{x+t+1}}{D_{x+t}}$

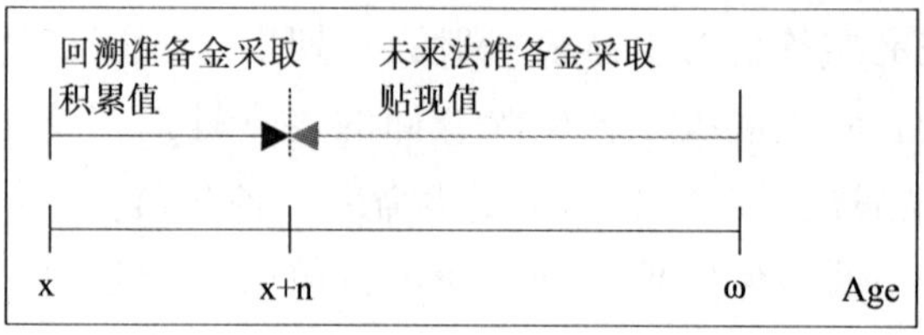

图 8-1　到达年龄为 x+n 时准备金的计算

过去法准备金表明了年金受领人减少导致的准备金没收是如何传递给其他生存年金受领人的，这跟保险人支付年金的过程无关。递推关系中的准备金包含$\frac{1}{p_{x+t}}$因子，导致 t+1 时生存者的准备金提高。总准备金是增加、减少还是保持不变，取决于整体生存率、各投资账户的表现和年金支付水平。

下述递推公式给出了由本期准备金推出下一期准备金的过程。此准备金公式为过去法公式：

$$ {}_{t+1}V = \frac{({}_tV - B_t) \cdot (1+i)}{p_{x+t}} $$

其中，B_t 为 t 时的年金支付。上述公式假设新准备金等于原准备金减去年金期初支付，加上投资收益，然后再除掉到达年龄为 x+t 岁的生存率，最终得到该准备金的账户价值。注意，此递推公式针对的是期初年金。对于即期年金，上一期的期末准备金应当首先根据投资账户的表现和投保人的生存情况更新数据，然后再减去年金支付。

在给定的利率和死亡率假设下只有一个准备金，因此过去法和未来法的准备金值必定相同。例如，x 岁投保的单位保险金额终身期初年金，用未来法计算第 n 年的期末准备金为：

$$\ddot{a}_{x+n}=\frac{N_{x+n}}{D_{x+n}}$$

用过去法计算该准备金，即计算累积保费与累积支付之间的差额，如下：

$$\text{累积保费}=\frac{P}{{}_nE_x}=\frac{\ddot{a}_x}{\dfrac{D_{x+n}}{D_x}}=\frac{\dfrac{N_x}{D_x}}{\dfrac{D_{x+n}}{D_x}}=\frac{N_x}{D_{x+n}}$$

$$\begin{aligned}\text{累积保险支付}&=\frac{1}{{}_nE_x}+\frac{1}{{}_{n-1}E_{x+1}}+\frac{1}{{}_{n-2}E_{x+2}}+\cdots+\frac{1}{{}_1E_{x+n-1}}\\&=\frac{D_x}{D_{x+n}}+\frac{D_{x+1}}{D_{x+n}}+\frac{D_{x+2}}{D_{x+n}}+\cdots+\frac{D_{x+n-1}}{D_{x+n}}\\&=\frac{N_x-N_{x+n}}{D_{x+n}}\end{aligned}$$

$$\text{准备金}=\text{保费累积}-\text{保险支付累积}=\frac{N_x}{D_{x+n}}-\frac{N_x-N_{x+n}}{D_{x+n}}=\frac{N_{x+n}}{D_{x+n}}=\ddot{a}_{x+n}$$

因此，任何时刻的保费一定等于在该时刻已支付年金给付和未支付年金给付之和。在 n 时刻（$0\leqslant n\leqslant\infty$），有：

$$\underbrace{\frac{N_x}{D_{x+n}}-\frac{N_x-N_{x+n}}{D_{x+n}}}_{\text{过去法准备金}}=\underbrace{\frac{N_{x+n}}{D_{x+n}}}_{\text{未来法准备金}}$$

注意，对于趸缴保费即期年金，未来法准备金公式简化为到达年龄的预计未来支付的现值，不仅更容易计算，而且这种方法得到的准备金采用 AIR 假设，以反映实际投资收益。

新保单签发后投资子账户再分配过程决定了年金支付，这是一个新的准备金计算方法。总准备金保持不变，但每个子账户的部分准备金发生了变化。这种方法与签订新保单类似，准备金可以看做年金选择权再分配时的净保费，年金选择权以再分配的时间和年金受益人的到达年龄为特征。例如，如果签单年龄为 65 岁的初始年金选择权是“最低保证 10 年生存支付”，若子账户在三年后重新分配，准备金会按照签单年龄为 68 岁、选择权为“最低保证 7 年生存支付”的年金计算。再分配过程中计算出的每个账户新的年金支付要告知保单持有人。同时股票在相关基金中买入或卖出，以保证实际投资和保单持有人对每期收入的控制是同步的。

准备金是分期计算的，一般以月为周期。通常由自动准备金计算系统也就是“评估系统”进行计算，从而确定保险人对保单持有人的负债价值。在精算实践中，保险人需要推出较短期间内的准备金，传统的做法是取期末准备金的线性插值，但是利用计算机可以进行更加复杂的计算。在计算机出现之前，期中准备金$_{t+(1/2)}V$占有十分重要的地位，因为在评估保险人负债时，习惯性假设所有在t和t+1年之间签订的保单在评估日的保单年龄都是$t+\frac{1}{2}$年。

第二节　美国变额年金准备金

美国变额年金在1952年首次使用，用于在高校员工退休权益基金（College Retirement Equity Fund，CREF）中为税收优惠退休金安排提供资金，该基金由纽约立法的一项条款提出。那时国家法律不允许承保人提供使用单独账户的产品，即该类产品的资产被安置在与一般资产账户分离的单独账户里。即期变额年金首度在市场上大批供应时，每个产品只有单一的普通股投资基金，保单持有人的保费全部投入到股票投资中，而股票投资有收益很低或者波动性很大的风险，因此，国家保险法规限制普通股投资，不允许大量持有股票资产。

变额年金中，保单持有人可能在延期变额年金中损失保费，或者在即期变额年金中承受由于股票贬值而减少的年金支付，因此保险公司员工经常认为开发此类产品纯属异端邪说，他们认为保险公司是安全和保障的堡垒，这种异想天开的主意会破坏保险公司的信誉。

变额年金产品的发展带动了多个投资账户的出现和投资管理公司的兴起，即期变额年金开始聚焦于普通股、债券、货币市场、国际股票等多种资产投资。基于此，年金保单连结到多个投资账户来决定其给付责任。准备金的基本计算方法已经在上一节提出，因此，本节主要介绍美国变额年金的特殊准备金。

一、保证最小死亡给付准备金

许多变额保险为了保证客户在变动的投资收益条件下，仍能享有一定的死亡保障，提供了 GMDB 条款，GMDB 是保单嵌入式选择权的一种最简单的形式。典型的 GMDB 在保单有效期内总存在，死亡给付总是不低于保单的初始保额，这种保证与独立账户资金投资行为无关。凡是含有 GMDB 的保单都必须具备附加准备金，而且要求保持在保险公司的普通账户里。这种保险保障的创新，对准备金评估理念提出了挑战，也促进了一些先进的评估模型的发展。

大部分变额年金都会提供一个保费退还死亡给付保证，这会给保险公司带来风险，因为当账户价值下降时死亡给付可能会超过法定准备金。因此，保险公司都对变额年金的 GMDB 条款提留一定的附加准备金作为储备。这种方法非常复杂，需按照以下步骤进行：

1. 需要得到评估日的账户价值、保证最小死亡给付的类型和其他必要的保单信息。

2. 使用评估利率扣减保险合同中明示的资产管理费，忽略 GMDB，从评估日开始规划未来的账户价值和其他保险利益。

3. 通过以上规划得到独立账户准备金（Separate Account Reserve）。

4. 根据账户资产的分类，套用一个固定的资产减值比例和资产收益率，从评估日开始规划未来的账户价值；考虑 GMDB，规划未来保险利益。

5. 通过步骤 4 中的规划，得到保单综合准备金（Integrated Reserve）。

6. 保单综合准备金减去独立账户准备金，差额和 0 较大者就是 GMDB 准备金。

本质上来说，无论附加在哪种合同上，GMDB 准备金的评估方法应该是一致的，但是由于美国的法定准备金评估方法对于变额寿险和变额年金的处理方法不一致，导致了附加在其上的 GMDB 的处理方法也不一致。这是不足之处，目前 NAIC 也在试图解决这个问题。

进一步讲，现行的评估体系，无论是中国的精算规定、中国正在制定的财务准备金评估方法，还是美国的法定准备金评估方法、美国的一般会计准则，在处理传统保险、万能保险、投资连结保险、变额保险时，评估方法不一致的地方非常多。这些评估方法是由于历史的沿革而形成的，这些不一致之处也正是需要读者思考、改善的地方。正是对这些问题的研究，促进了精算技术更好地向前发展。

二、准备金没收过程及举例

当一个年金受领人死亡而放弃或减少准备金时，则需要出售其账户基金中的资产，并买入其他生存的年金受益人账户基金中的资产。对于趸缴即期变额年金，准备金由于年金受益人死亡而减少，由于其他受益人的生存而提高，死亡率调整过程伴随着准备金的价值循环过程。如果假设死亡率恰好符合实际经验，由于死亡而放弃的准备金，在时间和数额方面，都应该恰好足够使生存者将他们的准备金提高到需求水平。

一般认为由于年金受领人减少而没收的准备金会传递给生存的年金受领人，但事实上，这只是巧合。在任何一个报告期内年金受益人减少而放弃的准备金价值，都可能低于、等于或者高于生存受益人所需的补偿数额。换句话说，即使死亡率假设和投资账户表现假设与现实情况十分接近，多个投资账户不同的投资表现仍然存在损失或者收益的可能，这种风险不仅存在于单一的投资账户中。

例如，假设有两人在 98 岁时投保了仅包含生存给付的即期变额年金，每人支付保费 10 万美元，AIR 为 5%。他们的死亡率特征十分独特，恰好每年有一人在收到年末给付后死亡，有下面的公式来计算初始支付：

$$\text{年金现值} = \frac{1}{1.05} \times (1) + \frac{1}{1.05^2} \times (0.5) = 1.4059$$

$$\text{初始支付} = \frac{\text{保费}}{\text{年金现值}} = \frac{100000}{1.4059} = \$71129.03$$

$$\text{年金支付额} = \frac{\text{初始支付}}{\text{开始时年金单位价值}} = \frac{\$71129.03}{\$1.00} = 71129.03$$

一个年金投保人在两年投资收益水平都为 15% 的普通股账户中投资，而另一个年金投保人在两年投资收益水平都为 5% 的债券账户中投资。股票账户和债券账户分别以年金单位价值 $ 1 为起始（见表 8 - 2）。这样，每个投保人将在年金支付日收到 71129.03 单位价值。

表 8 - 2　　年金单位价值

子账户	时间 0	时间 1	时间 2
股票	1.0000	1.15/1.05 = 1.0952	$\frac{1.15^2}{1.05^2}=1.1995$
债券	1.0000	1.05/1.05 = 1.0000	$\frac{1.05^2}{1.05^2}=1.0000$

在第一年年末未进行年金支付时，账户总资产为 \$100000 × 1.05 + \$100000 × 1.15 或者为 \$220000。支付额如下：

股票账户的年金投保人：支付 $=71129.03\times\frac{1.15}{1.05}=\$77903.22$

债券账户的年金投保人：支付 $=71129.03\times\frac{1.05}{1.05}=\$71129.03$

第一年末的总支付 = \$77903.22 + \$71129.03 = \$149032.25

第一年末支付后的资产为 \$220000 - \$149032.25 = \$70967.75。这时持有债券账户的年金投保人死亡，他的准备金被重新分配给另一个投保人，这个投保人的资金全部投资于股票账户，也就是整个年金系统的所有资产都分配给他。

第二年末未进行年金支付时，总资产价值为 \$70967.75 × 1.15 = \$81612.91。此时的支付为：

$$71129.03\times\frac{1.15^2}{1.05^2}=\$85322.58$$

很明显没有足够的资产进行年金支付，这是为什么呢？如果两个年金投保人在相同的账户中投资，结果就会符合预期假设。但是，这个例子中一个投保人投资债券，低于股票账户的投资收益，当投资债券的投保人死亡时，他的准备金就不能给生存者带来足够的准备金资产。在实际操作中，保险人需要注入资金，使股票账户基金恰好满足生存的投保人的准备金需求水平。

上述实例说明，当多个投资账户同时使用时，即使每个投保人都按照假设死亡率死亡，保险人仍会有收益或损失。这是因为投资账户有不同的投资收益，由于死亡而放弃的准备金不一定能恰好将准备金增加到预计水平。

退休金较少的投保人投资一般比较谨慎，但是不能据此认为投资低收益账户的年金投保人会比投资高收益账户的投保人先死亡。接下来，改变投保人的死亡顺序，假设投资股票的投保人先死亡。在第一年末年金支付后，资产价值同样是 \$70967.75。债券账户的资产价值在第二年会增长为 \$70967.75 × 1.05 = \$74516.14。年金支付如下：

$$71129.03 \times \frac{1.05^2}{1.05^2} = \$71129.03$$

因此在第二年年金支付后，还有 \$3387.11 的剩余资产。这是因为投资股票账户的投保人死亡而减少的准备金，高于投资债券账户的投保人仍生存所需补充的准备金数额。在实际操作中，保险人需提取资金，使债券投资基金降低到生存投保人所需的准备金水平。评估法定准备金要求采用保守的死亡率假设，根据保守假设而没收的准备金可以用来抵充相关的投资损失，如上例中债券账户的投资收益低于股票账户投资收益所带来的损失。

通过对资产和负债的周期性评估可以知道，资产和负债应该是相互匹配的。年金产品可以连结到一个或多个投资账户，投资收益或损失一般会符合定价假设，在较长时期内，投资收益和损失可能会达到平衡，而在较短的时期内，会有一定的波动。对于单独账户总资产超过准备金负债的部分，保险人会提取资金。对于账户资产不足以抵充准备金负债的部分，保险人会注入资金。

第三节　我国变额年金产品准备金

通过未来准备金方法计算未来保单保证的贴现值，以此来计算准备金，不能应用于变额年金，这是因为变额年金与投资账户连结，年金给付根据投资账户的收益情况随机波动，保险公司不能提供最低保证给付，因此无法计算未来给付的贴现现值。对于预先附加费用的变额年金，一般认为账户价值是较好的准备金，而对于后端附加费用的保单如何考虑则是一个问题。

根据我国《变额年金保险管理暂行办法》的相关规定，变额年金保险责任准备金由单位准备金、非单位准备金和保证利益准备金三部分构成。单位准备金、非单位准备金的提取方法，参照《投资连结保险精算规定》。

变额年金产品准备金的核心在于保证利益准备金的计算，也是本章的重点内容。

一、单位、非单位准备金

单位准备金等于准备金评估日的个人投资账户价值。个人投资账户价值使用投资单位卖出价计算。账户价值等于总资产减去总负债，且对于每个投资账户，投资账户资产价值不得低于该投资账户所对应的单位准备金金额。

为确保将来对个人投资账户之外的理赔、营业费用等支出有足够的支付能力，公司精算责任人应遵循一般被普遍认可的精算原则决定是否提取非单位准备金及其提取方法。计算非单位准备金使用的现金流不应包括保证利益收费及相关的佣金、营运成本和总部费用支出。

单位准备金相当于对客户的账户价值提存的准备金，非单位准备金相当于对保险保障功能提存的准备金。可以参照下述现金流贴现的方式计算非单位准备金，选择精算假设时应遵循普遍认可的精算原则，其中贴现率应以保险公司预计的回报率为基础，但不得高于5%。具体步骤如下：

（1）预期在将来的每个时间段内，个人投资账户以外的现金流；

（2）若预期的净现金流在将来的某些时间点为负值，则从最远的负值点（n）往回，按如下公式计算：

$$V_{n-1} = -PV_{n-1}(CF_n)$$

$$V_{n-t} = \max[0, PV_{n-t}(V_{n-t+1}) - PV_{n-t}(CF_{n-t+1})]$$

其中，V_{n-t}为t时刻的责任准备金，$t=0,1,\cdots,n-1$；CF_t为$[t-1,t]$时间段内的净现金流；$t=1,2,\cdots,n$；PV_t为相应项目在t时刻的精算现值。

二、保证利益准备金

鉴于变额年金一般会提供最低身故利益保证（GMDB）、最低累积利益保证（GMAB）、最低年金给付保证（GMIB）和最低退保利益保证（GMWB），其责任准备金除与投资连结保险相同的单位准备金及非单位准备金以外，还要求保险公司提取保证利益准备金，严格遵循保证利益准备金的提取方法，为保证利益准备金建立适合的评估流程，定期更新评估假设，并对结果的合理性和充分性负责。

我国保证利益准备金的评估，充分借鉴了美国最新版变额年金准备金评估指引（精算指引43号）的内容，并首次引入了蒙特卡罗随机模拟法。该方法要求保险公司通过对多种不同情景下（至少1000种情景）可能产生缺口的模拟，来提取合理的准备金。同时取条件尾部期望30%（即按照最大累计缺口的现值从高到低进行排名，取前30%的算术平均数）为准备金，确保了随机模拟在保守、审慎的原则下进行。

此外，我国保证利益准备金的评估还附加了安全措施，即要求上述随机模拟的评估结果需要与采用传统的静态精算评估法的结果进行比较，取二者中较大者，充分保证了准备金提取的保守与审慎。

（一）蒙特卡罗随机模拟法

1. 计算方法。

（1）在每一个情景下计算该情景的“最大累计缺口现值”。

① 在从评估日至保证期满的整个预测期内，预测在未来每个时间点的G值和账户价值，以及在未来每个时间点发生的保证利益收费，与保证利益相关的佣金、营运成本和总部费用。预测时间点的G值在保证触发前为保单账户价值，在保证触发后为保单保证的利益。保单提供最低年金给付保证的，保单保证的利益在保证触发后为最低年金领取标准的精算现值，评估方法和假设遵循有关精算规定。时间点间隔不大于一年。

各时间点的累计缺口金额为以下二者之和，即累计缺口金额$_t = a_t + b_t$

其中，$a_t = \max(G_t - AV_t, 0)$，即为该时间点预测的G值（$G_t$）减去预测的账户价值（$AV_t$）的余额，与零之间的较大者；

b_t为从评估日到该时间点之间的各个时间点与保证利益相关的佣金（G_Comm_t）、营运成本（G_OExp_t）和总部费用（G_OH_t）按无风险利率（r_f）计算的累计值，减去保证利益收费（G_Chg_t）的无风险利率累计值。即$b_t = \sum_{i=1}^{t}(G_Comm_i + G_OExp_i + G_OH_i) \times (1 + r_f)^{t-i} - \sum_{i=1}^{t}(G_Chg_i) \times (1 + r_f)^{t-i}$。

② 最大累计缺口现值是评估日的各时间点累计缺口金额精算现值（APV_t）中的最大值。即$APV_t = {}_tP_x \times V^t \times$累计缺口金额$_t$，其中${}_tP_x$同时考虑死亡率和退保率。

（2）重复上述过程，为每一情景分别建立“最大累计缺口现值”。

（3）基于“最大累计缺口现值”计算条件尾部金额。对所有的最大累计缺口现值按降序排序，条件尾部金额是排名前30%的最大累计缺口现值的算术平均值。计算时，最大累计缺口现值不得为负，所有小于零的最大累计缺口现值会被设置为零。

2. 账户价值的预测。

（1）保险公司应至少为权益类、固定收益类资产选择可观测的、流动性强的指数，为货币市场类资产选择可观测的收益指标。

（2）对不同资产类别的指数和收益指标选择适合的随机模型模拟。

（3）公司内各独立投资账户可依据投资策略，由不同的指数或收益指标建立模拟账户来模拟投资账户的随机变化，并审慎地设立拟合度标准，定期验证拟合度。

（4）预测账户价值时，采用评估日投资账户各类资产实际的配置比例，并在整个预测期内保持不变。

如果公司采用固定乘数平衡模式，且已在合同中约定投资账户内无风险资产和风险资产的比例，则该比例应该按约定方法随情景调整。显著的成本应计入累计缺口金额计算中的运营成本。

3. 模拟情景。

（1）最少使用1000个情景。

（2）每个情景须至少按年模拟指数或收益指标的变化，情景可模拟至所有保证期满，如果情景结束后还有未来保证责任，该部分责任对准备金评估不应产生实质影响。

（3）需要对情景进行校验。权益类指数的最低校验标准如表8-3所示，情景校验不需要通过所有的校验标准，总精算师需要审慎地判断未通过的校验标准不会对准备金计算产生实质影响。其他指数或收益指标的校验标准由总精算师依据审慎性原则制定。

表8-3　　权益类指数的最低校验标准

分位点	一年	三年	五年	七年	十年
2.50%	0.63	0.49	0.42	0.40	0.38
5.00%	0.70	0.56	0.50	0.48	0.47
10.00%	0.76	0.66	0.62	0.61	0.62
90.00%	1.42	1.97	2.54	3.25	4.32
95.00%	1.56	2.33	3.18	4.11	5.77
97.50%	1.68	2.68	3.79	5.12	7.58

校验标准表示期末权益类指数分布对应分位点下的模拟值上限。如一年期、2.5%分位点的校验标准0.63表示在1000个情景中不少于25个情景，权益类指数在一年末价值不高于起点价值的0.63倍，则可以通过校验。

（4）不同资产类别间预期收益的协方差不得为负。

（5）不同资产类别的预期收益和方差满足风险市场价格关系。

（6）情景中除无风险利率外无均值回归假设；对于无风险利率的长期均值和回归速率需要按照审慎性原则确定。

4. 分组评估。可以将风险特性相似的保单分组评估，但不可以相互抵消降低准备金。

5. 对于不依赖情景的假设由总精算师依据审慎原则确定。

（1）明确区分最优估计假设和针对估计不确定性的风险边际。设定风险边际时对各假设应整体考虑。

（2）折现率使用评估日无风险收益率曲线。

（3）死亡率使用《中国人寿保险业经验生命表（2000—2003）》。根据保险责任的不同，保险公司应当按照经验生命表的适用范围，使用相应保守的经验生命表。

（4）可以审慎地使用动态假设，但当保证利益高于账户价值时，动态退保假设不可以高于表8-4。

表8-4　　动态退保假设条件

保证利益/账户价值	小于110%	大于等于110%
退保假设	2%	0

6. 计算各年年末的累计缺口金额时可以考虑再保险的影响。公司对冲策略不影响准备金计算。

（二）静态精算评估法

1. 基于未来法，按照以下标准情景或中国保监会指定的其他情景计算。标准情景是指在评估日各类资产价值下跌1倍标准差，然后按照各自的平均收益率增长。标准差和平均收益率由模拟情景产生。并且权益类资产标准差不低于30%，平均收益率不高于5%。

2. $V_t = Max(APV(GB) - (AV_t - APV(Chg)), 0)$，其中 AV_t 为t时刻按

照标准情景下跌后的保单账户价值，APV（Chg）为账户中除保证利益收费外的其他收费的精算现值，APV（GB）为保证利益的精算现值。

3. 折现率采用标准情景中的平均收益率。

4. 评估死亡率应采用《中国人寿保险业经验生命表（2000—2003)》。

5. 静态精算评估法可以考虑再保险的影响。

对于最低身故利益保证的评估，根据上述蒙特卡罗模拟情景将未来最低身故保证利益高于账户价值部分的精算现值减去未来相关收费的精算现值得到一个余额，取该余额与零之间的较大者。对所有情景计算出的上述值按降序排序，最低身故利益保证的保证利益准备金为排名前30%的算术平均值。

第九章

蒙特卡罗模拟

随着高速个人计算机（PC 机）的出现，“蒙特卡罗”模拟成为了保险精算行业最有效的工具之一。蒙特卡罗方法能够被广泛使用，原因之一是大量的重要实际问题很难得到其解析解；之二是它所涉及的技术相对来讲比较容易掌握。因此，当利用模拟方法对问题进行精确估计时，蒙特卡罗方法就显得更加重要。

蒙特卡罗方法主要考虑的两个因素是随机数和随机变量的生成。真正意义上的随机数（或者随机事件）是按照实验过程中表现的概率分布随机产生的，其结果是不可预测的，是不可见的。而计算机中的随机函数是按照一定算法模拟产生的，其结果是确定的，是可见的。所以用计算机随机函数所产生的“随机数”并不随机，是伪随机数。

第一节　伪随机数的生成

下面主要考虑在区间[0，1]上生成随机数。

最成功的生成伪随机数的计算机程序是线性同余数生成程序（Linear Congruential Generator）。它是使用一个称为种子的原始整数和一个递归式来生成随机数。

使用线性同余数生成程序，首先要选择三个正整数：乘数 a，增量 c，模数 m，其中 $m>a$，$m>c$。为了得到期望的随机数序列 u_1，u_2，…，u_N，

先由种子 x_0 生成{0，1，2，…，m－1}范围内的一个整数序列 x_1，x_2，…，x_N。这个整数序列通过以下递归规则生成：

$$x_n=(ax_{n-1}+c)(\mathrm{mod}\,m),\ n=1,\ 2,\ \cdots,\ N$$

即，x_n 是 $ax_{n-1}+c$ 被 m 除后的余值。接着，令 u_n 等于 $\frac{x_n}{m}$。

以上方法是在区间[0，1)上（而不是区间[0，1]上）生成随机数。实际上，此方法只能得到形如 $\frac{i}{m}$ 的数，其中 i＝0，1，2，…，m－1。但当 m 足够大时，可以近似看成是[0，1]上的随机数。

第二节　随机变量的生成

生成随机变量的方法主要有以下两种：

（1）反变换法；

（2）接受—拒绝法。

对于一些服从重要的概率分布的随机变量，都有相对应的生成算法存在。例如，Box－Muller 算法和极坐标算法都是用来生成服从标准正态分布的随机变量的算法。

一、反变换法

假设需要一个算法来生成服从分布函数为 F（x）分布的独立随机变量。设 F^{-1}（y）是 F（x）的反函数，其中 y 只在 0 和 1 之间变化。如果一个随机变量 U 在区间[0，1]上是均匀分布的，那么随机变量 $X=F^{-1}$（U）的分布函数就是 F（x），因为：

$$P(X\leqslant x)=P[F^{-1}(U)\leqslant x]=P[U\leqslant F(x)]=F(x)$$

注意上式中最后一个等号成立是因为如果 U∶U(0,1)，则对区间（0，1）内的所有数值 u 都有 $P(U\leqslant u)=u$。

因此，为了生成服从给定分布的随机变量 x，可以按以下两步算法进行。

1. 生成一个服从均匀分布 U(0,1)的随机变量 u。

2. 返回 $x=F^{-1}(u)$。

反变换法的主要缺点是分布函数 $F(x)$ 必须要有一个精确的反函数表达式。例如，使用反变换法生成服从标准正态分布的一个随机变量，需要标准正态分布函数的反函数，其中标准正态分布函数如下：

$$F(x) = \frac{1}{\sqrt{2\pi}}\int_{-\infty}^{x} e^{-\frac{1}{2}t^2}\partial dt$$

然而，在这种情况下对于方程 $u=F(x)$ 没有发现精确解。

二、反变换法生成离散随机变量

设 X 是一个离散随机变量并且只能取得 x_1，x_2，…，x_N 这些值，其中 $x_1<x_2<\cdots<x_N$。随机变量 X 的分布由下式给出：

$$P(X=x_i)=p_i,\ i=1,\ 2,\ \cdots,\ N$$

其中对所有 i 都有 $p_i>0$，并且 $\sum_{i=1}^{N} p_i=1$。则随机变量 X 的分布函数如下：

$$F(x)=P(X\leqslant x)=\sum_{i:x_i\leqslant x} p_i$$

注意上式右边求和需要跑遍所有满足 $x_i\leqslant x$ 的指数 i。如果 $x<x_1$，那么 $\sum_{i:x_i\leqslant x} p_i=0$。下面的算法就给出服从上述分布的随机变量 x 的生成方法：

1. 生成 u，它服从 $U(0,1)$ 均匀分布。
2. 寻找正整数 i，使得 $F(x_{i-1})<u\leqslant F(x_i)$。
3. 返回 $x=x_i$。

显然该算法只能返回 $\{x_1,\ x_2,\ \cdots,\ x_N\}$ 中的某个元。值 $x=x_n$ 被返回的概率是：

$$P[F(x_{n-1})<U\leqslant F(x_n)]=F(x_n)-F(x_{n-1})=p_n$$

三、接受—拒绝方法

我们已经知道，反变换法在计算中存在一些问题，因此我们介绍一种更加有效的生成随机变量的方法——接受—拒绝法（Acceptance - Rejection Method）。我们首先介绍一个结论，并给出一个简单证明。

结论：假设随机变量的概率密度函数是 $f(x)$。如果在由函数 f 和水平轴包围的区域内随机地选择点(X，Y)，那么点 X 的 x—坐标（横坐标）是密度函数 f 的一个随机变量（见图 9－1）。

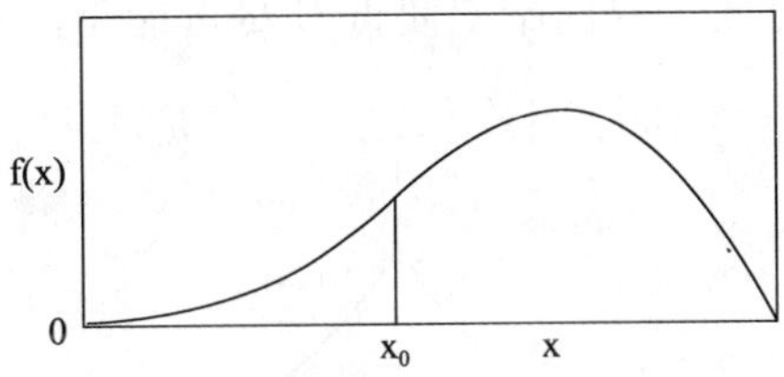

图 9－1

证明：$P(X \leqslant x_0)$是选择的点的 x—坐标小于 x_0 的概率，换句话说，此概率是选择的点落在规定区域内 x_0 左方的概率。因为我们在规定区域内均匀地选出点，其概率恰好等于密度函数曲线与坐标横轴包围的位于 x_0 左方的区域的面积，即 $\int_{-\infty}^{x_0} f(x)dx$ 。对此式微分，就得到 X 的密度函数是 f。如图 9－1 所示。

接受—拒绝抽样就是基于上述观点，如果不可能在 f 下方区域内随机生成点，则考虑选择一个包含该区域的更大区域并在此新区域内随机生成点，然后把不符合条件的点丢掉。

具体做法是首先寻找一个更简单的密度函数 h(x)（能够比较容易地画出一个样本)，使得$\frac{f(x)}{h(x)}$对所有的 x 都是有界的。对所有的 x 定义：

$$C = \max_{\text{all } x}\frac{f(x)}{h(x)},\ g(x) = \frac{f(x)}{Ch(x)}$$

使得$0 < g(x) \leqslant 1$（注意到 C 是一个有限数，因为$\frac{f(x)}{h(x)}$对所有的 x 都是有界的)。从几何学角度讲，C 是使得 Ch(x)的图像在 f(x)的图像上方或者恰好重合的最小值，或者说是对所有的 x 满足 $Ch(x) \geqslant f(x)$的最小值。对于在 Ch(x)的图像下面随机生成的点(x,y)，g(x)表示该点也落在 f(x)的图像下方的概率。C 与算法的有效性也密切相关，因为它表示为了得到一个可以接受的值 x，平均生成的值的数量。即如果 C＝2，那么最终拒绝生成结果的一半。在几何学上这也是很明显的（图 9－2）。f(x)的图像下方的面积代表着接受的数量。Ch(x)的图像下方的面积代表着生成的总数量。则接

受数量比例为 f(x)的图像下方的面积除以 Ch(x)的图像下方的面积。前者恰好为 1 而后者恰为 C，因为 f(x)和 h(x)都是密度函数。因此接受比例是 $\frac{1}{C}$。当选择 h(x)的时候，我们希望使得 C 尽可能小。

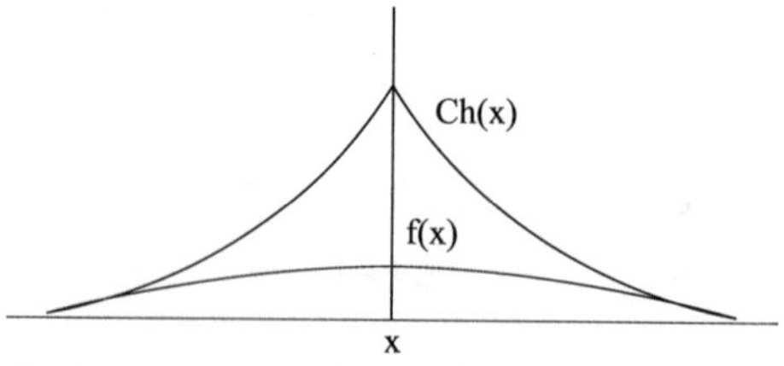

图 9－2

接下来按如下算法进行：

1. 生成一个随机变量 u，它服从均匀分布 U(0，1)。
2. 生成一个随机变量 y，它服从密度函数为 h(x)的分布。
3. 如果 $u > g(y)$，那么回到 1；否则返回 $x = y$。

四、生成正态随机变量

许多模拟需要生成服从正态分布的随机变量。由于满足 $X \sim N(\mu, \sigma^2)$的随机变量 X 都能表示为 $X = \mu + \sigma Z$，因此关键是能够生成均值为 0，方差为 1 的标准正态随机变量 Z。

因为反变换法和接受—拒绝抽样都不适合于正态分布，所以下面介绍其他几种方法。

1. Box－Muller 算法。以下算法可用于生成服从标准正态分布的独立的随机变量对 z_1，z_2。

（1）生成两个独立的随机数 u_1 和 u_2。

（2）返回：$z_1 = \sqrt{-2\ln u_1}\cos(2\pi u_2)$，$z_2 = \sqrt{-2\ln u_1}\sin(2\pi u_2)$。

该算法的一个缺点是必须要计算函数 cos（·）和 sin（·），计算机在这方面时间消耗很大。以下的算法本质上使用了与 Box－Muller 算法同样的变换，但是通过使用接受—拒绝方法，它避免了计算函数 cos（·）和 sin（·）。

2. 极坐标算法。

（1）生成随机数 u_1 和 u_2。

（2）置 $v_1 = 2u_1 - 1$，$v_2 = 2u_2 - 2$ 和 $s = v_1^2 + v_2^2$。（注意 v_1 和 v_2 服从均匀分布 $U(-1,1)$）。

（3）如果 $s > 1$，回到 1；否则返回 $z_1 = \sqrt{\frac{-2\ln s}{s}} v_1$，$z_2 = \sqrt{\frac{-2\ln s}{s}} v_2$。

和 Box - Muller 算法类似，极坐标算法也生成服从标准正态分布的独立的随机变量对。

3. 近似算法。若对观察数据的概率分布的估计不用很精确，经常的做法是生成服从 U(0，1)均匀分布的随机变元序列 u_1，u_2，…，u_{12}，并置 $z = \sum_{i=1}^{12} u_i - 6$，其均值为 0，方差为 1，根据中心极限定理，它近似服从正态分布。

第三节 模拟执行次数

蒙特卡罗模拟通常用于计算随机变量 X（在某一随机模型下）的期望值 $\theta = E(X)$ 和其概率分布。它的每一次输出结果，为随机变量 X 的一个模拟值。例如，当模拟被执行 n 次，相应的输出序列为 x_1，x_2，…，x_n，这些输出数据的代数平均 $\hat{\theta} = n^{-1} \sum_{k=1}^{n} x_k$，通常作为 θ 的一个估计。

在进行模拟计算之前，我们需要提前指定容忍水平 ε（可接受的最大误差值）和置信水平 $1-\alpha$（实际误差小于容忍水平的概率）。现在的问题是要找出适当的 n 值，使得 $\hat{\theta}$ 与 θ 之间误差小于 ε 的概率小于或等于 $1-\alpha$。

衡量误差一般有两种方式：绝对误差 $|\hat{\theta} - \theta|$ 和相对误差 $\frac{|\hat{\theta} - \theta|}{|\theta|}$。

一、绝对误差

当使用绝对误差来测量偏差时，由于多次模拟都是彼此独立的，中心极限定理告诉我们，对于很大的 n：

$$\frac{1}{\sqrt{n}} \sum_{k=1}^{n} (x_k - \theta) \sim N(0, \tau^2)$$

或者 $\hat{\theta}-\theta \approx N\left(0, \frac{\tau^2}{n}\right)$

其中方差 τ^2 是未知的，但是被近似表示成：

$$\hat{\tau}^2=\frac{1}{n-1}\sum_{k=1}^{n}(x_k-\hat{\theta})^2$$

令 $z_{\frac{\alpha}{2}}$ 来自随机数表，使得：

$$P[-z_{\frac{\alpha}{2}} \leqslant N(0,1) \leqslant z_{\frac{\alpha}{2}}]=1-\alpha$$

那么 $P\left[-z_{\frac{\alpha}{2}}\frac{\hat{\tau}}{\sqrt{n}} \leqslant \hat{\theta}-\theta \leqslant z_{\frac{\alpha}{2}}\frac{\hat{\tau}}{\sqrt{n}}\right] \approx 1-\alpha$

它对 θ 给出一个充分窄的置信区间，只要：

$$z_{\frac{\alpha}{2}}\frac{\hat{\tau}}{\sqrt{n}}<\varepsilon$$

即，只要：$n>\frac{z_{\frac{\alpha}{2}}^2\hat{\tau}^2}{\varepsilon^2}$

在较少次数的模拟执行之后，对 τ^2 的估计将会足够精确，从而使得上式能够用来估计需要模拟的次数。

二、相对误差

当相对误差被用来衡量偏差时有同上面类似的讨论。这种情况下：

$$z_{\frac{\alpha}{2}}\frac{\hat{\tau}}{|\theta|\sqrt{n}}<\varepsilon$$

或者写成更易读的形式：$n>\frac{z_{\frac{\alpha}{2}}^2\hat{\tau}^2}{(\varepsilon^2\theta^2)}$

当然 θ 的准确值未知，但是在上式中可以用估计值 $\hat{\theta}$ 代替 θ。

附录1

变额年金保险管理暂行办法（讨论稿）

第一章 总 则

第一条 变额年金保险，是指保险利益与连结的投资账户投资单位价格相关联，同时按照合同约定具有最低保险利益保证的人身保险产品。

变额年金保险应当约定年金给付保险责任，或提供满期保险金转换为年金的选择权。年金给付应当在保单签发时确定领取标准，并不允许趸领。年金选择权可以在保单签发时保证领取标准，或在满期保险金转换为年金时再确定年金的领取标准。

变额年金保险可以提供以下最低保险利益保证：

（一）最低身故利益保证，是指被保险人身故时，若保单账户价值低于保单约定的最低身故金，受益人可以获得最低身故金；若保单账户价值高于最低身故金，受益人可以获得保单账户价值。

（二）最低满期利益保证，是指保险期间届满时，若保单账户价值低于保单约定的最低满期金，受益人可以获得最低满期金；若保单账户价值高于最低满期金，受益人可以获得保单账户价值。

（三）最低年金给付保证，是指在保单签发时确定最低年金领取标准。

（四）最低累积利益保证，是指在变额年金保险累积期内的当前资产评估日，若投资单位价格低于历史最高单位价格的约定比例，保单账户价值以历史最高投资单位价格的该比例计算；若投资单位价格高于历史最高投资单位价格的约定比例，保单账户价值以投资单位价格计算。

历史最高投资单位价格，是指账户设立以来的最高历史投资单位价格。

第二条 本通知所称投资账户，是指保险公司依照《投资连结保险管理暂行办法》（保监发［2000］26号）和《投资连结保险精算规定》（保监寿险［2007］335号）设立、管理和评估的投资账户。

变额年金保险可以连结到一个或多个投资账户。

第三条 变额年金保险保单应当具有保单账户价值。保单账户价值为保单连结的投资账户单位数乘以投资单位价格。在最低累积利益保证的情形下，若投资单位价格低于历史最高单位价格的约定比例，则保单账户价值为保单连结的投资账户单位数乘以历史最高单位价格的约定比例。

变额年金保险保单连结多个投资账户的，保单账户价值应当将保单在各个投资账户中的价值加总计算。

第四条 变额年金保险的费用结构与上限，参照《投资连结保险精算规定》执行。

第五条 除本办法第四条所列费用外，保险公司对于变额年金保险还可以收取保证利益费用，即保险公司为提供最低保险利益保证而收取的费用。

保证利益费用可以按照保单账户价值或最低保险利益保证的一定比例，并以扣除投资单位数的方式收取。

第六条 保险公司应当按照普遍认可的精算原则、期权定价模型或随机模型，审慎确定参数进行合理定价。

第七条 变额年金保险的现金价值为保单账户价值与退保费用之间的差额。

保险公司可以收取的退保费用参照《投资连结保险精算规定》。

第八条 保险公司应当保证各项费用收取的最高水平。若不保证，应在合同条款中约定变更收费水平的方法。

第二章　管理模式

第九条 保险公司应审慎评估提供最低保险利益保证可能导致的风险，采取相应的管理模式，降低风险。

第十条 保险公司应根据所采取的管理模式，建立支持变额年金保险的管理信息系统，配备具有相关专业知识的精算人员、投资人员和风险管理人员。

保险公司应对变额年金保险采用的管理模式、数量模型、模型参数及投资实施，建立适当的管理流程，明确责任。

第十一条　保险公司开办变额年金保险的，除仅提供最低身故利益保证外，应采用中国保监会认可的管理模式。

中国保监会认可的管理模式有：内部组合对冲模式和固定乘数平衡模式。

第十二条　本办法认可的管理模式中所称风险资产指具有一定市场风险或违约风险，流动性良好的资产。

无风险资产指无违约风险或违约风险极低，具有良好流动性的资产。

第十三条　本办法中的无风险资产包括现金、国债、央行票据、政策性银行金融债、货币市场基金。

第三章　内部组合对冲模式

第十四条　保险公司应设立一个无风险资产账户。该账户应独立于投资账户，并能够单独核算，账户资产按照市价估值。

第十五条　保险公司应当按照资产负债匹配管理的原则，通过内部模拟期权的方式管理最低保险利益保证。

（一）保险公司应当根据保单负债情况（保单持有人持有的投资账户单位数）计算变额年金保险产品应当持有的投资账户多头。

（二）保险公司应当根据所选择的期权定价模型，确定相关参数，构建投资账户空头（内部卖出投资账户单位）与无风险资产账户多头（内部买入无风险资产）相结合的资产组合，模拟保单约定的最低保险利益保证。

（三）保险公司按照本条（一）和（二）确立的投资账户多头和投资账户空头应当统筹考虑，并通过买入投资单位或卖出投资单位的方式实现。

（四）保险公司应动态调整投资账户多头、投资账户空头与无风险资产账户多头间的头寸，以适应现金流变化，并对冲面临的主要风险。

动态调整评估频率不得低于每周一次。

（五）公司应确定偏差容忍度，并据以调整账户头寸。

这里的偏差容忍度，是指保险公司对投资账户与无风险资产账户实际头寸与模型头寸偏离可以容忍的程度。

第十六条　变额年金保险应当对冲的风险至少包含市场风险与利率风

险，并对波动性风险进行有效管理。

第十七条 公司内部组合对冲管理，不得影响各投资账户的正常运作与单位价格的计算。

第十八条 保险公司应采用基于无套利理论的期权定价或随机模拟模型，并据以进行产品定价及对冲管理。

保险公司应以布莱克—斯科尔斯（Black - Scholes）模型为参考，选取适当的分布函数产生经济情景及相关参数，并说明所选分布函数的合理性。

第四章 固定乘数平衡模式

第十九条 保险公司采用固定乘数平衡管理模式的，应设立投资账户。该投资账户下应明确划分风险资产和无风险资产。

第二十条 固定乘数平衡，是指根据投资乘数、价值底线等参数，动态地调整投资账户中风险资产和无风险资产间的投资比例，以管理最低保险利益保证的模式。

（一）投资乘数基于风险资产的波动率、流动性、公司的风险偏好等合理确定，在动态调整中应固定不变。

（二）价值底线等于最低保险利益保证在计算当日的现值。

贴现率以无风险资产收益率为基础确定。

（三）保险公司应当参照本条（一）和（二）确定的投资乘数和价值底线，计算风险资产目标头寸，并据以动态调整无风险资产和风险资产的头寸。

风险资产目标头寸 = 投资乘数 ×（账户价值 - 价值底线）。

风险资产目标头寸不得超过账户价值。

动态调整评估频率不得低于每周一次。

（四）公司应确定偏差容忍度，并据以调整无风险资产和风险资产头寸。

这里的偏差容忍度，是指保险公司对风险资产的实际头寸和目标头寸的偏离可以容忍的程度。

第二十一条 采用固定乘数平衡管理模式的，除提供最低累积利益保证的产品外，应采取批次销售的方式。

采用固定乘数平衡管理模式，并提供最低累积利益保证的，如果管理模式支持，可以不采取批次销售的方式。

第二十二条 批次销售，是指在约定时段内进行集中销售。约定时段不得超过3个月。

采用批次销售的，每一集中销售期均应设立一个对应的投资账户。

销售结束后，投资账户应封闭，但发生赔付、退保等除外。

第二十三条 采用批次销售的，保险公司应在条款中约定销售期结束后的某日为投资开始日，该期间承保的保单将从该日起集中进行投资运作。

第二十四条 采用批次销售的，集中销售期需在产品申报时进行详细说明，并经保监会批准后实施。

保险公司应在客户投保时履行告知义务，需在投保书或产品说明书中明确其对应投资开始日。

第二十五条 采用批次销售的，销售期间资金的投资活动仅限于银行活期存款、通知存款、货币市场基金等流动性高的金融工具。

集中销售期间获得的投资收益为投保人所有，销售结束后应按各投保人的资金数量及投保时间公平、合理地分配到各投保人的个人账户。

第二十六条 采用批次销售的，集中销售期间退保的，应退还投保人全部保费。

第五章 责任准备金提取要求

第二十七条 变额年金保险责任准备金由单位准备金、非单位准备金和保证利益准备金三部分构成。

第二十八条 单位准备金、非单位准备金的提取方法，参照《投资连结保险精算规定》。

计算非单位准备金使用的现金流不应包括保证利益收费及相关的佣金、营运成本和总部费用支出。

第二十九条 保险公司应当提取保证利益准备金，为保证利益准备金建立适合的评估流程，明确职责，并保证准备金评估流程切实实施。总精算师需要依据审慎性原则选择准备金评估模型、评估假设，定期更新评估假设并对结果的合理性和充分性负责。

第三十条 除最低身故利益保证外，保证利益准备金应取以下两种方法计算结果的较大者：

（一）蒙特卡罗随机模拟法

1. 计算方法。

（1）在每一个情景下计算该情景的“最大累计缺口现值”。

① 在从评估日至保证期满的整个预测期内，预测在未来每个时间点的G值和账户价值，以及在未来每个时间点发生的保证利益收费，与保证利益相关的佣金、营运成本和总部费用。

预测时间点的G值在保证触发前为保单账户价值，在保证触发后为保单保证的利益。保单提供最低年金给付保证的，保单保证的利益在保证触发后为最低年金领取标准的精算现值，评估方法和假设遵循有关精算规定。

时间点间隔不大于一年。

各时间点的累计缺口金额（累计缺口金额$_t$）为以下二者之和，即累计缺口金额$_t = a_t + b_t$：

a）该时间点预测的G值（G_t）减去预测的账户价值（AV_t）的余额，与零的较大者，即$a_t = \max(G_t - AV_t, 0)$

b）从评估日到该时间点，各时间点与保证利益相关的佣金（G_Comm_t）、营运成本（G_OExp_t）和总部费用（G_OH_t）按无风险利率（r_f）的累计值，减去保证利益收费（G_Chg_t）按无风险利率的累计值。即$b_t = \sum_{i=1}^{t}(G_Comm_i + G_OExp_i + G_OH_i) \times (1 + r_f)^{t-i} - \sum_{i=1}^{t}(G_Chg_i) \times (1 + r_f)^{t-i}$

② 最大累计缺口现值是评估日的各时间点累计缺口金额精算现值（APV_t）中的最大值。即$APV_t = {}_tP_x \times V^t \times$累计缺口金额$_t$，其中${}_tP_x$中考虑了死亡率和退保率。

（2）重复上述过程，为每一情景建立“最大累计缺口现值”。

（3）基于“最大累计缺口现值”计算条件尾部金额。

① 对所有的最大累计缺口现值按降序排序，条件尾部金额是排名前30%的最大累计缺口现值的算术平均值。

② 计算时，最大累计缺口现值不得为负，所有小于零的最大累计缺口现值会被设置为零。

2. 账户价值的预测

（1）保险公司应至少为权益类、固定收益类资产选择可观测的、流动性强的指数，为货币市场类资产选择可观测的收益指标。

（2）对不同资产类别的指数和收益指标选择适合的随机模型模拟。

（3）公司内各独立投资账户可依据投资策略，由不同的指数或收益指标建立模拟账户来模拟投资账户的随机变化，并审慎地设立拟合度标准，定期验证拟合度。

（4）预测账户价值时，采用评估日投资账户各类资产实际的配置比例，并在整个预测期内保持不变。

如果公司采用固定乘数平衡模式，且已在合同中约定投资账户内无风险资产和风险资产的比例，该比例应该按约定方法随情景调整。显著的成本应计入累计缺口金额计算中的运营成本。

3. 模拟情景

（1）最少使用1000个情景。

（2）每个情景须至少按年模拟指数或收益指标的变化，情景可模拟至所有保证期满，如果情景结束后还有未来保证责任，该部分责任对准备金评估不应产生实质影响。

（3）需要对情景进行校验。权益类指数的最低校验标准如下表所示，情景校验不需要通过所有的校验标准，总精算师需要审慎地判断未通过的校验标准不会对准备金计算产生实质影响。其他指数或收益指标的校验标准由总精算师依据审慎性原则制定。

分位点	一年	三年	五年	七年	十年
2.50%	0.63	0.49	0.42	0.40	0.38
5.00%	0.70	0.56	0.50	0.48	0.47
10.00%	0.76	0.66	0.62	0.61	0.62
90.00%	1.42	1.97	2.54	3.25	4.32
95.00%	1.56	2.33	3.18	4.11	5.77
97.50%	1.68	2.68	3.79	5.12	7.58

校验标准表示期末权益类指数分布对应分位点下的模拟值上限。如一年期、2.5%分位点的校验标准0.63表示在1000个情景中不少于25个情景，权益类指数在一年末价值不高于起点价值的0.63倍，则可以通过校验。

（4）不同资产类别间预期收益的协方差不得为负。

（5）不同资产类别的预期收益和方差满足风险市场价格关系。

（6）情景中除无风险利率外无均值回归假设；对于无风险利率的长期均值和回归速率需要按照审慎性原则确定。

4. 分组评估

可以将风险特性相似的保单分组评估，但不可以相互抵消降低准备金。

5. 对于不依赖情景的假设由总精算师依据审慎原则确定

（1）明确区分最优估计假设和针对估计不确定性的风险边际。设定风险边际时对各假设应整体考虑。

（2）折现率使用评估日无风险收益率曲线。

（3）死亡率使用《中国人寿保险业经验生命表（2000—2003）》。根据保险责任的不同，保险公司应当按照经验生命表的适用范围，使用相应保守的经验生命表。

（4）可以审慎地使用动态假设，但当保证利益高于账户价值时，动态退保假设不可以高于下表。

保证利益/账户价值	小于110%	大于等于110%
退保假设	2%	0%

6. 计算各年年末的累计缺口金额时可以考虑再保险的影响。公司对冲策略不影响准备金计算。

（二）静态精算评估法

1. 基于未来法，按照以下标准情景或中国保监会指定的其他情景计算。标准情景是指在评估日各类资产价值下跌1倍标准差，然后按照各自的平均收益率增长。标准差和平均收益率由模拟情景产生。并且，权益类资产标准差不低于30%，平均收益率不高于5%。

2. $V_t = \mathrm{Max}(APV(GB) - (AV_t - APV(Chg)), 0)$，其中 AV_t 为t时刻按照标准情景下跌后的保单账户价值，APV(Chg)为账户中除保证利益收费外的其他收费的精算现值，APV(GB)为保证利益的精算现值。

3. 折现率采用标准情景中的平均收益率。

4. 评估死亡率应采用《中国人寿保险业经验生命表（2000—2003）》。

5. 静态精算评估法可以考虑再保险的影响。

第三十一条 对于最低身故利益保证的评估，根据上述蒙特卡罗模拟情景将未来最低身故保证利益高于账户价值部分的精算现值减去未来相关收费的精算现值得到一个余额，取该余额与零之间的较大者。对所有情景计算出的上述值按降序排序，最低身故利益保证的保证利益准备金为排名前30%的算术平均值。

第六章 信息披露要求

第三十二条 变额年金保险的信息披露，除本通知第三十三条、第三十四条、第三十五条规定外，按照《人身保险新型产品信息披露管理办法》中投资连结保险部分执行。

第三十三条 保险公司应明确披露收取的保证利益费用。

第三十四条 保险公司应明确披露最低保险利益保证给付的条件。

第三十五条 采用固定乘数平衡管理模式的变额年金保险应在产品说明书中披露以下信息：

（一）固定乘数平衡管理模式的运作原理

（二）风险资产、无风险资产投资范围

（三）投资乘数

（四）价值底线的计算方法

（五）账户集中情景风险

账户集中情景，是指在动态调整中造成投资账户全部集中在无风险资产的情景。

第七章 附 则

第三十六条 本办法由中国保监会负责解释。

第三十七条 本办法自发布之日起施行。

附录2

我国香港地区变额年金产品示例

示例1：产品条款

定义

在本保单内，“您”、“您的”、“属于您的”及“持有人”等词语均指投保书上所指名的持有人，直至更改为止。持有人可以是被保人以外的人士。

账户价值：本保单于任何日子的账户价值相等于以下金额：截至该日为止分配于本保单的每一投资基金已发行单位的总数乘以其于该日（若该日为有关单位的交易日；但若该日并非有关单位的交易日，则于上一个交易日）的个别买入价，按照我们认为在有关情况下属适当的兑换率兑换（若适用时）为保单货币，并应下调至小数点后两个位。调整所得差额应归于本公司。

年龄：上次生日时的年龄。

年金领取人：在年金化时和年金化后，被保人将被称为“年金领取人”。

年金化：年金化指按照年金保障的年金率表和年金保障权益条款提供终身收入。“被年金化”应据此解释。

年金化周年日：年金化周年日指每年与年金化日期同月同日的一天。

年金化确认书：年金化确认书指本公司向您发出确认保单年金化的通知。

年金化日期：年金化日期指本保单年金化生效之日期。经本公司书面批准和在符合适用的行政规则的前提下，年金化日期应为年金化确认书中列明的日期，而本保单将于该日根据您的选择进行年金化。

年金保障：在本保单年金化后，按照年金保障权益条款向年金领取人支付的终身收入。

年金费用：年金费用是按照年金费用条款厘定而就本保单征收的费用。

投保日期：为投保本保单而妥为填写及签署投保表格的日期。

基本保费：基本保费与定期保费具有相同意义。

受益人：我们在本公司的办事处记录中所指名可按照人寿保险条款领取被保人身故时身故赔偿的人士。

利益基数：利益基数指用以按照年金保障权益条款厘定本保单年金保障的名义利益基数。

买入价：于某交易日某投资基金某单位的买入价是于该交易日可赎回该投资基金某单位所按的价格。

营业日：营业日是在香港本公司的办事处开放经营正常业务的日子。

费率级别：费率级别指本保单的风险级别并在保单说明书内显示。如果保费因额外风险而高于标准保费，费率级别即属特别，否则，应属标准。

证监会：证监会指根据香港法例（第571章）《证券及期货条例》成立的证券及期货事务监察委员会，并且包括根据任何法规或法律所成立，作为证监会的替代或继任团体，以履行并行使证监会任何职能的任何其他监管组织或机构。

本公司的办事处：本公司的办事处是本公司不时决定的本公司在香港客户服务部。

年金转换费用：年金转换费用是在保单年金化时本公司按照年金转换费用条款征收的费用。

交易日：某投资基金的交易日是本公司可购买及赎回该投资基金的单位之日子。

身故赔偿：就被保人的身故而言，身故赔偿是按照人寿保险条款厘定的基本计划人寿保险给付额。

提早赎回费：按照提早赎回费条款厘定，提早赎回费是就本保单的终止或退保而征收的费用。

基金分配指示：基金分配指示是在本公司的办事处记录中所显示您给予我们的、关于将保费或年金化时的账户价值（在扣除相关保单收费后）分配于各投资基金的指示。

保证价值：根据保证价值条款在第 12 个保单周年日所保证的账户价值。

保证费用：保证费用是按照保证费用条款厘定而就本保单征收的费用。

香港：香港指中华人民共和国香港特别行政区。

保险费用：按照保险费用条款厘定，保险费用是在适用时就提供本保单内的保险保障范围而收取的费用。

被保人：被保人的姓名列于保单说明书内。

投资基金：投资基金指单位信托、互惠基金或其他集体投资计划，其单位可供按照投资基金条款分配于本保单。

发出日期：在保单说明书内所指明，我们发出本保单的日期，或如属任何随附的附加契约或附加条款，则在附加契约或附加条款内所指明，我们发出该附加契约或附加条款的日期。

趸缴保费：趸缴保费是于投保时连同首次定期保费就本保单而支付的任何单一次性的保费。

保单期满日：本保单并无保单期满日。

最低账户结余：在本保单首 12 年期间，最低账户结余是以按月计算方式表示的定期保费款额乘以 24，其后则为 3000 美元，或本公司不时厘定的款额。

卖出价：于某交易日某投资基金某单位的卖出价是于该交易日可购买该投资基金某单位所按的价格。

不失效保证：不失效保证指即使由于基金表现及/或扣减保单收费而账户价值录得零结余，但本保单仍继续根据不失效保证条款而有效。

保单周年日：保单周年日指每年与保单日期同月同日的一天。

保单收费：按照保费及收费条款厘定，保单收费是本公司就本保单而征收的收费。

保单货币：保单货币是本保单用以计值并在保单说明书内所显示的货币。

保单日期：保单日期是本保单开始生效并在保单说明书内所显示的年、月、日。

保单管理费：按照保单管理费条款厘定，保单管理费是就本保单而征收的费用。

保单说明书：保单说明书是此等保单条款所附于的保单说明书。

保费费用：按照保费费用条款厘定，保费费用是就根据本保单所缴付的趸缴保费而征收的费用。

保费到期日：指定期保费根据本保单到期之日。

保费缴付期：指保单日期起计5年的期间。

定期保费：定期保费是基本计划的保费（不包括趸缴保费），在保单说明书内显示，并须按照定期保费条款缴付给我们。

退保价值：本保单的退保价值是按照退保条款计算的账户价值减去任何其他未付保单收费。

转换费：按照转换费条款厘定，转换费是就按照基金转换条款的转换而征收的费用。

单位：某投资基金的某单位指该投资基金内的某单位、股份或其他权益。

估值日：某投资基金的估值日是由该投资基金或代表该投资基金所指明，该投资基金被估值的日子。

一般条款

合约

此乃投资相连保单。根据本保单的基本计划须支付的若干保险收益与投资基金的表现相连，该等投资基金的单位在名义上分配予本保单，以便厘定本保单的账户价值。整份合约由本保单连同其所有内页、随附的投保书副本、保单说明书及任何随附的附加条款或附加契约组成，惟该附加条款或附加契约的名称及表格编号须在保单说明书内列出。

除本公司的正式获授权人员外，代理人或任何人士均无权更改本合约的条款或放弃我们的任何权利或免除我们的任何规定。未经我们同意，合约条款在本保单发出后不能更改。

本保单受香港法律管限并将按照香港法律解释。

不可争议

除非由于欺诈行为，否则本保单在被保人在生时已生效两年后，我们不会对本保单的效力提出争议。

自杀除外

即使本保单有其他条款，但如果被保人于保单日期起计 1 年内自杀（不论精神是否错乱），身故赔偿只限于已缴付保单收费及账户价值，且不付利息。根据本条款，已缴付的保单收费款额是由保单日期起计算。账户价值是按照人寿保险条款计算。

误报年龄或性别

除了本公司在被欺诈的情况下拥有权利外，如果被保人的年龄或性别曾被误报，账户价值及根据本保单须支付的其他保险收益将按正确的年龄和性别及已缴付的保费厘定。如果按照本公司的规定，被保人按正确的年龄属不可保，本保单（包括任何随附的附加条款及附加契约）将由保单日期起无效。

不分红

此乃不分红保单，因此持有人无权享有本公司所作出的盈余分派。

无利息

除非明确述明，否则本公司在本保单之下应付的任何款额均不附带利息。

退保

您可向我们退保本保单以换取退保价值，但我们须在本公司的办事处收到下列各项并且以书面批核：

(1) 您以我们不时指明的形式作出的有效书面申请；

(2) 本保单的保单合约。

就厘定退保价值而言，账户价值是以于赎回分配予本保单的已发行单位的交易日，相关投资基金的个别买入价计算，而任何未付保单收费将从该账户价值中扣除。已发行单位将会在我们在本公司的办事处以书面批核退保之日后，在切实可行范围内尽快于相关投资基金的交易日被赎回。由相关投资基金或代表相关投资基金就赎回单位而征收的费用或收费（如有），将会从退保价值中扣除。

在受延迟及限制条款的规限下，退保价值通常将会在我们在本公司的办事处收到您的有效书面申请及保单合约后不多于 30 天支付。单位被赎回日期与支付退保价值日期之间的期间将不获支付利息。

终止

在以下情况下，本保单将自动终止：

（1）如本保单被退保以取得退保价值，则于我们在本公司的办事处以书面批核退保之日；或

（2）于被保人或年金领取人身故时；或

（3）在保单日期开始24个月的期间内，如果按照宽限期条款在宽限期结束时，定期保费仍未清付；或

（4）在保单日期开始24个月的期间后而在保费缴付期期满之前，如果按照宽限期条款在宽限期结束时，定期保费和保单收费均仍未清付；或

（5）如果按照提取条款所作出的部分提取，导致账户价值跌至低于最低账户结余。在该情况下，本保单将在存于本保单之下的所有单位被赎回后终止；或

（6）如在保单年金化前，账户价值录得零结余或不足以缴付到期应付的适用保单收费，则本保单将于有关的保单收费之到期日终止；或

（7）如果我们认为您对本保单的持有权相当可能会使我们承担任何监管或税务责任，而若非您持有本保单则我们无须承担该等责任的话，则本保单将被随时终止。

即使有以上第（1）至（6）款，但在无损于我们在第（7）款的权利的情况下，如果和只要不失效保证条款仍维持有效，则本保单不会被终止。

在本保单终止时，而且在受限于本保单条款的情况下，您将有权收取：

（i）在上述第（1）款情况下，本保单的退保价值；或

（ii）在上述第（2）款情况下，身故赔偿；或

（iii）在上述第（3）、（4）款情况下，截至有关投资基金的交易日为止本保单的账户价值，减去适用的提早赎回费，而该日为紧接有关的宽限期终止后切实可行的范围内之交易日；或

（iv）在上述第（5）款情况下，有关的赎回所得款项及提取款额（如适用）；或

（v）在上述第（6）、（7）款情况下，截至有关投资基金的交易日为止本保单的账户价值（如有），减去任何未缴的保单收费，而该日为紧接本保单终止后切实可行的范围内之交易日。

本保单一经终止，即不再生效，亦不能复效。

保单贷款

我们不会根据本保单或就本保单或以本保单作为抵押而向您授予或作

出任何贷款或垫款。

通知

根据本保单须给予您的任何通知，将会以邮寄方式送交我们在本公司的办事处记录中您最近期的地址，并视作在上述投寄后第一个营业日由您收到。任何上述通知将由您被视作已收到该通知之时起实行。

保单货币

须支付予本公司及由本公司须支付的所有款额将以保单货币计算及作出，但须受我们作出下列任何一项或各项的权利规限：

(1) 当向任何特定国家或司法管辖区作出付款时，不以保单货币支付，并代之以另一货币支付，前提是凭我们的独有酌情决定权，我们认为以该另一货币作出的付款将会符合持有人或收款人的利益；

(2) 暂停以任何货币付款，前提是当我们认为该货币将会波动不定或如果已施加外汇管制，以致以该货币付款不切实可行；

(3) 当我们根据以上第（1）及（2）段行使我们的权利时，决定采用何种替代货币；

(4) 接受以保单货币以外的货币支付定期保费、逕缴保费或偿付欠我们的款额；

(5) 应有权收取根据本保单须支付的任何款额的人士之要求，以保单货币以外的货币支付根据本保单应付的任何款额；

而为了该等目的，我们可应用我们在该等情况下认为适当的货币兑换率。

在发出本保单后，不能更改保单货币。

持有权及受益人条款

保单持有人

您不可以更换本保单的持有人。尽管如此，我们在收到您的书面要求后，有绝对的权利凭我们的绝对酌情权在我们认为适当的情况下批准本保单持有权的更换。任何此种更换只在被保人在生同时本保单有效的期间内，您的要求由我们在本公司的办事处以书面批核方为有效。尽管我们收到您的要求，但对于我们在书面批准您的要求之前我们作出的任何付款或采取的其他行动，我们将不负责。

转让

您不可以将本保单转让。尽管如此，我们在收到您的书面要求后，有绝对的权利凭我们的绝对酌情权在我们认为适当的情况下批准本保单的转让。尽管我们批准您的要求，但我们不会对任何转让的效力或作用负责。您的权利及特权亦将受转让的条款限制。尽管我们收到您的要求，但对于我们在书面批准您的要求之前我们作出的任何付款或采取的其他行动，我们将不负责。

受益人

在受限于适用法律以及本公司不时厘定的行政规则的情况下，您可以藉着向本公司的办事处送交我们所指明形式的书面通知，提名或更换本保单的受益人。该更换只在被保人在生同时本保单有效的期间内，由我们在本公司的办事处以书面批核方为有效。尽管我们收到您的通知，但对于我们在书面批准您的要求之前我们作出的任何付款或采取的其他行动，我们将不负责。

在受限于本保单条款的情况下，在被保人身故时我们将向受益人支付身故赔偿，但在以下情况下，我们会将身故赔偿支付给您或付入您的遗产：

(1) 并无指名任何受益人；或

(2) 受益人比被保人较早身故；或

(3) 受益人与被保人在同一时间身故，或受益人在被保人身故后10天内身故。

若有多于一名受益人，则应付予受益人的身故赔偿应按照您指明的比例付予受益人。若您没有指明应付予每名受益人的身故赔偿比例，或所有比例数字加起来并非100%，则本公司有绝对酌情权向所有受益人支付相等份额的身故赔偿，或支付凭我们的绝对酌情权厘定的比例。

若我们出示一张根据本保单须支付任何款项的收据，而此收据已由受益人、被保人、您或您的遗嘱执行人或遗产管理人签署，将解除我们支付该笔款项的责任。该收据将会是最终及具决定性的证据，证明有权享有该笔款项的人士已正式领取该笔款项，而就该笔款项而对我们提出的所有申索及要求均已完全了结。

保费及收费条款

在本保单有效期间，本保单的账户价值应犹如在以下情况予以厘定：(i) 由我们在本公司的办事处所收到的任何保费，在兑换为保单货币（如适用)，并扣除任何银行收费及减去相关保单收费后，会用以按照基金分配指示购买相关投资基金的单位供分配予本保单；（ii）有关单位将会在本公司的办事处收到该保费的已交收款项的日期后，在切实可行范围内尽快于相关投资基金的交易日购买；及（iii）所收到的任何保费在等候购买单位供分配于本保单期间，将不会赚取或存入任何利息。

为避免疑问，本公司有权将所收到的保费投资于有关的投资基金或作出本公司认为必须的其他投资，但条件是本保单的账户价值应按上述方式厘定。

定期保费

本保单的基本计划具有固定的保费缴付期，于保费缴付期后即无须就基本计划缴付保费。

定期保费须在投保本保单之时及在每个保费到期日或该日之前缴付给我们。

定期保费的款额受到本公司于发出保单时所厘定的最低和最高款额所限。在保单日期开始24个月的期间内，定期保费的款额不得增减。

在保单日期开始24个月的期间后，您可藉着向我们在本公司的办事处送交以我们所指明形式作出的申请，减少定期保费的款额。任何减少款额须受本公司不时厘定的定期保费最低款额规限。定期保费款额的减少将会自在紧接本公司已批核该申请日期之后的定期保费到期日生效。由您的减少保费之申请获得批准之日起，保证价值条款及不失效。

保证条款将不再适用于本保单的余下期限，且在任何情况下均不能复效。

定期保费的任何其他更改将会受本公司不时决定的任何行政规则规限。

趸缴保费

在投保时，您可在缴付首次定期保费时一起缴付趸缴保费，但须受本公司不时厘定的最低及最高款额规限。

本保单发出后，本公司不再接受进一步的趸缴保费。

宽限期

在保单日期开始24个月的期间内，您获容许享有在定期保费的每一付款到期日后31天的宽限期。在宽限期内本保单将继续有效。如果在该宽限期结束时仍未缴付定期保费，本保单将于未缴付的定期保费首次到期之日停止有效。

在保单日期开始24个月的期间后，但在保费缴付期期满之前。

(i) 只要不失效保证仍然有效，您获容许享有在定期保费的每一付款到期日后31天的宽限期。在宽限期内本保单将继续有效。如果在该宽限期结束时仍未缴付定期保费，保证价值条款及不失效保证条款将从该日起不再适用。保单收费（保证费用除外）于到期时应继续从账户价值之中扣除，而本保单将继续有效直至其按以下第（ii）款被终止；及

(ii) 在不失效保证条款取消之后，如果在保单收费到期之时（保单收费到期日），在紧接该保单收费到期日。

之前到期的定期保费仍未清付，并且按照相关投资基金于保单收费到期日（如果保单收费到期日是相关投资基金的交易日，否则，于其在紧接保单收费到期日之前的交易日）的个别买入价计算所得的账户价值，不足以缴付相关保单收费；则对于紧接上述保单收费到期日之前到期的未缴定期保费，您获容许享有在该保单收费到期日后31天的宽限期。在宽限期内本保单将继续有效。如果在该宽限期结束时仍未付清尚欠的定期保费，本保单将从该日起停止有效。在任何情况下，账户价值将会按照本保单的条款扣除到期的相关保单收费。

致使本保单将会在最长期间内有效。按照本保单的条款扣除的任何保单收费将不会退回。

任何逾期的保单收费将从身故赔偿及根据本保单须支付的其他保险收益中扣除。

保费假期

在本保单有效期间内，您可在保单日期开始24个月的期间后的任何时间，藉着向我们在本公司的办事处送交以我们所指明形式作出的申请，申请在保费假期期间内暂停缴付定期保费，但按照相关投资基金于您的申请获批核日期（如果该日期是相关投资基金的交易日，否则，于其在紧接该日期之前的交易日）的个别买入价计算所得的账户价值须大于最低账户结余。保费假期将会在紧接我们在本公司的办事处对您的申请所作批核而注明日期并签署之日后的定期保费到期日起开始。在保费假期内，账户价值会按照本保单的条款扣减到期的相关保单收费。

如果在保费假期内的任何日子，按照相关投资基金于相关保单收费的

相关到期日（如果该到期日是相关投资基金的交易日，否则，于其在紧接该到期日之前的交易日）的个别买入价计算所得的账户价值，按我们的意见，相当可能会变为零，保费假期将会于本公司凭本公司的绝对酌情决定权所厘定的日子终止，而本保单将于该日失效。

我们不会在保单日期开始 24 个月的期间内准许有保费假期。

由您的保费假期之申请获批准之日起，保证价值条款及不失效保证条款在本保单的余下期限将停止适用。

保费费用

保费费用于我们按照趸缴保费条款在本公司的办事处收到趸缴保费之日到期应付。保费费用将于我们在本公司的办事处以已交付款项收到趸缴保费后从趸缴保费中扣除。

保单管理费

保单管理费每月在与保单日期属同一日历月日期的一天预先到期应付。该费用藉着赎回数目等值保单管理费款额的分配于本保单的单位，从账户价值中扣除。如果本保单获分配多于一个投资基金的单位，其将会在切实可行范围内尽量在比例上以接近本保单获分配的相关投资基金单位的个别价值被赎回。将要赎回以应付首次缴付保单管理费的单位将会按照本公司的行政规则，在紧接发出日期之后的相关投资基金交易日被赎回。其后，单位会按照本公司的行政规则，于保单管理费到期日（如果到期日是相关投资基金的交易日，否则，于其在紧接到期日之前的交易日）被赎回。

在本保单期限内须支付保单管理费，直至年金化日期（如有）为止。在保单日期开始 24 个月的期间内，就某月份的保单管理费，只于本公司在本公司的办事处以已交付款项收到该月份的定期保费时，方会藉着从账户价值中作扣除的方式而缴付。

保险费用

如果资本保障人寿附加条款随附于本保单，保险费用会就基本计划而每月预先征收。适用的每月保险费用应为保险费用率乘以资本保障值。保险费用率应由本公司凭本公司的绝对酌情决定权不时厘定。资本保障值应相等于截至缴付保险费用到期日已支付的定期保费及趸缴保费（如有）的总和的 101%，减去截至缴付保险费用到期日的所有提取，及减去截至缴付保险费用到期日账户价值的 101%，但如此计算所得的资本保障值不应为负数。

保险费用每月在与保单日期属同一日历月日期的一天预先到期应付。该费用藉着赎回数目等值保险费用款额的分配予本保单的单位，从账户价值中扣除。如果本保单获分配多于一个投资基金的单位，其将会在切实可行范围内尽量在比例上以接近本保单获分配的相关投资基金单位的个别价值被赎回。将要赎回以应付首次缴付保险费用的单位将会按照本公司的行政规则，在紧接发出日期之后的相关投资基金交易日被赎回。其后，单位会按照本公司的行政规则，于保险费用到期日（如果到期日是相关投资基金的交易日，否则，于其在紧接到期日之前的交易日）被赎回。

在本保单期限内须支付保险费用，直至年金化日期（如有）为止。在保单日期开始24个月的期间内，就某月份的保险费用，只于本公司在本公司的办事处以已交付款项收到该月份的定期保费时，方会藉着从账户价值中作扣除的方式而缴付。

保证费用

保证费用每月在与保单日期属同一日历月日期的一天预先到期应付。该费用藉着赎回数目等值保证费用款额的分配于本保单的单位，从账户价值中扣除。如果本保单获分配多于一个投资基金的单位，其将会在切实可行范围内尽量在比例上以接近本保单获分配的相关投资基金单位的个别价值被赎回。将要赎回以应付首次缴付保证费用的单位将会按照本公司的行政规则，在紧接发出日期之后的相关投资基金交易日被赎回。其后，单位会按照本公司的行政规则，于保证费用到期日（如果到期日是相关投资基金的交易日，否则，于其在紧接到期日之前的交易日）被赎回。

保证费用须一直支付至以下情况当中最早发生者为止：（i）本保单按终止条款被终止时；（ii）本保单首12年期满；

或（iii）保证价值条款停止适用时。

在保单日期开始24个月的期间内，就某月份的保证费用，只于本公司在本公司的办事处以已交付款项收到该月份的定期保费时，方会藉着从账户价值中作扣除的方式而缴付。

年金费用

在保单年金化后，须支付年金费用。年金费用每月在与年金化日期属同一日历月日期的一天预先到期应付。年金费用藉着赎回数目等值年金费用款额的分配于本保单的单位，从账户价值中扣除。如果本保单获分配多于一个投资基金的单位，其将会在切实可行范围内尽量在比例上以接近本保单获分配的相关投资基金单位的个别价值被赎回。将要赎回以应付首次缴付年金费用的单位将会按照本公司的行政规则，在紧接年金化日期之后的相关投资基金交易日被赎回。其后，单位会按照本公司的行政规则，于年金费用到期日（如果到期日是相关投资基金的交易日，否则，于其在紧接到期日之前的交易日）被赎回。

年金费用须一直支付至本保单按照终止条款终止为止。

年金转换费用

在保单年金化时，须透过从保单的账户价值中扣除的方式向本公司支付年金转换费用。年金转换费用应按年金化确认书中列明的适用百分率乘以截至年金化日期为止之账户价值计算。该费用藉着赎回数目等值年金转换费用款额的分配予本保单的单位，从账户价值中扣除。如果本保单获分配多于一个投资基金的单位，其将会在切实可行范围内尽量在比例上以接近本保单获分配的相关投资基金单位的个别价值被赎回。将要赎回以缴付年金转换费用的单位将会在年金化日期被赎回，或如该日并非交易日，则在紧接年金化日期之前的该投资基金的交易日被赎回。

提早赎回费

提早赎回费是就本保单在第 9 个保单周年日之前终止或退保（因被保人身故而引致者除外）时按照终止条款而征收。

提早赎回费将会在计算本保单的退保价值时扣除。

转换费

转换费是按照基金转换条款就转换单位而征收。转换费将由本公司不时厘定。转换费将会从须予转换单位的赎回所得款项中扣除。

更改或新增收费

上述所有费用及收费的水平应由本公司不时厘定。我们有权藉着给予您 3 个月（或与证监会协议的较短通知期）事先书面通知，降低或增加本保单上述任何费用及收费的水平，或就本保单征收额外收费。

保险收益条款

人寿保险

在受限于本保单条款的情况下，如果被保人在本保单有效期间并在本保单年金化之前身故，人寿保险相等于：

(i) 账户价值的101%；或

(ii) 如果资本保障人寿附加条款随附于本保单，则以下的较高者：

(a) 账户价值的101%；及

(b) 合共已缴付定期保费及趸缴保费（如有）的101%，减去所有提取。

如果年金领取人在本保单年金化时或年金化后身故，则人寿保险应相等于本保单的账户价值。

就此而言，账户价值按照相关投资基金于其分配予本保单的已发行单位被赎回的交易日之个别买入价计算，而任何未缴的保单收费将从该账户价值中扣除。该等已发行单位将会在我们本公司的办事处以书面接受来自受益人、您或您的遗嘱执行人或遗产管理人有关被保人/年金领取人身故的书面通知（该通知须令我们满意）后，在切实可行范围内尽快于相关投资基金的交易日被赎回。如果身故赔偿自赎回所有单位之日起两个月内未予支付，我们将会支付自该日起计的身故赔偿利息。由相关投资基金或代表相关投资基金就赎回单位而征收的费用或收费（如有）将从身故赔偿中扣除。

保证价值

在受限于本保单条款的情况下，如果本保单在第12个保单周年日继续有效，而在该日的账户价值少于保证价值，我们会自动将所需的额外款额存入账户价值，以令账户价值相等于保证价值。保证价值金额在本保单的保证价值附加条款中界定。

但是（a）如果在宽限期条款所指明的保费缴付宽限期期满时有任何定期保费尚未缴付；（b）如果在保费缴付期内对账户价值有任何提取；（c）如果您曾经根据保费假期条款行使任何保费假期；或（d）如果定期保费按照定期保费条款出现任何降低情形，则本保证价值条款应停止有效，而将不会存入额外款额。

如果在保费缴付期之后但在第12个保单周年日之前对账户价值有任何提取，则对于每次提款，保证价值金额将按照本保单的保证价值附加条款作出调整。

存入账户价值的额外款额（如有），只应用以按照我们记录上的最近期的基金分配指示购买额外单位，以供分配于本保单。单位将会于上述款额存入之日后，在切实可行范围内尽快于相关投资基金的交易日购买。

除非本保证价值条款已在较早前停止使用，否则本保证价值条款应在额外款额存入本保单的账户价值时实时停止有效。

年金保障权益

年金化所需的条件

如果本保单在第 12 个保单周年日后继续有效，且被保人仍然在世，则在受制于下述年金化日期条款和本公司的行政规则，并符合下列两项条件的情况下，您可选择将本保单年金化：

（i）保单的账户价值符合本公司为年金化目的而规定的最低和最高要求；及

（ii）保单之下名义上持有的每个投资基金所持单位数量符合本公司为年金化目的而规定的最低和最高要求。

为避免疑问：

（a）就第（i）项条件而言，如果保单的账户价值超过本公司为年金化目的而规定的最大限额，则您必须提取所需的账户价值款额以使账户价值相等于或低于最大限额，从而符合年金化的资格；及

（b）就第（ii）项条件而言，如一个或一个以上的投资基金所持单位的数量超过本公司为年金化目的而规定的上限或低于规定的下限，则您必须申请将该投资基金的单位转换至其他投资基金，从而符合年金化的资格，及一旦给予上述提取和转换指示，便不可撤回。

年金化日期

您只可在下列其中一种情况下将保单年金化：

（i）您可选择在第 12 个保单周年日后随即把保单年金化，在该情况下，您必须在第 12 个保单周年日后 30 天内向我们的办事处提交一份年金化选择表格。年金化选择表格应为我们规定的格式并已填妥您为年金化目的而必须给予我们的任何提取及/或转换指示；

（ii）如果您没有选择按照上文第（i）项将保单年金化，您可在恰巧与被保人 55 岁生日同日或紧接该日后的保单周年日后随即把保单年金化，但条件是该保单周年日是在第 12 个保单周年日以后。在该情况下，您必须在该保单周年日后 30 天内向我们的办事处提交一份规定的年金化选择表格，

并已填妥您为年金化目的而必须给予我们的任何提取及/或转换指示；

(iii) 如果您没有选择按照上文第 (i) 及 (ii) 项将保单年金化，您可在恰巧与被保人60岁生日同日或紧接该日后的保单周年日后随即把保单年金化，但条件是该保单周年日是在第12个保单周年日以后。在该情况下，您必须在该保单周年日后30天内向我们的办事处提交一份规定的年金化选择表格，并已填妥您为年金化目的而必须给予我们的任何提取及/或转换指示；

(iv) 如果您没有选择按照上文第 (i)、(ii) 及 (iii) 项将保单年金化，您可在恰巧与被保人65岁生日同日或紧接该日后的保单周年日后随即把保单年金化，但条件是该保单周年日是在第12个保单周年日以后。在该情况下，您必须在该保单周年日后30天内向我们的办事处提交一份规定的年金化选择表格，并已填妥您为年金化目的而必须给予我们的任何提取及/或转换指示；

(v) 如果您没有选择按照上文第 (i)、(ii)、(iii) 及 (iv) 项将保单年金化，您可在恰巧与被保人70岁生日同日或紧接该日后的保单周年日后随即把保单年金化，但条件是该保单周年日是在第12个保单周年日以后。在该情况下，您必须在该保单周年日后30天内向我们的办事处提交一份规定的年金化选择表格，并已填妥您为年金化目的而必须给予我们的任何提取及/或转换指示。

我们在收到所有必需的文件后将会在合理切实可行的情况下尽快处理您的年金化选择。我们将会在合理切实可行的情况下尽快处理您在年金化选择表格给予的提取及/或转换指示（如有），但在任何情况下，我们无须为该项提取或转换指示之处理所导致的任何投资损失以任何方式负责或承担责任。

在保单仍然生效且被保人仍在世时，一旦您的年金化选择获得批准，我们将向您发出年金化确认书。尽管我们收到年金化选择表格，但对于我们在以书面批准通知前我们作出的任何付款或采取的其他行动，我们无须承担责任。

在年金化获批准后，本公司不会接受任何进一步的提取。为避免疑问，如被保人在年金化日期前身故，则不会进行年金化。

年金保障款项

在本保单年金化后，自年金化日期起，本公司将按照下文规定向年金领取人支付年金保障款项，直至被保人身故为止。

本保单的年金化和年金保障的支付须受本公司不时厘定的行政规则所约束。

年金保障款项将每月或每年预先支付，且须符合本公司不时规定的最低付款要求。如果您没有在您的年金化选择表格中表明您所选择的年金保障款项付款方式，我们将按独有和绝对酌情权就本保单的年金化而选择每年付款的方式。在支付每笔年金保障款项后，将会藉着取消数目等值该金额的分配予本保单的单位，将同一金额从账户价值中扣除。如果本保单获分配多于一个投资基金的单位，该等单位将会在切实可行范围内尽量在比例上以接近本保单获分配的相关投资基金单位的个别价值被取消。单位会按照本公司的行政规则，于年金保障款项的到期日（如果到期日是相关投资基金的交易日，否则，于其在紧接到期日之前的交易日）被取消。

在账户价值减至零后不再进行扣除。为避免疑问，尽管账户价值减至零，年金保障款项将继续按照本部分的规定支付给年金领取人。

每个年度的年金保障款项的金额应按与有关的年金保障付款日期利益基数价值的适用百分率计算。

适用的百分率应为根据下列“年金保障的年金率表”，相应于年金领取人在年金化日期之时的年岁的“年金率”：

年金保障的年金率表

年岁范围	年金率
45～64	4%
65～74	5%
75～82	6%

为避免疑问，适用的百分率不会随年金领取人进入下一个年岁范围而更改。

在任何情况下，该等年金保障款项不会累计任何利息。

利益基数

就年金化目的而言，本公司应于年金化日期为年金领取人设立一个利益基数。利益基数的价值应按照下列规定而厘定：

(i) 利益基数的初始价值应相等于截至年金化日期为止的账户价值的

100%减去年金转换费用。为避免疑问，该账户价值应已计及“保证价值”条款下于第12个保单周年日存入的任何额外款额；及

(ii) 在每个年金化周年日，如账户价值高于现行的利益基数，则现行的利益基数应自动重新设定为该年金化周年日的账户价值（“自动重新设定”）。

为避免疑问，利益基数是一个与本保单的账户价值分开的名义金额，而利益基数不会由于任何费用或收费或根据本条款支付的年金保障款项而减少。

在年金领取人身故后不再支付年金保障款项。

生存证明

在保单年金化或支付年金保障款项前，本公司有权要求获得令本公司信纳的、被保人或年金领取人（视情况而定）仍然在世的证明。为避免疑问，本公司在年金领取人身故后支付的任何年金保障款项应交还给本公司，而且本公司有权向保单持有人追讨或向保单持有人或年金领取人的遗嘱执行人或遗产管理人追讨该等应退还的款额。本公司保留按本公司认为合适的利率对任何多付款项收取利息的权利。上述追讨权利在保单终止后继续有效。

其他年金计划

自第12个保单周年日起，并在符合下文所述的最低账户结余的情况下，您可将所有账户价值或账户价值的任何部分用以购买在本保单生效期间内于当时可供购买的、独立于本保单的另一年金计划。购买该项年金计划的申请必须以我们所指明的形式作出并送交本公司的办事处。

将会提取以购买该项年金计划的款额是将会提取投资基金已发行单位的数目乘以其于注销单位的交易日的个别买入价所得出的总额。单位将在紧接我们在本公司的办事处对您的申请作出书面批核之日后的相关投资基金估值日被注销。如果将会提取以购买该项年金计划的账户价值少于本公司不时厘定的最低款额，购买年金计划的申请将一概不获批准。如果所有账户价值均被提取以购买该项年金计划，本保单将视作被退保。

截至被提取的单位的有关交易日（如只有一个交易日）或该等被提取单位的首个交易日（如有多于一个交易日），如果在提取后账户价值少于最低账户结余要求，则存于本保单之下的所有剩余单位将于被提取单位赎

回之同时被赎回，而本保单将于所有该等单位被赎回时终止。剩余单位的赎回所得款项在扣除所有适用的费用、收费以及提早赎回费（如有）后，将在其后切实可行的范围尽快支付给您。

不失效保证

在保单年金化前，如果账户价值录得零结余，或不足以缴付到期的适用保单收费，则本保单将自动终止。即使有上文规定，但在无损于本公司在终止条款第（7）款之下权利的情况下，只要所有定期保费在到期时（或在宽限期条款所述的保费缴付宽限期内）均已缴清，而且未曾从本保单作出过提取，以及在保费缴付期期满前没有行使保费假期亦没有出现保费降低情形，则若因基金表现及/或扣减保单收费而导致本保单的账户价值录得零结余，不失效保证应适用，本保单应维持有效。在该情况下，保证价值条款将继续适用。

为避免疑问，（i）在第12个保单周年日之后，或者如果账户价值的零结余是由于您对账户价值进行提取而导致的，则不失效保证将不适用，及（ii）在年金化后，保单不会由于账户价值减至零结余或不足以缴付到期的适用保单收费而终止。

投资基金条款

本节所描述的单位之购买、赎回、转换、提取或其他交易，均属于名义性质，仅为了厘定本保单的账户价值。为避免疑问，本公司有权将所收到的保费投资于有关的投资基金或作出本公司认为必须的其他投资，但条件是本保单的账户价值应按保费及收费条款所列明的方式厘定。

投资基金

在我们按照本保单的条款所取得的任何单位或其他投资、任何在用作购买单位或其他投资之前由我们所持有的款项及任何在赎回单位之后由我们所持有的款项，或任何代表投资基金或其他投资的资产内，您并无任何法定或实益权益。您并非控制亦并无任何权利控制我们的投资政策或任何投资基金或其他投资的投资政策。将投资基金中的单位分配予本保单属名义性质，并纯粹为了厘定根据本保单须支付的款额。

增加基金

我们可决定为本保单提供一项或多于一项额外投资基金。除非另有说明，本保单的所有条款将适用于额外的投资基金。

删除基金

我们有权随时决定不再为本保单提供某投资基金（“被终止基金”）。我们将会给予您不少于3个月（或与证监会协定的较短通知期）有关该项决定的书面通知。在此通知期届满后，我们将停止准许购买或赎回被终止基金的单位。

分配予本保单的被终止基金的单位将于通知期的最后一日（如果该日是被终止基金的交易日，否则，于紧接通知期最后一日之前的被终止基金交易日）被赎回。您必须在本公司所发出的书面通知中所指明的日期之前，向本公司的办事处送交以我们所指明的形式作出的通知，以通知本公司您希望用以取代被终止基金的投资基金。在本公司的办事处于本公司所给予的书面通知中所指明的日期之前收到您的上述有效通知后，我们将会以您所选择的投资基金取代被终止基金，在赎回被终止基金的单位后，在切实可行的范围内尽快于替代投资基金的交易日，以赎回被终止基金单位的所得款项购买替代投资基金的单位供分配予本保单。

如果我们于本公司所给予书面通知中所指明的日期之前并未在本公司的办事处收到您的有效通知，我们将会凭我们独有和绝对的酌情权代表您选择一项或多于一项投资基金以取代被终止基金，并在赎回被终止基金的单位后，在切实可行的范围内尽快于替代投资基金的交易口，以赎回被终止基金单位的所得款项购买替代投资基金中的单位供分配予本保单。

如果当时生效的基金分配指示包括将保费分配予被终止基金，您必须按照更改基金分配指示条款，向本公司申请，以基金分配指示中的另一投资基金取代被终止基金，并自不再为本保单提供被终止基金的日期起生效。如果我们于本公司所给予的书面通知中所指明的日期之前并未在本公司的办事处收到您的任何上述有效申请，我们将会凭我们独有和绝对的酌情权代表您更改基金分配指示，选择一项或多于一项投资基金取代基金分配指示中的被终止基金，并自不再为本保单提供被终止基金的日期起生效。

投资收入及开支

来自某投资基金投资项目的所有收入、盈利及亏损（不论已变现或未变现）将归于该投资基金并构成该投资基金的一部分。就某投资基金投资项目的购入、持有及变现而招致的费用及开支，与该投资基金有关的所有支出（包括但不限于成立、管理、行政及估值费用，贷款利息及其他借款费用），法律上或监管机构所征收的所有征费，及因买卖该投资基金的资产及该投资基金的其他交易而直接或间接引致就税务而在名义上招致的任何总额，以及与该投资基金的成立、行政、管理及运作有关的所有其他费用及开支，应由该投资基金承担，并在计算其资产净值时从该投资基金中扣除。

购买及赎回单位

在本保单有效期间：

（1）某投资基金的单位会于某交易日按该等单位于相关估值日进行估值所得的卖出价购买，但须支付由该投资基金或代表该投资基金就购买其单位而征收的费用及收费（如有）；或

（2）某投资基金的单位会于某交易日按该等单位于相关估值日进行估值所得的买入价赎回。由该投资基金或代表该投资基金就赎回其单位而征收的费用及收费（如有）将从相关赎回所得款项中扣除。

某投资基金的单位只可在该投资基金的交易日购买或赎回。不足万分之一单位的零碎部分不会分配予本保单或从本保单赎回。调整所得差额应归于本公司。

基金转换

在本保单有效期间，您可申请将分配予本保单的一个投资基金的单位转换至另一投资基金，但须受下列条件规限：

（1）我们必须在本公司的办事处收到以我们指明形式作出的有效书面申请；及

（2）将会转换的款额必须不少于本公司不时厘定的最低款额；及

（3）在转换基金后，用作将单位分配予本保单的投资基金数目必须不多于本公司不时厘定用作分配予本保单的投资基金最高数目，但须受本公司不时厘定的每一个别投资基金所占最低分配百分率规限；及

（4）转出投资基金的单位在我们本公司的办事处对您的申请作出批核之日后，在切实可行范围内尽快于该投资基金的交易日被赎回；及

（5）转入投资基金的单位在转出投资基金的单位之赎回日期后，在切实可行范围内尽快于本公司所决定的新投资基金的交易日，以转出投资基金单位的赎回所得款项（扣除任何转换费）购买供分配予本保单；及

（6）转换基金将受本公司不时厘定的任何其他行政规则规限。

本公司有权不批准就任何投资基金或任何投资基金类别进行转入或转出，并有权施加凭本公司独有和绝对酌情权厘定的任何其他限制。

更改基金分配指示

您必须在投保本保单之时向我们提供基金分配指示。

基金分配指示须受以下各项所规限：本公司凭其独有和绝对酌情权不时厘定的每一投资基金或每一类别投资基金的最低和最高分配要求，以及用作分配的投资基金最高数目。为避免疑问，本公司具有独有和绝对酌情权在保单期限内就不同时期设定不同的最低和最高分配要求。

在本保单有效期间，您可申请更改您的基金分配指示。您的更改基金分配指示申请必须以我们所指明的形式作出并送交本公司的办事处。该更改将在紧接我们在本公司的办事处对您的申请作出批核之日后的一天起生效。本公司有权不批准对任何投资基金或任何类别投资基金的分配的增减，亦有权对某一投资基金或某一类别投资基金的分配施加本公司凭其独有和绝对酌情权厘定的任何其他限制。

提取

在本保单有效期间及在年金化（如有）前，并在受限于最低账户结余及本公司不时厘定的最低和最高分配要求的情况下，您可藉着指明将会提取的款额，申请提取部分账户价值。将予提取的款额将从分配到本保单的所有投资基金按比例提取，该比例基于有关单位赎回之时存于每一有关投资基金的单位价值。您的提取申请必须以我们所指明的形式作出并送交本公司的办事处。您收到的提取款额是按您在各项投资基金所提取的已发行单位数目乘以其于赎回单位交易日的个别买入价的总数。在向您作出任何付款之前，将从提取的款额中扣除由相关投资基金或代表相关投资基金就该赎回而征收的费用及收费（如有）（提早赎回费除外）。单位将会在我们本公司的办事处对您的申请所作出书面批核之日后，在切实可行范围内尽快于相关投资基金的交易日被赎回。然而，截至被提取的单位的有关交易日（如只有一个交易日）或该等被提取单位的首个交易日（如有多于一个交易日），如果在提取后账户价值少于最低账户结余要求，则存于本保单之下的所有剩余单位将于被提取单位赎回之同时被赎回，而本保单将于所有该等单位被赎回时终止。然后，在扣除所有适用的费用、收费及提早赎回费（如有）后，您将收取所有该等余下单位的提取款额和赎回所得款项。

在本保单年金化后或如果提取款额少于本公司不时厘定的最低款额，则不准作出提取。

除上述以外，如果提取是在保费缴付期内进行的，则在您的提取申请获取批核之日起，保证价值条款和不失效保证条款在本保单余下期限内将停止适用。

延迟及限制

即使在本保单内有任何其他条款，于以下任何期间的整体或任何部分时间，本公司可凭本公司的独有酌情决定权，暂停某投资基金的估值及/或购买相关投资基金的单位及/或赎回相关投资基金的单位：

(1) 该投资基金的买卖以任何方式被暂停或受限制；或

(2) 存在本公司认为导致将该投资基金或本公司所持有的任何投资或资产交易或变现，并非合理地切实可行的情况；

或

(3) 在将任何投资或资产变现或赎回单位时将会或可能涉及的资金汇付或调回被延误或按本公司的意见不能按正常汇率迅速进行。

本公司亦可凭本公司的绝对酌情决定权，将在任何交易日赎回的某投资基金单位的数目（不论是否就本保单）限制为在该交易日该投资基金已发行单位总数的10%（将于该交易日购买的任何单位不得计算在内）。在该情况下，该限制将按比例施行，致使已获分配单位保单的持有人如欲于该交易日赎回其单位，将可赎回相同比例的该等单位。未被赎回的单位将结转至下一个交易日赎回，但须受相同限制规限。

示例2：附加条款

投资连系式保单附加条款

本附加条款附着并成为保单编号（“本保单”）的一部分，保单是为保障的寿命而发出。

(1) 当本公司收到充分的证据足以证明被保人在本保单有效期间内身故，本公司将根据本保单的条款支付身故赔偿给受益人。所有保费须按本保单指定的支付。

(2) 一般条款。除非另有说明，本保单的条款均适用于本附加条款，若本附加条款的条款与本保单的条款有任何不同之处，则以本附加条款的条款为准。

冷静权益附加条款

本附加条款附着并成为保单编号（“本保单”）的一部分，本保单是为保障的寿命而发出。

(1) 1.1 如果您并非完全满意本保单，您可以：

1.1.1 交还保单，及

1.1.2 附上一封由您签署的取消保单申请信。

本保单将继而由保单日期起取消，本公司会退回在减去市值调整（按照本公司将您投入的保费作投资后，变现资产时本公司可能蒙受的损失计算）后的所有已付保费。您将无权收到与首年奖赏（如有）有关的任何款项。

1.2 此冷静权益须符合下列条件：

1.2.1 在发出日期起计14天内或在投保日期起计21天内或在交付保单/通知书（通知您/您的代表有关保单已经可以领取和冷静期的届满日）后起计的5天内（以日期较后者为准），本公司的办事处必须收到您直接送交的取消保单申请。就交付保单/通知书而言，前述的5天期限将由交付保单或通知书的日期（以日期较先者为准）起计。发出日期及投保日期均在保单说明书内指明；及

1.2.2 当索偿已被接纳时，不能作出任何退款。

(2) 一般条款。除非另有说明，本保单的条款均适用于本附加条款。若本附加条款的条款与本保单的条款有任何不同之处，则以本附加条款的条款为准。

资本保障人寿附加条款（适用于××年金投资保障计划）

本附加条款附着并成为保单编号（“本保单”）的一部分，本保单是为保障的寿命而发出。

(1) 人寿保险。人寿保险相等于以下的较高者：

(i) 账户价值的101%；及

(ii) 合共已缴付基本保费及趸缴保费（如有）的101%，减去所有提取。

(2) 一般条款。除非另有说明，本保单的条款均适用于本附加条款，若本附加条款的条款与本保单的条款有任何不同之处，本附加条款的条款

将会适用。

保证价值附加条款（适用于××年金投资保障计划－计划105）

本附加条款附着并成为保单编号（“本保单”）的一部分，本保单是为保障的寿命而发出。

(1) 保证价值。在受限于本保单条款的情况下，保证价值指以下的较高者：

(i) 合共已缴付定期保费及趸缴保费（如有）的105%；及

(ii) 在首11个保单周年日当中所录得的最高账户价值。

但是，如果在保费缴付期之后但在第12个保单周年日之前对账户价值有任何提取，则对于每次提取，根据上述（i）款所计算的款额以及在提取之前上述（ii）款的每一账户价值均应按一个分数之比例减低，该分数的分子是提取款额，而分母是紧接该次提取之前的账户价值。

(2) 根据本保单的保证费用条款，您保单的适用的保证费用比率为每年2.75%。保单一经生效后，保证费用将维持不变。

(3) 一般条款。除非另有说明，否则本保单的条款均适用于本附加条款。若本附加条款的条款与本保单的条款有任何不同之处，除非另有指明，否则本附加条款的条款将会适用。

保证价值附加条款（适用于××年金投资保障计划－计划100）

本附加条款附着并成为保单编号（“本保单”）的一部分，本保单是为保障的寿命而发出。

(1) 保证价值。在受限于本保单条款的情况下，保证价值指以下的较高者：

(i) 合共已缴付定期保费及趸缴保费（如有）的100%；及

(ii) 在首11个保单周年日当中所录得的最高账户价值。

但是，如果在保费缴付期之后但在第12个保单周年日之前对账户价值有任何提取，则对于每次提取，根据上述（i）款所计算的款额以及在提取之前上述（ii）款的每一账户价值均应按一个分数之比例减低，该分数的分子是提取款额，而分母是紧接该次提取之前的账户价值。

(2) 根据本保单的保证费用条款，您保单的适用的保证费用比率为每年3.2%。保单一经生效后，保证费用将维持不变。

(3) 一般条款。除非另有说明，否则本保单的条款均适用于本附加条款。若本附加条款的条款与本保单的条款有任何不同之处，除非另有指明，否则本附加条款的条款将会适用。

此乃保单收费表，并不构成保单合约的一部分

保单收费表

现行保单收费如下：

保费费用

保费费用是就趸缴保费而征收。保费费用相等于趸缴保费的5%，并且将会于本公司在本公司的办事处收到趸缴保费的已交收款项时在前期扣除。

保单管理费

保单管理费是就基本计划而每月预先征收。就首12个保单年度而言，每月保单管理费应为以按月计算方式表示的截至保单说明书内所指明保单日期的定期保费款额乘以12所得总数（“年度化定期保费”）的9.75%之1/12；其后年度则为上述年度化定期保费的5%之1/12。保单管理费须支付至本保单已被终止或年金化为止。保单一经生效后，该保单的保单管理费将于首12个保单年度内维持不变。

转换费

在每一保单年度，首6次转换的转换费现获豁免支付。其后，转换费可就每次转换单位而征收。转换费应以所转换款额的1%为限。

提早赎回费

提早赎回费是就在第9个保单周年日之前，将保单终止或退保（因被保人身故而引致者除外）而征收。

提早赎回费相等于就整个保费缴付期承诺支付的定期保费总额（见保单说明书所示）的一个百分率。

您的保单之适用提早赎回费比率如下文所显示：

保单被终止/被退保的保单年度	提早赎回费
1	16%
2	16%
3	14%
4	12%
5	10%

6　8%

7　6%

8　4%

9　2%

10 及其后年度 0%

保险费用

如果资本保障人寿附加条款随附于本保单，保险费用会就基本计划而每月预先征收，直至基本计划被终止或年金化为止。适用的每月保险费用应为保险费用率乘以资本保障值。保险费用率应由本公司凭本公司的绝对酌情决定权不时厘定。资本保障值应相等于截至缴付保险费用到期日已支付的定期保费及趸缴保费（如有）的总和的101%，减去截至缴付保险费用到期日的所有提取，及减去截至缴付保险费用到期日账户价值的101%，但如此计算所得的资本保障值不应为负数。

保证费用

基本计划的保证费用于每月预先到期应付。每月保证费用应按适用的保证费用比率的1/12乘以截至到期日为止之账户价值计算。

您保单适用的保证费用比率见本保单的保证价值附加条款所示。

保证费用须一直支付至以下情况当中最早发生者为止：（i）本保单按终止条款被终止时；（ii）本保单首12年期满；

或（iii）保证价值条款停止适用时。保单一经生效后，保证费用百分率将维持不变。

年金费用

在保单年金化后，须支付年金费用。年金费用每月在与年金化日期属同一日历月日期的前一天预先到期应付。每月的年金费用应按适用的百分率的1/12乘以截至年金费用到期日为止之账户价值计算。

您的保单的适用年金费用百分率应由本公司不时厘定。保单一旦年金化，适用的年金费用百分率应在年金化确认书中列明，并在保单的余下期限内维持不变。

年金费用须一直支付至本保单按终止条款被终止为止。

年金转换费用

在保单年金化时，须透过从保单的账户价值中扣除的方式向本公司支付年金转换费用。年金转换费用应按适用的百分率乘以截至年金化日期为止之账户价值计算。适用的年金转换费用的百比率应在年金化确认书中列明。

除非另有说明，否则我们有权借着给予您3个月（或与证监会协议的较短通知期）事先书面通知，降低或增加上述任何费用或收费的水平，或就本保单征收额外费用或收费。

示例3：保单说明书

保单说明书

持有人：[如被保人及持有人不相同时]

被保人：××××

基本计划：××××××变额年金投资保障计划 – 计划105 /×××变额年金投资保障计划 – 计划100

保单编号：×××-×××××××年、月、日：保单日期

参考编号：××××××-××-×××××××：保单期满日

费率级别：

标准 ：

参考编号

性别/年龄：男性 / 33

投保日期：　　　　年、月、日：

发出日期：　　　　年、月、日：

附录3

我国台湾地区变额年金产品示例

示例4：产品条款

保险契约的构成

第一条

本保险单条款、附着之要保书、批注及其他约定书，均为本保险契约（以下简称本契约）的构成部分。

本契约的解释，应探求契约当事人的真意，不得拘泥于所用的文字；如有疑义时，以作有利于被保险人的解释为原则。

名词定义

第二条

一、本契约各期间定义如下：

（一）“保证利率累积期间”：系指要保人于要保书选择“确定最低身故给付及保证提领金额”时，本公司依本契约约定，自保单生效日起，要保人所缴保险费扣除契约附加费用后，用“保证利率”以日复利计算利息至保证提领期间开始日之前一日之期间。本期间不得小于第十保单周年日，且不得超过第二十保单周年日。

（二）“保证提领期间”：系指要保人于要保书选择“确定最低身故给付及保证提领金额”时，本公司依本契约约定，给付“保证提领金额”之期间，以二十年为限。本期间之始日应为保证利率累积期间届满日之翌日，终日则不得超过年金给付开始日。

（三）“年金累积期间”：系指保单生效日至年金给付开始日前一日之期间。本期间不得小于十年。

（四）“年金给付期间”：系指本公司依本契约约定，给付“年金金额”

之期间。

二、“保险费”：系指要保人于投保当时自订于年金累积期间预计缴交之保险费，可弹性缴纳或约定分期缴纳，相关保险费约定请详附表。第二保单年度（含）以后之各保单年度总缴保险费不得超过第一保单年度总缴保险费。

三、“保证利率”：系指保证利率累积期间，用以计算利息之年利率。本公司提供之“保证利率”为年利率百分之五。

四、“保证提领金额”：系指依本契约约定，本公司于“保证提领期间”分期给付之金额。分期给付的方式共分为年给付、半年给付、季给付及月给付四种，经要保人于要保书选择后，载于保险单面页。

五、“未支领之保证提领金额”：系指被保险人于本契约保证提领期间内尚未领取之保证提领金额。

六、“年金金额”：系指依本契约约定之条件及期间，本公司负一次或分期给付之金额。分期给付年金金额的方式共分为年给付、半年给付、季给付及月给付四种，经要保人于要保书选择后，载于保险单面页。

七、“预定利率”：系指本公司于年金给付期间开始日用以计算年金现值因子之利率，于年金给付开始日起维持不变。此预定利率以本公司当时宣告之利率为准，并公布于本公司网站之“保户专区”。

八、“年金现值因子”：系指未来每期每元年金给付之现值。该因子与被保险人性别、年金给付期间开始日之保险年龄、本公司每年给付年金之次数、预定利率及使用之年金生命表有关。“年金现值因子”之计算公式请参阅附录一。

九、“契约附加费用”：系指本契约运作所需之相关费用，如核保、发单、销售及服务人员成本。要保人缴纳保险费时本公司需自保险费中扣除契约附加费用，该费用之费用率如附表一。

十、“交易日”：系指以下三者兼具之日。

（一）投资标的公开说明书或其相关规定所规定之该投资标的之评价日。

（二）为主管机关依银行法规定公告之银行营业日。

（三）本公司营业日。

十一、“第一期保险费余额”：系指依下列顺序计算之金额。

（一）要保人所交付第一期保险费扣除契约附加费用之余额；

（二）加上要保人于第一期保险费余额投入日前再缴交之保险费扣除契约附加费用之余额；

（三）扣除第一期保险费余额投入日前本契约应扣除之每月扣除额；

（四）加上按前三款之每日净额，依当月三家银行之月初第一营业日牌告活期存款年利率之平均值，逐日以日单利计算之利息，其利息计算至本次保险费余额投入日前一日止。第一期保险费余额于第一期保险费余额投入日依第十三条之约定投入各投资标的。

十二、“第一期保险费余额投入日”：系指本公司将第一期保险费余额投入投资标的之日期。该日期为本契约第五条契约撤销权行使期限届满日之后的第五个交易日。

十三、“三家银行”：系指台湾银行股份有限公司、第一商业银行股份有限公司及合作金库商业银行股份有限公司。

十四、“汇利率参考机构”：系指依本契约第三条约定，如需转换货币单位时，其汇利率之参考机构。

十五、“每月扣除额”：系指下列各费用，其费用率如附表一。

（一）年金累积期间：“行政管理费”。

（二）但如要保人于要保书选择“确定最低身故给付及保证提领金额”时，保证利率累积期间及保证提领期间，应加上“确定最低身故给付及保证提领金额费用”。

“每月扣除额”于每保单周月日自保单账户价值中依各投资标的价值所占比例扣除，但该保单周月日非交易日时，则顺延至下一个交易日。

十六、“投资标的单位净值”：系指以该投资标的于交易日时之净资产价值，除以已发行在外投资标的单位总数计算所得之值。

净资产价值等于该投资标的之总资产价值扣除总负债及该投资标的管理费用及保管费用。

总负债包含应付取得或处分该投资标的资产之直接成本及必要费用、税捐或其他法定费用。

十七、“投资标的价值”：计算方式如下：

（一）有单位净值之投资标的：指该“投资标的单位净值”乘以本契约所有该投资标的的单位计算而得。

（二）无单位净值之投资标的：依下列方式计算：

1. 前一日之投资标的价值。

2. 加上当日投入之金额。

3. 扣除当日减少之金额。

4. 若当日于第一期保险费余额投入日前，则扣除第一期保险费余额投入日前本契约应扣除之每月扣除额。

5. 加上利息。利息计算方式，系以该投资标的宣告利率按单利方式逐日计算。该投资标的宣告利率以本公司每月第一个营业日宣告之利率为准，并公布于本公司网站之“保户专区”。

十八、“货币账户”：系指作为资金停泊之专设账户。

十九、“保单账户价值”：系指本契约在年金累积期间内所有投资标的的价值总和；但于第一期保险费余额投入日前，系指第一期保险费余额。

二十、“保单周月日”：系指保单生效日及其每隔一个月之日期，若当月无该日时，指该月之末日。

二十一、“到达年龄”：系指保险单面页所载之投保年龄加上本契约之保单年度后，再减去一。

货币单位与汇率计算

第三条

本契约保险费之收取及给付各项保险金给付、解约金（含部分提领）、返还保单账户价值、给付保险单借款及收益分配，以新台币为货币单位。

本契约汇率计算方式约定如下：

一、保险费及其加计利息：

本公司根据保险费投入日前一交易日汇利率参考机构之收盘即期汇率卖出价格计算。

二、返还保单账户价值及各项保险金给付、解约金（含部分提领）、保险单借款、收益分配之给付：

本公司根据给付当时前一个交易日汇利率参考机构之收盘即期汇率买入价格计算。

三、每月扣除额：

本公司根据费用扣除日前一个交易日汇利率参考机构之收盘即期汇率买入价格计算。

四、转换费用及提领费用：

本公司根据费用扣除日后第一个交易日汇利率参考机构之收盘即期汇率买入价格计算。

五、投资标的之转换：

本公司根据收到转换申请书之后第一个交易日汇利率参考机构之收盘即期汇率买入价格，将转出之投资标的金额扣除转换费用后，依汇利率参考机构之收盘即期汇率卖出价格转换为等值转入投资标的的计价货币单位之金额。若投资标的之转换属于相同计价货币单位者，无汇率之适用。

六、投资标的价值与保单账户价值之计算：

以计算投资标的价值或保单账户价值当时之汇利率参考机构的收盘即期汇率买入价格。

保险责任的开始及交付保险费

第四条

本公司应自同意承保并收取第一期保险费后负保险责任，并应发给保险单作为承保的凭证。

本公司如于同意承保前，预收相当于第一期保险费之金额时，其应负之保险责任，以同意承保时溯自预收相当于第一期保险费金额时开始。但本公司同意承保前而被保险人身故时，本公司无息退还要保人所缴保险费。

本公司自预收相当于第一期保险费金额后十五日内不给出同意承保与否的表示者，视为同意承保。

契约撤销权

第五条

要保人于保险单送达的翌日起算十日内，得以书面检同保险单向本公司撤销本契约。

要保人依前项规定行使本契约撤销权者，撤销的效力应自要保人书面之意思表示到达翌日零时起生效，本契约自始无效，本公司应无息退还要保人所缴保险费；本契约撤销生效后所发生的保险事故，本公司不负保险责任。但契约撤销生效前，若发生保险事故者，视为未撤销，本公司仍应依本契约规定负保险责任。

第二期以后保险费的交付、宽限期间及契约效力的停止

第六条

分期缴纳的第二期以后保险费，应照本契约所载交付方法及日期，向本公司所在地或指定地点交付，或由本公司派员前往收取，并交付本公司开发之凭证。

第二期以后保险费扣除契约附加费用后，余额于本公司保险费实际入账日之后的第一个交易日依第十三条之约定投入各投资标的；但第二期以后保险费余额之实际入账日在第一期保险费余额投入日前者，则依第二条第十一项约定纳入第一期保险费余额计算。

当本契约保单账户价值扣除保险单借款本息后，不足以支付每月扣除额时，当月每月扣除额按日数比例扣抵，不足支付一日时以一日计算，并以书面通知要保人交付保险费，并自书面通知送达翌日起算三十日为宽限期间。

逾宽限期间仍未交付者，本契约自宽限期间终了翌日起停止效力。如在宽限期间内发生保险事故时，本公司仍负保险责任。

保证提领期间及其开始日

第七条

要保人得于要保书选择“确定最低身故给付及保证提领金额”及指定“保证提领期间开始日”。保证提领期间开始日不得早于第十保单周年日，且不得超过第二十保单周年日。若要保人选择“确定最低身故给付及保证提领金额”但未指定保证提领期间开始日时，本公司以第十保单周年日做为保证提领期间开始日。

要保人得于保证提领期间开始日的三十日前以书面通知本公司变更保证提领期间开始日；变更后的保证提领期间开始日须在申请日三十日之后，且须符合前项保证提领期间开始日之规定。

本公司应于要保人于要保书选择之保证提领期间开始日的六十日前以书面通知要保人保证提领内容。上述给付内容，系以通知前最近一个交易日之保单账户价值为基准估算，但实际给付内容仍须以保证利率累积期间届满时依第八条计算而得。

本契约于保证提领期间开始日仍为有效时，本公司自当日起，于被保险人仍生存时，按约定方式于保证提领期间给付“保证提领金额”。

保证提领期间终日为下列三者之较早日：

一、自保证提领期间开始日起保证提领满二十年之日。

二、年金给付开始日之前一日。

三、被保险人身故。

保证提领金额之计算

第八条

本公司根据下列方式计算要保人每期可领之保证提领金额：

一、以下列二者之金额取其大者：

（一）要保人于“保证利率累积期间”所缴保险费扣除契约附加费用，以保证利率计息。但如因部分提领或有转换等相关费用时，应等比例减少之。

（二）保证提领期间开始日之前一交易日之保单账户价值。

二、以前款取其大之金额的百分之五为年保证提领金额。

三、要保人如选择半年给付、季给付或月给付者，则每期之保证提领金额为前款之年保证提领金额分别乘以二分之一、四分之一或十二分之一。

保证提领期间，若要保人于各保单年度内所提领之保单账户价值，超出要保人当年度可领之年保证提领金额时，则要保人可领之年保证提领金额将依下列方式重新计算，以较低者给付：

一、部分提领后之保单账户价值乘以百分之五。

二、部分提领后之保单账户价值除以提领前之保单账户价值再乘以原年保证提领金额。

用以计算保证提领金额之各项数值，计算时货币单位皆应以投资标的之币别为准。

保证提领期间保单账户价值随保证提领金额给付而下降，且其保证提领金额给付视同要保人依第二十条约定申请保单账户价值的部分提领，但不计入每年免费部分提领次数。如保单账户价值于保证提领期间降至为零（含）以下，本公司于保证提领期间仍给付保证提领金额，但于保证提领期间届满时，本契约即行终止。

年金给付期间及其开始日

第九条

要保人应于要保书指定一保单周年日（被保险人到达年龄须达六十五岁保单周年日，但不晚于八十岁之保单周年日）作为“年金给付开始日”，要保人未指定年金给付开始日时，本公司以被保险人到达年龄达七十岁之保单周年日作为年金给付开始日。

要保人应于年金给付开始日的三十日前以书面通知本公司变更年金给付开始日；变更后的年金给付开始日须在申请日三十日之后，且须符合前项给付日之规定。

本公司应于年金给付开始日的六十日前以书面通知要保人年金给付内容。上述年金给付内容，系以通知前最近一个交易日之保单账户价值为基准估算，但实际年金给付内容仍须以年金累积期间届满时依第十条计算而得。

被保险人于年金给付开始日仍生存者，本公司依第十条约定给付年金金额最长至被保险人到达年龄一百一十岁（含）止。

年金金额之计算

第十条

要保人应于要保书选择年金给付方式，亦应于年金给付开始日的三十日前以书面通知本公司变更给付方式，但于年金给付期间则不得申请一次给付或分期给付之变更。本公司根据要保人选择给付之方式计算年金受益人每期可领之年金金额：

一、一次给付：本公司将于年金给付期间开始日一次给付年金累积期间届满日之保单账户价值，本契约即行终止。

二、分期给付：以下列二者之金额取其大者。

（一）年金累积期间届满日之保单账户价值，扣除未还清之保险单借款本息后，除以年金现值因子所计算出之金额。

（二）以未支领之保证提领金额，扣除未还清之保险单借款本息后，乘以百分之五所计算出之金额。要保人如选择半年给付、季给付、或月给付者，则为前述金额分别乘以二分之一、四分之一或十二分之一。

前项计算之年金金额数值，于年金给付开始日时转入一般账户，以新台币给付之。

本公司于年金累积期间届满日计算年金受益人每期可领之年金金额，若低于新台币五千元时，本公司将于年金给付期间开始日一次给付年金累积期间届满日之保单账户价值予年金受益人，本契约即行终止。

年金累积期间届满日之保单账户价值总额如已逾年领年金给付金额新

台币一百二十万元所需之金额时，其超出部分之保单账户价值返还予要保人。

保费缓缴期

第十一条

本契约有下列二款情事之一时，进入保费缓缴期：

一、保单账户价值大于零，且要保人向本公司申请暂时停止缴付保险费者。

二、要保人逾约定之应缴日三十日后仍未交付保险费，且依前一交易日计算之保单账户价值仍足以支付一个月之每月扣除额者。

保费缓缴期内，本公司仍应自保单账户价值按月扣除每月扣除额，使本契约继续有效。若保单账户价值已不足以支付当时一个月之每月扣除额，适用第六条第三项至第四项之规定。

保费缓缴期内，要保人得书面通知本公司并继续交付保险费，保费缓缴期即行终止。

投资标的

第十二条

本公司得依下列方式调整投资标的的提供：

一、本公司得增列新的投资标的供要保人作为投资标的配置的选择，并报请主管机关备查。

二、本公司应终止或关闭某一投资标的作为要保人投资标的配置的选择，本公司应于一个月前通知要保人，并报请主管机关备查。

三、本公司应配合某一投资标的之终止（如投资标的经理公司因解散、破产、撤销核准或其他原因终止该投资标的）而终止提供该投资标的作为要保人投资标的配置的选择，但本公司应实时通知要保人。

前项第二款及第三款调整后，要保人应于接获本公司通知后十五日内向本公司申请投资标的的转换或终止；若未提出申请时，则视同要保人同意将该投资标的价值转换至相同币别之货币账户（若本契约未提供相同币别之货币账户，则转换至新台币货币账户），且本次转换及部分提领不计入当年度免费转换或部分提领次数。

本契约关于投资标的之全部条款适用于新的投资标的。

投资标的及其账户比例分配之约定

第十三条

要保人应于投保本契约时，于要保书选择购买的投资标的及其账户比例分配。若未做选择，则视为选择“新台币货币账户”之投资标的。

要保人如选择“确定最低身故给付及保证提领金额”者，本契约所有投资标的需为同一币别，且不得为各币别之货币账户。

第一项选择，要保人应于年金累积期间内随时向本公司提出变更。

投资标的转换

第十四条

要保人应于年金累积期间内向本公司提出书面申请，要求不同投资标的之间的转换，并应于申请书中载明转出的投资标的及其数量并指定欲转入之投资标的，本公司相关转换规定请详附表一。

本公司于收到申请书之后的第一个交易日从转出之投资标的扣除转出数量，并计算其金额于扣除转换费用后以本公司收到申请书之后的第二个交易日投入欲转入之投资标的。

前项转换费用如附表一。

投资标的之收益分配

第十五条

本契约所提供之投资标的如有收益分配时，本公司将依本契约所持该投资标的价值之比例将该收益分配给要保人，但若有税捐或其他法定费用时应先扣除之。

依前项分配与要保人之收益，本公司应将分配之收益于该收益实际分配日投入该投资标的。但若本契约于收益实际分配日已终止、停效或超过年金累积期间届满日时，当期原可领取之投资收益部分，本公司将于十五日内改以现金给付，但因可归责于本公司之事由致未在前开期限内为给付者，应给付迟延利息以年利一分计算。

前项分配之处理方式，本公司得予以修改并经主管机关同意后通知要保人。

行政管理费之计算

第十六条

本公司依保单周/月/日之前一个交易日的保单账户价值计算行政管理费，自保单账户价值中依各投资标的价值所占比例扣除；但于第一期保险费余额投入日前之行政管理费则依第二条第十一项之约定办理。

确定最低身故给付及保证提领金额费用之计算

第十七条

要保人如于要保书中选择“确定最低身故给付及保证提领金额”时，本公司将于保证利率累积期间及保证提领期间内每保单周/月/日收取“确定最低身故给付及保证提领金额费用”。

“确定最低身故给付及保证提领金额费用”依保单周/月/日之前一个交易日的保单账户价值乘上确定最低身故给付及保证提领金额费用率计算（附表一），自保单账户价值中依各投资标的价值所占比例扣除。但于第一期保险费余额投入日前之“确定最低身故给付及保证提领金额费用”则依第二条第十一项之约定办理。

契约的终止

第十八条

要保人应于年金给付开始前终止本契约，本公司应于接到通知后一个月内偿付解约金，并按未经过日数比例返还已扣除之确定最低身故给付及保证提领金额保险费。逾期本公司应按年利一分加计利息给付。

前项解约金为本公司根据收到通知后的第一个交易日计算之保单账户价值扣除解约费用后之金额。解约费用比率如附表一。

本契约之要保人与被保险人为不同人时，被保险人应于年金给付开始前随时撤销其同意投保之意思表示。但应以书面通知本公司及要保人。

被保险人依前项行使撤销权者，视为要保人终止本契约。

年金给付期间，要保人不得终止本契约。

契约效力的恢复

第十九条

本契约停止效力后，要保人应在年金累积期间且自停效日起二年内，申请复效。

前项复效申请，经本公司同意受领要保人清偿宽限期间欠缴之每月扣除额，并另外缴交保险费新台币五千元后，自翌日上午零时起恢复效力。

前项缴交之保险费于本公司保险费实际入账日且同意复效日之后的第一个交易日依第十三条之约定投入各投资标的。

契约效力恢复时，但如要保人选择“确定最低身故给付及保证提领金额”者，复效后将丧失其“确定最低身故给付及保证提领金额”之权利，且本公司不退还已收取之“确定最低身故给付及保证提领金额费用”，以后依约定扣除每月扣除额不含“确定最低身故给付及保证提领金额费用”。

停效期间届满时，本契约效力即行终止。

第一项至前项之规定，于保险单借款停效后复效之情形准用之。

保单账户价值的部分提领

第二十条

要保人应在本契约年金累积期间内，以书面申请部分提领保单账户价值。惟每次提领之保单账户价值及提领后剩余之保单账户价值相关规定请详附表一。

本公司应于接到前项申请后十五日内给付部分提领之金额，逾期本公司应加计利息给付，其利息按年利率一分计算。

前项部分提领之金额为本公司根据收到申请后的第一个交易日计算之保单账户价值扣除提领费用之余额，前述提领费用如附表一。

若要保人有选择确定最低身故给付及保证提领金额者，本公司于要保人部分提领保单账户价值后将依第二十三条约定重新计算确定最低身故保险金及依第八条约定重新计算保证提领金额。

被保险人身故的通知与身故保险金的申请

第二十一条

被保险人之身故若发生于“年金给付开始日”前，本公司将依第二十三条约定给付“身故保险金”。

被保险人身故后，要保人或身故受益人应于知悉被保险人发生身故后一个月内通知本公司，并于通知后尽速检具所需文件向本公司申请给付身故保险金。

失踪处理

第二十二条

被保险人在本契约有效期间内年金给付开始日前失踪，且法院宣告死亡判决内所确定死亡时日在年金给付开始日前者，本公司根据判决内所确定死亡时日为准，依本契约第二十三条约定给付“身故保险金”；其间发生应给付收益分配者，本公司应按本契约约定给付。

本公司依第一项约定给付身故保险金后，本契约效力终止，但日后发现被保险人生还时，契约终止之效力不受影响。

被保险人在本契约有效期间内且年金给付开始日后失踪者，除仍有未支领之年金金额外，本公司根据法院宣告死亡判决内所确定死亡时日为准，不再负给付年金责任；但于日后发现被保险人生还时，本公司应依契约约定继续给付年金，并补足其间未付年金金额。

前项情形，于被保险人在本契约有效期间内年金给付开始日前失踪，且法院宣告死亡判决内所确定死亡时日在年金开始给付后者，亦适用之。

身故保险金之给付

第二十三条

被保险人于年金累积期间内身故者，本公司分别依下列情形，给付“身故保险金”：

一、要保人未选择“确定最低身故给付及保证提领金额”者：本公司以收齐第二十四条约定之申领文件后第一个交易日计算之保单账户价值给付身故受益人。

二、要保人选择“确定最低身故给付及保证提领金额”者，以下列方式计算所得之金额给付身故受益人：

（一）“保证利率累积期间”：以下列二者取其大者。

（1）累积已缴保险费，扣除因部分提领时，应扣减之金额总和，惟相减后之金额不得小于零。上述应扣减之金额为：未提领前之身故保险金金额乘以部分提领之金额占未提领前保单账户价值之比例。

（2）本公司以收齐第二十四条约定之申领文件后第一个交易日计算之保单账户价值。

（二）“保证提领期间”开始日至“年金给付开始日”之前一日：以下列二者取其大者。

（1）未支领之保证提领金额。

（2）本公司以收齐第二十四条约定之申领文件后第一个交易日计算之保单账户价值。

若因身故受益人延迟通知而致本公司于被保险人身故后仍依第二条第十五项扣除每月扣除额时，本公司应无息退还该每月扣除额并并入“身故保险金”给付。

前项用以计算身故保险金额之各项数值，计算时货币单位皆应以投资标的之币别为准。

本公司给付“身故保险金”后，本契约效力即行终止。

身故受益人申领身故保险金时，若已超过第三十八条时效，则本公司根据收齐申领文件后第一个交易日计算之保单账户价值给付身故受益人，本契约效力即行终止。

身故保险金的申领

第二十四条

身故受益人申领“身故保险金”时，应检具下列文件：

一、保险单或其誊本。

二、被保险人死亡证明文件及除户籍誊本。

三、保险金申请书。

四、身故受益人的身份证明。

本公司应于收齐前项文件后十五日内给付之。但因可归责于本公司之事由致未在前开期限内为给付者，应给付迟延利息年利一分。

除外责任

第二十五条

被保险人、要保人或身故受益人有下列情形之一者，本公司不负给付身故保险金的责任。

一、身故受益人故意致被保险人于死，但其他身故受益人仍得申请全部身故保险金。

二、要保人故意致被保险人于死。

三、被保险人故意自杀致死者。但自契约订立或复效之日起二年后故意自杀致死者，本公司仍负给付身故保险金之责任。

四、被保险人因犯罪处死或拒捕或越狱致死。

第一项各款情形而未给付身故保险金者，本公司将退还本公司收齐申领文件后第一个交易日计算之保单账户价值予要保人或其他应得之人。

确定最低身故给付及保证提领金额之终止

第二十六条

要保人应于保证提领金额期间开始日的三十日前以书面通知本公司取消确定最低身故给付及保证提领金额，本公司接获要保人通知后，按未经过日数比例，退还当期未到期之确定最低身故给付及保证提领金额费用。

保证提领金额的申领

第二十七条

要保人于要保书选择确定最低身故给付及保证提领金额，被保险人自保证提领期间开始日起每年第一次支领保证提领金额时，应提出可资证明被保险人生存之文件。

年金之给付

第二十八条

本公司于年金给付开始日起，依第十条规定年金金额计算方式计算后之金额给付。

有关年金给付金额计算公式请参阅附录一说明。

年金的申领

第二十九条

被保险人自年金开始给付日后生存期间每年第一次支领年金给付时，应提出可资证明被保险人生存之文件。但最高给付至被保险人到达年龄一百一十岁止。

因可归责于本公司之事由致逾应给付日未给付时，应给付迟延利息年利一分。

未还款项的扣除

第三十条

本公司给付身故保险金、保证提领金额、年金等各项保险金、解约金或退还保单账户价值或保险费时，如要保人有于宽限期间内欠缴“每月扣除额”或保险单借款本息未还清者，本公司得先抵偿上述欠款及其应付利息后给付。

保证提领金额开始给付时，依第八条规定办理。

年金金额给付开始时，依第十条规定办理。

保险单借款

第三十一条

年金开始给付日前，要保人应在本契约保单账户价值范围内向本公司申请保险单借款。

当未偿还之借款本息，超过本契约保单账户价值总额之80%时，本公司应以书面通知要保人；如未偿还之借款本息超过本契约保单账户价值的

90%时，本公司应另以书面通知要保人偿还借款本息；要保人应于此通知到达翌日起算二日内偿还借款本息，若未偿还之借款本息超过保单账户价值总额时，本公司将立即扣抵，本契约效力即行停止。

前项保险单借款之利息，按当时本公司网站首页所公布的利率计算。

年金给付期间，要保人不得以保险契约为质，向本公司借款。

特殊情事之评价

第三十二条

本契约任一投资标的评价时，如遇该投资标的所属公司因特殊情事（例如交易所暂时停止交易）暂停计算投资标的单位净值或暂停揭露价格相对比率时，该投资标的之投资标的单位净值或价格相对比率依下列规定办理：

一、保险费扣除相关费用后之分配时：本公司应立即以书面通知要保人延缓计算；并于该特殊情事消灭后，即依下一个交易日该投资标的之投资标的单位净值或价格相对比率计算。

二、各项保险给付或要保人申请契约终止、部分提领保单账户价值时：本公司将不给付利息，但须立即以书面通知要保人延缓给付；并于该特殊事情消灭后，即依下一个交易日该投资标的之单位净值或价格相对比率计算本契约项下的全部或部分保单账户价值，并自该交易日起一个月内偿付。

三、要保人申请投资标的转换或保险单借款时：本公司应立即以书面通知要保人延缓，并于该特殊事情消灭后，即依下一个交易日该投资标的之投资标的单位净值或价格相对比率计算。

保险单红利

第三十三条

本保险为不分红保单，不参加红利分配，并无红利给付项目。

投保年龄的计算及错误的处理

第三十四条

要保人在申请投保时，应将被保险人出生年/月/日在要保书填明。被保险人的投保年龄，以足岁计算，但未满一岁的零数超过六个月者，加算一岁。

被保险人的投保年龄发生错误时，依下列规定办理：

一、真实投保年龄高于本公司规定之最高承保年龄时，本契约无效，本公司应将已扣除各项契约附加费用及每月扣除额，加上保单账户价值无息退还要保人，如有已给付年金者，年金受益人应将其无息退还本公司。

二、因投保年龄错误，而致本公司短发年金金额者，本公司应计算实付年金金额与应付年金金额的差额，于下次年金给付时按应付年金金额给付，并一次补足过去实付年金金额与应付年金金额的差额。

三、因投保年龄错误，而溢发年金金额者，本公司应重新计算实付年金金额与应付年金金额的差额，并于未来年金给付时扣除。

前项第一款、第二款情形，其错误原因归责于本公司者，各项费用及保险金给付，应加计利息退还，其利息按本保单办理保单借款之利率计算。

受益人的指定及变更

第三十五条

本契约年金受益人于被保险人生存期间为被保险人本人，本公司不受理其指定或变更。除前项约定外，要保人得依下列规定指定或变更身故受益人：

一、于订立本契约时，得经被保险人同意指定身故受益人，如未指定者，以被保险人之法定继承人为本契约身故受益人。

二、除声明放弃处分权者外，于保险事故发生前得经被保险人同意变更身故受益人，如要保人未将前述变更通知本公司者，不得对抗本公司。

前项身故受益人的变更，于要保人检具申请书及被保险人的同意书送达本公司时，本公司即予批注或发给批注书。

第二项之身故受益人同时或先于被保险人本人身故，除要保人已另行指定外，以被保险人之法定继承人为本契约身故受益人。

本契约如未指定身故受益人，而以被保险人之法定继承人为本契约身故受益人者，其受益顺序适用民法第一千一百三十八条规定，其受益比例除契约另有约定外，适用民法第一千一百四十四条规定。

保单账户价值的通知

第三十六条

本公司将于年金累积期间内，每季通知要保人其保单账户价值之变化。

变更住所

第三十七条

要保人的住所有变更时，应即以书面通知本公司。

要保人不做前项通知时，本公司之各项通知，得以本契约所载要保人之最后住所发送之。

时效

第三十八条

由本契约所产生的权利，自得为请求之日起，经过两年不行使而消灭。

批注

第三十九条

本契约内容的变更，或记载事项的增删，除第三十五条规定者外，应经要保人与本公司双方书面同意，并由本公司即予批注或发给批注书。

投资风险及协助

第四十条

投资标的系投资标的发行公司或投资标的所属公司依投资标的适用法律所发行之有价证券，当本公司依本契约约定返还保单账户价值或为各项给付时，其投资标的价值均应由要保人、年金受益人或身故受益人直接承担损益，且悉由投资标的所属公司负履行之义务。本公司对投资标的发行公司及投资标的所属公司之履行不负责，要保人、年金受益人或身故受益人必须承担投资之包括法律、投资标的相关市场变动、投资标的发行公司、投资标的所属公司之信用等风险。

本契约有效期间内，如发生前项不可归责本公司之投资风险情事致生纠纷时，本公司将协助要保人及受益人纷争处理，并协助一切通知事宜。

附表一

1. 保险费：可弹性缴纳或约定分期缴纳，缴纳总保险费以新台币六千万元为上限。其首次弹性保险费及约定分期保险费下限约定如下表：

缴别	保险费下限
月缴	2000
季缴	6000
半年缴	12000
年缴	24000
弹性缴（首次）	100000

2. 契约附加费用：最高为所缴保险费的百分之十。

3. 行政管理费：每月最高新台币 200 元。

4. 确定最低身故给付及保证提领金额费用：每月以保单账户价值的百分之零点二为上限。

5. 转换费用：每一保单年度内四次免费，超过四次起得每次收取最高新台币 500 元。

6. 提领费用：每一保单年度内四次免费，超过四次起得每次收取最高新台币 1000 元。每次最低提领为新台币 3000 元，且提领后保单账户价值总额不得低于新台币 10000 元。

7. 解约费用：为解约当时保单账户价值乘上某一百分比，其比例如下表：

保单年度	保单账户价值之比例
第 1 年	最高 7%
第 2 年	最高 6%
第 3 年	最高 5%
第 4 年	最高 4%
第 5 年	最高 3%
第 6 年	最高 2%
第 7 年	最高 1%
第 8 年（含）以上	0%

8. 投资标的之各项费用汇整：

示例 5：产品计算说明书

变额年金保险计算说明书

一、险种及名称：

（一）险种：变额年金保险

二、缴费期间及方法：

（一）保户于年金累积期间皆可缴交保险费。

（二）于投保当时自订于年金累积期间预计缴交之保险费，可弹性缴纳或约定分期缴纳。

三、保险期间：

（一）年金累积期间：最低10年，最高至被保险人保险年龄80岁。

（1）保证利率累积期间：最低10年，且不得超过20年。

（2）保证提领期间：最多为20年，且终日不得晚于年金给付期间前一日。

（二）年金给付期间：年金给付开始日须大于65岁保单周年日，但不得晚于80岁之保单周年日，年金给付期间至被保险人到达年龄110岁止。

四、给付内容及条件：

（一）保证提领金额之给付

要保人于要保书中选择确定最低身故给付及保证提领金额，本公司依要保书约定自保证提领开始日起，于保证提领期间，依下列方式给付保证提领金额：

1. 于保证提领期间开始日，以下列二者之金额取其大者：

（1）以各期所缴纳之保险费扣除附加费用，以保证利率计息。但如因部分提领或转换费用等，应等比例减少之。

（2）保单账户价值。

2. 以（1）之金额的5%为年保证提领金额。

3. 要保人如选择半年给付、季给付、或月给付者，分别以（2）之年保证提领金额乘上$\frac{1}{2}$、$\frac{1}{4}$或$\frac{1}{12}$。

4. 如于保证提领期间任一保单年度内提领超过年保证提领金额者，年保证提领金额将依下列方式重新计算，以较低者给付：

部分提领后之保单账户价值乘以百分之五。

部分提领后之保单账户价值除以提领前之保单账户价值再乘以原年保证提领金额。

用以计算保证提领金额之各项数值，计算时货币单位皆应以投资标的之币别为准。

（二）身故保险金之给付

被保险人于年金累积期间内身故者，依下列方式计算之金额，给付“身故保险金”：

1. 如未选择“确定最低身故给付及保证提领金额”者，本公司以收齐第二十四条约定之申领文件后第一个交易日计算之保单账户价值。

2. 如选择“确定最低身故给付及保证提领金额”者，以下列方式计算：

（1）“保证利率累积期间”：以下列二者取其大者。

a. 累积已缴保险费，扣除因部分提领时，应扣减之金额总和，惟相减后之金额不得小于零。上述应扣减之金额为：未提领前之身故保险金金额乘以部分提领之金额占未提领前保单账户价值之比例。

b. 以收齐第二十四条约定申领文件后第一个交易日计算之保单账户价值。

（2）“保证提领期间”开始日至“年金给付开始日”之前一日：以下列二者取其大者。

a. 未支领之保证提领金额。

b. 以收齐第二十四条约定之申领文件后第一个交易日计算之保单账户价值。

本公司给付“身故保险金”后，本契约效力即行终止。

身故受益人申领身故保险金时，若已超过第三十八条时效，则本公司根据收齐申领文件后第一个交易日计算之保单账户价值给付身故受益人，本契约效力即行终止。

（三）年金给付

被保险人于年金给付开始日仍生存者，在其保险年龄到达100岁之生存期间内，本公司于当日起按约定给付年金金额。依下列方式计算年金受益人每期可领年金金额：

一次给付：本公司将于年金给付开始日一次给付年金累积期间届满日之保单账户价值总额予年金受益人，本契约即行终止。

分期给付：以下列二者之金额取其大者。

年金累积期间届满日之保单账户价值，扣除未还清之保险单借款本息后，除以年金现值因子所计算出之金额。

以未支领之保证提领金额，扣除未还清之保险单借款本息后，乘以百分之五所计算出之金额。要保人如选择半年给付、季给付或月给付者，则为前述金额分别乘以$\frac{1}{2}$、$\frac{1}{4}$、或$\frac{1}{12}$。

五、投保年龄限制：14岁起至65岁止。

六、投保金额限制：

（一）保险金额限制：本险为年金保险，无被保险人之保险金额。

（二）保险费限制：

1. 每次所缴保费不得低于1000元。

2. 保险费之缴付：累积缴付之保险费不得超过新台币6千万元，且各单一保单年度缴付保险费总额不得超过第一保单年度保险费总额。

七、附约附加之限制：可附加一年期附约。

八、预定危险发生率：

（一）计算年金金额：依年金累积期间届满日计算年金金额年金生命表死亡率的百分之九十计算。

（二）计算责任准备金：依计算年金金额当时主管机关规定计算责任准备金之年金生命表计算，但不得高于计算年金金额之预定危险发生率。

九、预定利率：

（一）计算年金金额：本公司于年金累积期间届满日之宣告利率。

（二）计算责任准备金：以下列较小者计算：

1. 计算年金金额之预定利率。

2. 年金累积期间届满日之新契约责任准备金利率。

其中，新契约责任准备金之利率，系指依“人身保险业新契约责任准备金利率自动调整精算公式”计算之利率。

十、预定附加费用率：

1. 契约附加费用率（FEL%）：最高为所缴保险费的10%。

2. 行政管理费：每月最高新台币200元，但年金给付期间无行政管理费。行政管理费于年金累积期间每保单周月日收取，但该保单周月日非交易日时，则顺延至下一个交易日。

3. 转换费用（SF）：每一保单年度内四次免费，超过四次起每次最高收取新台币500元。

4. 解约费用：为解约当时保单账户价值乘上某一百分比，其比例如下表。

保单年度	保单账户价值
第1年	最高7%
第2年	最高6%
第3年	最高5%
第4年	最高4%
第5年	最高3%
第6年	最高2%
第7年	最高1%
第8年（含）以上	0%

5. 提领费用：每一保单年度内四次免费，超过四次起每次最高收取新台币1000元。

6. “确定最低身故给付及保证提领金额费用”（MRP）：每月收取保单账户价值的0.2%为上限。

7. 每月扣除额：

（1）年金累积期间：每月扣除额=行政管理费

（2）但如要保人于要保书选择“确定最低身故给付及保证提领金额”时，保证利率累积期间及保证提领期间：

每月扣除额=“行政管理费”+“确定最低身故给付及保证提领金额费用”(MRP)

8. 投资标的申购手续费、管理费用及保管费用等其他费用：相关介绍及费用明细如保单条款所附之投资标的资料。

十一、纯保费计算公式：无

十二、总保费计算公式：实际总保费GP=保户实际缴交保费

十三、特别准备金计算公式：无

十四、赔款准备金提存公式：

依金管保一字第09702503741号令“人身保险业经营投资型保险业务应提存之各种准备金规范”办理。

已报未付保险赔款，应逐案依实际相关资料估算提存。

十五、总保险费率表及集体汇缴总保费率表：无。

十六、保单红利分配公式：无。

十七、解约金计算公式及其法令依据：

1. 解约金 = 保单账户价值 - 解约费用

解约费用 = 保单账户价值 × X%，X% 如下表

保单年度	X%
第1年	最高7%
第2年	最高6%
第3年	最高5%
第4年	最高4%
第5年	最高3%
第6年	最高2%
第7年	最高1%
第8年（含）以上	0%

2. 退还当期未经过期间之确定最低身故给付及保证提领金额费用

$= (Dy,m - d)/Dy,m \times MRPy,m$

其中：Dy,m 指第 y 保单年度第 m 保单月份之天数

d 指本契约第 y 保单年度第 m 保单月份之所经过之天数

3. 解约金计算之法令依据：

依据保险法第119条及91.12.30.台财保字第0910712459号令之规定。

十八、契约变更（缴清或展期保险）计算公式：本险不可变更为减额缴清保险及展期定期保险。

十九、提存责任准备金、保单价值准备金计算公式、保单账户价值及年金金额计算方式：

依金管保一字第09702503741号令“人身保险业经营投资型保险业务应提存之各种准备金规范”办理。

（一） 保单账户价值总额之计算公式(PV(t,d))：

1. 于第一期保险费余额投入日前(t,d) < VD0：

$$PV_{(t,d)} = \sum_k GP_k \times (1 - FEL\%) \times \left(1 + d_{GP}^k \times \frac{r}{365}\right) - \sum_k MD_k \times \left(1 + d_{MD}^k \times \frac{r}{365}\right)$$

其中	(t,d)	:	年金累积期间第t保单年度第d日
	VD0	:	该保单之第一期保险费余额投入日
	GPk	:	保户于(t,d)日前所缴交之第k笔保险费
	MDk	:	该保单于(t,d)日前应扣除之第k笔每月扣除额
	d_{GP}^{k}	:	指GPk缴交日至(t,d)之经过天数
	d_{MD}^{k}	:	指MDk扣缴日至(t,d)之经过天数
	r	:	指保单生效日当月三家银行之月初第一营业日牌告活期存款年利率之平均值

2. 第一期保险费投入日当时(t,d) = VD_0 第 i 个之投资标的之投资标的价值：

$${}^{i}FV_{VD_0} = {}^{i}PV_{VD_0} \div {}^{i}Currency_{VD_0}$$

其中	${}^{i}PV_{VD_0}$	:	保户于 VD_0 日约定投入第 i 个之投资标的之保单账户价值
	${}^{i}Currency_{VD_0}$	:	VD_0 日前一交易日，第 i 个投资标的之币别对台币之汇利率参考机构之收盘即期汇率卖出价格

3. 第一期保险费余额投入日后(t,d) ≥ VD_0：

$$PV_{(t,d)} = \sum_{i} {}^{i}FV_{(t,d)} \times {}^{i}Currency_{(t,d)}, \quad t \leqslant n$$

其中 ${}^{i}FV(t,d)$：该保单拥有第 i 个之投资标的之投资标的价值。

${}^{i}Currency_{(t,d)}$：(t,d)前一交易日，第 i 个投资标的之币别对台币之汇利率参考机构收盘即期汇率买入价格。

1. 有单位净值之投资标的：

$${}^{i}U_{(t,d)} = {}^{i}U_{(t,d-1)} + \Delta^{i}U_{[(t,d-1),(t,d)]}$$

$${}^{i}FV_{(t,d)} = {}^{i}U_{(t,d)} \times {}^{i}UP_{(t,d)}$$

2. 无单位净值之投资标的：

$${}^{i}FV_{(t,d)} = {}^{i}BAL_{(t,d)}$$

其中

[(t,d-1),(t,d)]	:	指(t,d-1)至(t,d)之期间
${}^{i}UP_{(t,d)}$	:	第 i 个投资标的单位净值
${}^{i}U_{(t,d)}$	:	第 i 个投资标的单位数
$\Delta^{i}U_{[(t,d-1),(t,d)]}$	:	第 i 个投资标的于((t,d-1),(t,d)]期间内，投资标的单位数之增减数（如保险费增购、投资标的转换、部分提领、扣除每月扣除额等因素而增减单位数）
${}^{i}BAL_{(t,d)}$	:	第 i 个投资标的于(t,d)的账户余额

若假设(t,d) = y,m,dm 第 y 保单年度第 m 月第 dm 日

$$
\begin{aligned}
{}^{i}BAL_{(t,d)} &= {}^{i}BAL_{y,m,d_m} \\
&= {}^{i}BAL_{y-1,12,31} \times \left(1 + \sum_{m'=1}^{m-1} \frac{{}^{i}\dot{j}_{y,m'}}{365} \times D_{y,m'} + \frac{{}^{i}\dot{j}_{y,m}}{365} \times (d_m - 1)\right) \\
&\quad + \sum_{m'=1}^{m-1} \sum_{d'=1}^{D_{y,m'}} \Delta^{i}BAL_{y,m',d'} \times \left[1 + \frac{{}^{i}\dot{j}_{y,m'}}{365} \times (D_{y,m'} - d' + 1)\right. \\
&\quad \left. + \sum_{m''=m'+1}^{m-1} \frac{{}^{i}\dot{j}_{y,m''}}{365} \times D_{y,m''} + \frac{{}^{i}\dot{j}_{y,m}}{365} \times (d_m - 1)\right] \\
&\quad + \sum_{d'=1}^{d_m} \Delta^{i}BAL_{y,m,d'} \times \left[1 + \frac{{}^{i}\dot{j}_{y,m}}{365} \times (d_m - d')\right] \\
&= {}^{i}BAL_{PD(y,m,d_m)} + {}^{i}BAL_{y-1,12,31} \times \frac{{}^{i}\dot{j}_{y,m}}{365} + \sum_{m'=1}^{m-1} \sum_{d'=1}^{D_{y,m'}} \Delta^{i}BAL_{y,m',d'} \times \frac{{}^{i}\dot{j}_{y,m}}{365} \\
&\quad + \sum_{d'=1}^{d_m-1} \Delta^{i}BAL_{y,m,d'} \times \frac{{}^{i}\dot{j}_{y,m}}{365} + \Delta^{i}BAL_{y,m,d_m} \text{若}(y,m,d_m)\text{大于}(y,1,1)
\end{aligned}
$$

其中

${}^{i}j_{y,m}$	:	第 i 个投资标的于第 y 保单年度第 m 月之计息利率
Dy,m	:	第 y 保单年度第 m 月之天数
${}^{i}BAL_{y-1,12,31}$	:	第 i 个投资标的第 y－1 保单年度 12 月 31 日的账户余额
${}^{i}BAL_{y-1,12,31}$	=	0 若 y－1＝0
${}^{i}\Delta BAL_{y,m',d'}$	:	第 i 个投资标的账户余额于(y,m′,d′)的增减数（如续期保险费增购、投资标的转换、部分提领、扣除每月扣除额等因素而增减账户余额）
PD(y,m,dm)	:	表(y,m,dm)之上一日

（二）保证提领金额计算公式：

1. $PV^{I}_{(t,d)}$之计算公式：

$$
PV^{I}_{(t,d)} = \begin{cases} GP_{(t,d)} \times (1 - FEL\%) \cdots\cdots (t,d) = (1,1) \\ PV^{I}_{(t,d-1)} \times (1+i)^{\frac{1}{365}} \times \left(1 - \frac{TDA_{(t,d)}}{PV^{B}_{(t,d)}}\right) + GP_{(t,d)} \times (1 - FEL\%) \cdots\cdots \\ \qquad (t,d) > (1,1) \end{cases}
$$

$$GMB_{(n,D_n)} = MAX\{PV^{I}_{(n,D_n)}, PV_{(n,D_n)}\}$$

每期保证提领金额 $GMA^{(m)}_{(n,D_n)} = \dfrac{5\% \times GMB_{(n,D_n)}}{m}$

2. 如于保证提领期间，未有超出当年度可领之年保证提领金额时之部分提领时，可给付保证提领金额之基数：

$$GMB_{(t,d)} = GMB_{(t,d-1)} \quad GMA_{(t,d)}^{(m)} = \frac{5\% \times GMB_{(t,d)}}{m} \cdots\cdots (t,d) > (n,D_n)$$

但如各保单年度所提领之保单账户价值，超出当年度可领之年保证提领金额时，可给付保证提领金额之基数：

$$GMB_{(t,d)} = MIN\{PV_{(t,d)}, GMB_{(t,d-1)} \times \frac{(PV_{(t,d)}^{B} - ETDA_{(t,d)})}{PV_{(t,d)}^{B}}\} \cdots\cdots (t,d) > (n,D_n)$$

$$GMA_{(t,d)}^{(m)} = \frac{5\% \times GMB_{(t,d)}}{m} \cdots\cdots (t,d) > (n,D_n)$$

其中

$PV_{(t,d)}^{I}$	:	保险费按年利率百分之五以年复利方式计算至(t,d)日之金额
$PV_{(t,d)}$	:	(t,d)日提领后之保单账户价值
(n, Dn)	:	第 n 保单年度第 Dn 日（即第 n 保单年度末日），假设该日为保证利率累积期间届满日
$PV_{(t,d)}^{B}$	:	(t,d)日提领前之保单账户价值
$TDA_{(t,d)}$	:	第 t 保单年度第 d 天减少之保单账户价值总额（部分提领金额、转换费用等）
$GMB_{(n,D_n)}$	:	在(n,D_n)日计算可给付保证提领金额之基数
i	:	保证利率，为5%
m	:	每年提领之次数
$PLoan_{(n,D_n)}$	:	在(n,D_n)日保单借款本息
$ETDA_{(t,d)}$	:	第 t 保单年度第 d 天超过年保证提领金额之部分提领

（三）身故保险金计算公式：

1. 如未选择“确定最低身故给付及保证提领金额”者，年金累积期间身故保险金

$$GDB_{(k,D_d)} = PV_{(k,D_d)} = \sum_{i} {}^{i}FV_{(k,D_d)}$$

2. 如选择“确定最低身故给付及保证提领金额”者，年金累积期间身故保险金如下：

（1）“保证利率累积期间”：

$$GDB_{(k,D_d)} = MAX\ \{PV_{(k,D_d)},\ Max\ [\ \sum_{k} GP_{(t,d)} - \sum_{k} SSR_{(t,d)},\ 0]\}$$

$$SSR_{(t,d)} = GDB_{(t,d-1)} \times \frac{TDA_{(t,d)}}{PV^{B}_{(t,d)}}$$

（2）“保证提领期间”开始日至年金给付期间开始日之前一日：

$$GDB_{(k,D_d)} = MAX\{PV_{(k,D_d)},\ \sum_{u} GMA^{(m)}_{(k,D_d)}\}$$

其中

(k,D_d)	:	收齐申领身故保险金各项文件后次一交易日
$GDB_{(k,D_d)}$	:	在(k,D_d)日计算之身故保险金
$SSR_{(t,d)}$	:	指保户于(k,D_d)日前，在(t,d)日部分提领后应扣减之金额
$\sum_{k} GP_{(t,d)}$	:	保户于(k,D_d)日前所缴交总保险费
$\sum_{u} GMA^{(m)}_{(k,D_d)}$	:	于(k,D_d)日以后应给付之保证提领金额总和

（四）年金现值因子之计算公式：

年龄 x’岁，每年给付 m 次年金，每次 1/m 元，经过 y 年后之年金现值因子：

$$\ddot{a}^{m}_{x'+y} = (\sum_{k=0}^{u-x'-y} v^{k}\ {}_{k}p_{x'+y}) \times \ddot{a}^{(m)}_{\overline{1}|}$$

其中

x'	:	年金给付开始日被保险人之保险年龄
u	:	年金给付终极年龄 = 110

（五）年金金额之计算公式：

要保人应于要保书选择一次给付或分期给付年金给付方式。年金累积期间届满日计算年金受益人每期可领之年金金额，若低于新台币五千元时，本公司将于年金给付期间开始日一次给付年金累积期间届满日之保单账户价值予年金受益人，本契约即行终止。

年金累积期间届满日计算之年领年金给付金额超过新台币一百二十万元所需之金额时，其超出部分之保单账户价值返还予要保人。本公司根据要保人选择给付之方式计算年金受益人每期可领之年金金额：

年金开始给付后每期应付之年金金额为：

$$
\text{Annuity}_y^{(m)} = \begin{cases} \dfrac{PV_{(y-1,D_{y-1})} - PLoan_{(y-1,D_{y-1})}}{m \times \ddot{a}_{x'}^{(m)}} & \cdots\cdots \text{若要保人未选择确定最低身故给付及保证提领金额者} \\ \text{Max}\left(\dfrac{PV_{(y-1,D_{y-1})} - PLoan_{(y-1,D_{y-1})}}{m \times \ddot{a}_{x'}^{(m)}}, \dfrac{\left(\sum_u GMA_{(y-1,D_{y-1})}^{(m)} - PLoan_{(y-1,D_{y-1})}\right) \times 0.05}{m} \right) \cdots\cdots & \text{若要保人有选择确定最低身故给付及保证提领金额者} \end{cases}
$$

其中	m	:	每年给付年金之次数
	y	:	以年金给付开始日起算之保单年度
	$(y-1,\ D_{y-1})$	:	指年金累积期间届满日
	$PV_{(y-1,D_{y-1})}$	:	指 $(y-1,D_{y-1})$ 日之保单账户价值
	$PLoan_{(y-1,D_{y-1})}$	:	指至 $(y-1,D_{y-1})$ 日之保单借款本息
	$\ddot{a}_{x'}^{(m)}$	:	以年金给付期间开始日当日预定利率，并采确定年金生命表（为当时主管机关核定之年金生命表死亡率之90%），依年金现值因子计算公式之数值。
	$\sum_u GMA_{(y-1,D_{y-1})}^{(m)}$	:	计算至 $(y-1,D_{y-1})$ 日以后应给付之保证提领金额总和

（六）责任准备金之计算公式：

本公司计算责任准备金时依据美国 NAIC 中 AG39 规范计算，详述如下 2. 责任准备金之计算公式。而 RBC 数值则以 CTE90 为基础计算出必须增加提列的百分比，并按当时本保单所有契约项下保单账户价值总额乘上 CTE90 的百分比计算应加提列准备金数值。

1. 责任准备金修正制度：无。

2. 责任准备金之计算公式：

（1）于年金累积期间内：

要保人未选择确定最低身故给付及保证提领金额者：$V(t.d) = PV(t.d)$

要保人有选择确定最低身故给付及保证提领金额者：

a. 保证提领期间届满日前：

$V(t.d) = PV(t.d)$ + 累计已扣除之“确定最低身故给付及保证提领金额费用”（累计的利率为0%，仅加计其数值）

（本项乃参考美国 NAIC 目前对于 VAGLB 之责任准备金提存规定订定，请参阅附录说明二）

b. 保证提领期间届满日后至年金给付开始日前一日：V(t. d) = PV(t. d)

（2）于年金给付期间内：

未身故：$_{y}V_{x'} = \left(\sum_{k=0}^{u-x'-y} v^{k}\ {}_{k}p_{x'+y}\right) \times m \times \ddot{a}_{\overline{1}|}^{(m)}$

已身故：$_{y}V_{x'} = 0$

责任准备金不得低于保单价值准备金。

3. 年终决算提存责任准备金计算公式：

（1）年金累积期间：同责任准备金计算公式。

（2）年金给付期间：

未身故：$V_{(y,d)} = Annuity_{y}^{(m)} \times \left\{ {}_{y}V_{x'} \times v^{\frac{d_1}{365}} \times \left(1 - \frac{d_1}{365} \times q_{x'+y-1}\right) + m \times \ddot{a}_{\overline{k/m}|}^{(m)} \times v^{\frac{d_2}{365}} \right\}$，而 $\ddot{a}_{\overline{k/m}|}^{(m)} = \frac{1}{m} \times (1 + v^{\frac{1}{m}} + v^{\frac{2}{m}} + \cdots\cdots + v^{\frac{k-1}{m}})$

已身故：$_{y}V_{x'} = 0$

其中	y	:	以年金给付开始日起算之保单年度
	V(y,d)	:	计算日为第 y 保单年度第 d 天之责任准备金
	k	:	(y,d)日至下一保单周年日间未给付之年金次数
	d1	:	(y,d)日至下一保单周年日间之日数
	d2	:	(y,d)日至下一次给付年金日期间之日数

（七）保单价值准备金之计算公式：

1. 于年金累积期间内：

V(t. d) = PV(t. d)

2. 于年金给付期间内：

未身故：$_{y}V_{x'} = \left(\sum_{k=0}^{u-x'-y} v^{k}\ {}_{k}p_{x'+y}\right) \times m \times \ddot{a}_{\overline{1}|}^{(m)}$

已身故：$_{y}V_{x'} = 0$

二十、责任准备金表、保单价值准备金表及保费不足准备金表：

（一）年金累积期间：无。

（二）年金给付期间：无保费不足准备金表，但责任准备金及保单价值准备金表以预定利率为2%，目前的年金生命表死亡率90%，及65、70、80岁为年金给付开始日的男女性数值分别列示如附表。

二十一、解约金表：无，但解约金＝保单账户价值－解约费用。

解约费用＝保单账户价值×X%，X%如下表：

保单年度	X%
第1年	最高7%
第2年	最高6%
第3年	最高5%
第4年	最高4%
第5年	最高3%
第6年	最高2%
第7年	最高1%
第8年（含）以上	0%

二十二、减额缴清保险保额表或展期保险期间表及生存给付表：无。

二十三、未满期保费准备金提存公式及其法令依据：无。

说明一：

“确定最低身故给付及保证提领金额费用”计算过程说明

本项费用系依据投资标的之过去绩效，按“身故保险金”给付及“保证提领金额”之提领条件，模拟计算而得。其计算过程简述如下，详细公式及模型如附件：

根据投资标的之过去经验，求出各标的之平均报酬率、标准差及标的间之共变量后，推估未来投资标的之加权平均报酬率。

依保户之缴费型态及相关费用假设计算“身故保险金”给付及“保证提领金额”之相对于保单价值总额之成本率。

重复前项，模拟计算一千次后，观察成本比例之分布，并考虑避险成本（Hedge Cost），每年收取保单价值总额之1.2%（即每月0.1%）应为合理范围。

说明二：

美国NAIC对于VAGLB之责任准备金提存规定

美国NAIC（National Association of Insurance Commissioners）目前对于Variable Annuity Guaranteed Living Benefit（VAGLB）之责任准备金提存规定主要有“Actuarial Guideline XXXIX（AG39）”①及“Practice Note for the Application of Actuarial Guideline XXXIX”二种（详如附件），并整理重点如下。

AG39分成二个步骤计算VAGLB②之责任准备金③：

步骤一．计算总责任准备金（Aggregate Reserve）：

1.1 计算假设在没有VAGLB情况下之CARVM（Commissioners' Annuities Reserve Valuation Method）责任准备金。

1.2 计算VAGLB责任准备金=适用VAGLB之有效契约从投保日至责任准备金评价日累计收取之VAGLB费用。

1.3 总责任准备金 = 1.1 + 1.2

步骤二．签证精算人员每年至少对VAGLB责任准备金单独进行资产适足性测试（Asset Adequacy Test）一次：

2.1 建立模型，导入相关精算假设。

2.2 产生足够之定性或动态情境（Scenarios）。

2.3 决定支撑VAGLB责任准备金之资产。

2.4 现金流量分析（Cash Flow Testing）：在不同情境（Scenarios）下，产生未来所有VAGLB及支撑责任准备金资产之收支现金流量。

2.5 在适度不利情况（moderately adverse conditions）④之情境，分析

---

① AG39于正式公布实施前称为Actuarial Guideline MMMM。

② 本险GMWB（保证提领金额）保障属VAGLB之一种。

③ 若VAGLB有安排再保需调整之。

④ “适度不利情况”系指包括有合理机率会发生之一个或一个以上（但非极端）不佳事件（unfavorable events）之情况。

VAGLB 责任准备金是否足够，若不足够，必须补足之。

本险责任准备金包括适用 VAGLB 之有效契约从投保日至责任准备金评价日累计收取之 VAGLB 费用，应符合美国 AG39 步骤一之精神。至于步骤二之资产适足性测试，可由签证精算人员于年度签证报告说明总责任准备金是否足够及应补足之金额。

参考文献

[1] 张洪涛，庄作谨：《人身保险》，中国人民大学出版社 2008 年版。

[2] 许谨良：《保险产品创新》. 上海财经大学出版社 2006 年版。

[3] 孟生旺，刘乐平：《非寿险精算学》. 中国人民大学出版社 2007 年版。

[4] 孟生旺：《金融数学》. 中国人民大学出版社 2009 年版。

[5] 陈忠良：《金融机构现代化风险管理基本框架》. 中国金融出版社 2004 年版。

[6] 李晓林，黄虹：《寿险公司经营风险研究》. 中国财政经济出版社 2004 年版。

[7] 滋维·博迪、亚历克斯·凯恩、艾伦 J·马库斯，陈收、杨艳（译）：《投资学》，机械工业出版社 2009 年版。

[8] 约翰·赫尔，王勇（译）：《期权、期货及其他衍生产品》，机械工业出版社 2009 年版。

[9] 尼尔·A. 多尔蒂，陈秉正、王珺（译）：《综合风险管理——控制公司风险的技术与策略》，经济科学出版社 2005 年版。

[10] 马克·S. 道弗曼，齐瑞宗等（译）：《风险管理与保险原理》，清华大学出版社 2009 年版。

[11] Milliman Research Report. A Discussion of Actuarial Guideline 43 for Variable Annuities [R]. April 2009.

[12] Jeffery K. Dellinger. The Handbook of Variable Income Annuities [M]. P288—329. 2006.

[13] American Academy of Actuaries. Recommended Approach for Setting Regulatory Risk - Based Capital Requirements for Variable Annuities and

Similar Products [R]. March 2005.

[14] Yang, S. Reserving, pricing and hedging for guaranteed annuity options. Ph. D thesis, Heriot - Watt University, Edinburgh, Scotland. 2001.

[15] Windcliffe, H., Forsythe, P., Vetzal, K. Valuation of segregated funds shout options with maturity extensions. Insurance: Mathematice and Economics, 29, 1 - 21.

[16] Lin, X. S., Tan, K. S. Valuation of equity - indexed annuities under stochastic interest rates. Ontario, Canada: University of Waterloo, Institute for Insurance and Pensions Research. 2002.

[17] Mary Hardy. Investment Guarantees Modeling and Risk Management for Equity - Linked Life Insurance. 2003.

[18] Lee, H. Pricing equity - indexed annuities embedded with exotic options. Contingencies, Jan/Feb 2002, 34 - 38.

[19] Boyle, P., M. Hardy. Guaranteed Annuity Options. Astin Bulletin 33 (2), 125 - 152.

[20] Hardy, M. R. Bayesian risk management for equity - linked insurance. Scandinavian Actuarial Journal, 3, 185 - 211.

[21] Pelsser, A. Pricing and hedging guaranteed annuity options via static option replication. Working Paper, Erasmus University at Rotterdam, Netherlands. 2002.

[22] Tigran Kalberer, Kannoo Ravindran. Variable Annuities A Global Perspective 2009.

[23] Persson, S. A., Aase, K, Valuation of the minimum guaranteed return embedded in life insurance products. Journal of Risk and Insurance, 64 (4), 599 - 617.

[24] Poterba, J. The History of Annuities in the US. Working Paper 6001. National Bureau of Economic Research. 1997.

[25] LIMRA International. Variable Annuity Guaranteed Living Benefit Election Tracking. Fourth Quarter Report. 2007.

[26] Kalberer. T. Market Consistent Valuation of Insurance Liabilites: Basic Approaches and Tool - Box. Der Aktuar 12 (1) 2000.

[27] Ziewer, L. Is There a Future for Variable Annuities in Europe. Oliver Wyman Insurance Newsletter. Edition 1, October 2009.

[28] Milevsky, M. A., S. E. Posner. The Titannic Option: Valuation of the Guaranteed Minimum Death Benefit in Variable Annuities and Mutual Funds. Journal of Risk and Insurance 68 (1). 2001.

[29] Kablerer. T. Guaranteed Links to the Life Market. Life & Pensions. December 2007.